国学经典

中华优秀传统文明的精华

中华上下五千年

林之满/编著

辽海出版社

【第一卷】

图书在版编目（CIP）数据

中华上下五千年 / 林之满编著 . — 沈阳：辽海出版社，2018.11

ISBN 978-7-5451-4750-6

Ⅰ . ①中… Ⅱ . ①林… Ⅲ . ①中国历史—通俗读物 Ⅳ . ① K209

中国版本图书馆 CIP 数据核字（2018）第 249611 号

中华上下五千年

责任编辑：柳海松

责任校对：顾　季

装帧设计：廖　海

开　　本：710mm×1040mm　　1/16

印　　张：90

字　　数：1310 千字

出版时间：2019 年 3 月第 1 版

印刷时间：2019 年 3 月第 1 次印刷

出版者：辽海出版社

印刷者：三河市兴博印务有限公司

ISBN 978-7-5451-4750-6　　　　　　定　价：1580.00 元

《中华上下五千年》编委会

编者的话

在祖国源远流长的传统文化中，中国历史是祖国文化重要的组成部分。中华民族五千年来创造的奇迹有如夏夜的繁星，数不胜数，向世界展示了东方智慧的无穷魅力。丰厚的文化遗产不仅是炎黄子孙的骄傲，也是我们民族得以凝聚并且繁衍不息的源泉。

历史是一面镜子，任何一个国家和民族都注重用自己的历史教育和鼓励人民，特别是青少年。历史本来是很生动的，现代汉语中有不少词语。特别是成语典故，多半出自各种历史典籍。而现在的孩子很容易被表现形式丰富的西方现代文明"格式化"，对历史知识却产生抵触情绪，这不能不让关注子女成长、渴望孩子成为栋梁之材的家长们为之担忧。在高科技发展的今天，了解和继承本民族优秀的文化传统，对于中国青少年树立民族自尊心、自信心仍是非常必要的。

让广大读者拥有一本有益于心灵成长的历史读物，以便有效、快捷地传播祖国文化，是我们每个人的责任。编者在参考了一定量权威性的历史典籍基础上，取其所长，编写了这套《中华上下五千年》。本书力求全面客观地展示中国历史发展进程中的社会进化、政治演变、经济文化发展和国土开辟等方面的状况。

尊重历史就是尊重我们自己，历史不能割断也不能凭着个人的喜好加以修改。在编写本书的过程中，笔者注重历史读物的真实性，针对历史事件中的存疑之处，反复查找资料，以避免虚构。这样做的目的是让读者在了解历史、开启智慧、培养美德的同时，为读者提供更多、更确凿的历史知识。

本书按历史发展顺序编写，以历史事件、历史人物为主线，所选取的内容上自远古时代，近到中华人民共和国成立。其范围涵盖政治、文化、科学、军事、民族关系等历代重大事件，对少数民族的历史也有相当篇幅进行介绍。

相对于浩瀚的五千年中华文明史，本书所反映的内容是远远不够的。但编者尽己所能，争取在有限的篇幅中集中、准确地描述与之相关的史实。限于笔者的历史知识和文字水平，难免有疏漏之处，敬请专家、学者和广大读者批评指教，同时，我们真诚地希望本书能够得到广大读者的喜爱。

目 录

远古时代

夏 朝

商 朝

战 国

秦　朝

远古时代

　　我们中华民族的祖先，从远古时代起，就在祖国的大地上劳动、生息和繁殖。

　　距今大约六七千年前，中国各地以不同形式进入母系氏族社会的繁荣时期，人们的经济生活已经以农业为主，兼事家畜饲养、渔猎和采集。原始农业是由采集经济发展而来的，妇女是农业的发明者。粟是当时北方的主要粮食作物，我国是世界上最早种粟的国家。

　　直至大约四五千年前，我国黄河流域和长江流域的氏族，先后进入父系氏族公社阶段。父系氏族又叫"父权制"，也是原始社会的最后阶段。在父系社会里，土地、牧场等生产资料归全氏族公有，人们共同享受劳动果实，过着民主的生活。

　　中国古代史籍中有许多远古时期的神话传说。女娲是古代神话传说中创造万物的女神，盘古是传说中开天辟地、创造"五岳"的伟大人物。还有"三皇五帝"的传说，而以有巢氏、神农氏、大禹治水的传说流传最为广泛。传说依靠人们世代口头传诵到后来被文字记载下来，在这一过程中，传说也逐步地完成了从神性色彩浓厚到具有人性的演变过程。透过这些充满神奇的幻想、天真美丽的传说，可以感受到我国古代人民顽强地同自然界抗争和对美好生活不懈追求的精神。

传说中的尧、舜、禹时期，是我国原始社会向奴隶制过渡的时期。

华夏始祖

中华民族有着悠久的历史，勤劳善良的中国人民创造了光辉灿烂的古代文化，中国是世界上有名的文明古国。我们中国人被称为"炎黄子孙"，炎黄指的是距今大约四千多年的黄帝和炎帝。传说他们是华夏的始祖。

我国古代有许多传说，最早的传说大多是氏族部落关于本部落的来源及其祖先的神话。那时候，人们还没有足够的科学知识解答一些问题，便靠着口头传诵以丰富的想象编出盘古开天地、女娲补天、共工撞不周山等许多神奇的传说。

传说远古时期，宇宙不像现在有日月星辰的轮转，没有天地昼夜，也没有山川河流、风云雷雨。整个宇宙混沌一团，像个大鸡蛋。这个大鸡蛋存在得太长久了，里面渐渐孕育了一个生命——盘古。盘古长期生长在这混沌世界中，感到心烦气闷，便找来聚先天金石之精的斧凿，将混沌的世界劈开。于是，轻清飘逸的大气上升，变成了明亮的蓝天；混浊厚重的尘土沉落下来，凝成了厚实的大地。天地分开之后，盘古担心有一天天会合起来，就手托蓝天，脚踏大地，将天地支撑起来。天每日升高一丈，地每日增厚一丈，盘古伟岸的身躯，也日复一日地变得越来越高大。盘古像一根巍峨的顶梁柱子，矗立在天地之间，不让它们合拢。盘古死后，身体各部分别化作风云雷电、日月星辰、山川湖泊、肥田沃土、树木花草。一个幽静美好的世界诞生了。

又过了几万年，天神女娲来到大地上。她睿智而仁慈，是从大地中生长出来的神。她生得人面蛇身，神通广大，一天中可变化 70 次。她在大地上行走，见世界荒凉寂寞，感到十分孤独，决心要在大地上创造一些有灵魂的东西。

女娲来到一处水洼处，蹲下身子，随手拿一块泥巴，仿造自己的样子捏造了一个小泥人。女娲看到自己塑造的作品，十分得意，向它吹了一口气，放到地上。小泥人一到地上，立刻有了生命。女娲非常兴奋，又连续捏了几个，都活了。于是，她开始不分昼夜地造出了许多小生命。不知过了多久，女娲疲倦了，她觉得速度太慢了，干脆就用芦草编了一条绳子，醮着泥浆抡动，甩动时溅落到周围地面的泥点也立即变成了许许多多的小人。

最初的人类就这样被创造出来了。不久，人类的足迹便布满了大地。

神话毕竟只是神话，现在谁也不会相信真有这样的事，但是人们喜欢神话，一谈起历史，人们常常从"盘古开天地""女娲抟人"说起。这是因为它象征着人类征服自然的伟大气魄和丰富的创造力。

那么，人类历史究竟应该从哪儿说起呢？后来，科学发达了，人们从地下发掘出来的化石，证明人类最早的祖先是一种从古猿转变而来的猿人。

我国科学工作者在祖国各地先后发掘出了许多猿人的遗骨和遗物的化石，可以看到我们祖国境内最早的原始人，已经有 100 万年以上的历史，像云南发现的元谋猿人，大约有 170 万年历史；陕西出土的蓝田猿人，大约有 80 万年历史。在北京周口店出土的北京猿人，据今也有 40~50 万年了。

北京猿人的体质比元谋人和蓝田人进步，但古猿特征仍较明显，头骨前额低平向后倾斜，鼻子宽扁，眉脊粗壮，下颌部前伸。北京人的四肢较发达，可以灵活地运用双手劳动创造工具。北京猿人生活在周口店，当时，这一带的西北和西南部是高山和丘陵，有茂密的森林，东南一带是广阔的草原，河流纵横，气候温暖湿润。北京人用石器和木棒等工具从事采集和狩猎，猎获的动物有剑齿虎、羚羊、水牛等，而鹿类特别多。北京人生活十分艰苦，寿命较短，能活到 50 岁就是高寿。

由于猿人所处的恶劣生活环境以及生产能力低下，单靠个人的力量无法维持生存，所以均以群居的方式生活。这种群体被称为原始人群，我们的祖先就是依靠原始人群这种社会组织共同劳动，共同对付猛兽的侵袭，顽强地改造着生存环境。

几十万年过去了，猿人在艰苦的斗争中进化了。在北京周口店龙骨山的山顶洞穴里，发现了另一种同现代人很相似的原始人的遗迹。我们把他们叫做"山顶洞人"。山顶洞人不但能把石头制成石斧、石锤，而且还能把野兽的骨头磨制成骨针，用骨针把兽皮缝制成衣服。

山顶洞人时期，由于生产力的提高，后来发展到按性别、年龄进行劳动分工，古人的智慧也有了发展。古人进一步禁止了直系的长幼辈和同辈之间的群内乱婚，从而实行不同血缘亲族间通婚。这种族外婚是形成氏族的直接原因。血缘群婚是原始人群向氏族公社过渡的重要环节。从此，以血缘为纽带的氏族公社制度，便萌芽了。血亲关系的确定，使人类社会得以稳固发展。

人工取火

远古时代的原始人类，生存能力很差，居没有房舍草棚，吃不知熟食，仅靠生吃猎取到的鸟兽的肉，吸饮其血，生吃草木的果木根茎维持生存。后来，原始人经过反复观察，他们的动手能力提高了，生存环境渐渐有了改变。

原始人的工具十分简单，周围又有许多猛兽，随时随地会遭到它们的伤害。后来，他们看到鸟儿在树上做窝，野兽爬不上去，不能伤害它们。原始人就学着鸟儿的样，在树上做起窝来，也就是在树上造一座小屋。这样就安全得多了。后来的人把这叫做"构木为巢"。是谁发明的呢？当然是大家一起摸索出来的。但是在传说中，却把这件事说成有一个人教大家这样做的，他的名字叫做"有巢氏"。

最早的原始人，还不知道利用火。火的现象，自然界早就有了，火山爆发，有火；打雷闪电的时候，树林里也会起火。可是原始人开始看到火，不会利用，反而怕得厉害。后来偶尔捡到被火烧死的野兽，拿来一尝，味道挺香，经过许多次的试验，人们渐渐学会用火烧东西吃，并且想法子把火种保存下来，使它常年不灭。如此以来吃熟食的猿人体质提高了许多，寿命也有所延长。

又过了相当长的时期，人们懂得了人工取火。人们把坚硬而尖锐的木头，在另一块硬木头上使劲地钻，钻出火星来；也有的把燧（音suì）石敲敲打打，敲出火来。这是谁发明的呢？当然是劳动人民，但是传说中又说成是一个人，叫做"燧人氏"。

人工取火是一个了不起的发明。从那时候起，人们就随时可以吃到烧熟的东西，而且食物的品种也增加了。据说，燧人氏还教人捕鱼。原来像鱼、鳖、蚌、蛤一类东西，生的有腥臊味不能吃，有了取火的办法后，就可以烧熟来吃了。后来人们学会了用绳子结网，用网去打猎，还发明了弓箭，这样，平地上的走兽、天空上的飞鸟、水里的游鱼，都可以射杀、捕捉起来。捕来的鸟兽，多半是活的，一时吃不完，还可以留着、养着，留到下次吃，这样，人们又学会了饲养。这种结网、打猎、养牲口的活，都是人们在劳动中共同积累起来的经验。

这种渔猎的时期又经历了许多年，人类的文明越来越进步。开始，人们偶尔把一把野谷子撒在地上，到了第二年，发现地面上生出苗来，一到秋天，又长成了更多谷子。于是，人们就大量栽种起来。他们用木头制造一种耕地的农具，叫做耒耜（音lěi sì，一种带把的木锹）。他们用耒耜耕地，种植五谷，收获量就更大了。后来传说中把这些种庄稼的人说成是一个人，名叫"神农氏"。

传说中的神农氏还亲自尝过各种野草野果的味儿，有甜的，也有苦的，甚至碰到有毒的。他不但发现了许多可以吃的食物，还发现了许多可以治病的药材。据说，医药事业，就是从那时候开始的。

从有巢氏到神农氏，这些传说中的人物实际上是不存在的。但是从构木为巢，钻木取火，一直到渔猎、畜牧，发展农业，反映了原始人生产力发展的大致过程。1952年，在陕西西安半坡村发现了一处大约六七千年以前的氏族村落遗址。我们从遗址中发掘出来的东西，知道那个时期的人已经学会饲养和农耕了。迄今，我国已发现这段时期的文化遗址达7000多处，东北到黑龙江，西北到新疆，西南到云南和西藏，东南到台湾。但各地区的发展是不平衡的，并且有鲜明的地区特点。

轩辕黄帝

关于黄帝有很多美好的传说。远古的人类在地上行走全靠双脚，若要搬运东西，只能肩扛手拿，很费事费力。黄帝便设计出了车子。有了车子，人们便可以以车代步，也可以用车载运东西，从而，人类的生活方式发生了一次重大的变化。车子在古时又叫辕辕，人们为了纪念和感谢黄帝发明车子的功劳，便亲切地称呼黄帝为辕辕。黄帝姓姬，号轩辕氏，又号有熊氏，他是北方氏族部落的首领。

远古时期，在我国辽阔的黄河、长江流域，生息繁衍着许多氏族和部落。相传当时在西北方居住的有氏部落中年轻女子附宝，与另一部落的首领少典成亲，生下了黄帝。据传说，黄帝刚一降生便与众不同，目光如电，闪烁着神灵之气。3个月后就能随着母亲牙牙学语，3岁时已能言善辩，聪慧过人。到了20岁时，他已成长为一个极具修养的人，并且待人诚恳、友爱，在族人中享有很高威望，很快他便被人们推举为华族部落的首领。

当时，古老的氏族制度已日益瓦解，各氏族部落之间为争夺领地、扩充势力经常相互侵伐，暴虐百姓，天下纷乱。在此情势之下，黄帝审时度势，从长远计，一方面他大力训练军队，将本部落军队和统归黄帝领导的以虎、豹、熊、罴等为图腾的各部落人马训练成为一支号令严明、训练有素、战斗

力强的勇猛之师，用以讨伐那些破坏部落联盟规则、相互侵伐的部落，迫使他们归顺于华族部落。另一方面，黄帝在本部落内推行德政，爱护百姓，教化万民，积极发展畜牧农业生产，发明了打井、做杵臼、做弓箭、服牛乘马、驾车、造舟船等技术。黄帝的妻子嫘祖养蚕抽丝、染制五彩衣裳、制扉履。黄帝的史官仓颉创造了文字，臣子大挠占日月、作干支，乐官伶伦发明了乐器。据说世界上第一口锅，是黄帝本人制作的，很快，人们就学会和推广用锅煮饭烧菜了。

黄帝部落的活动范围也日渐扩大，从发祥地陕西北部逐渐向东进入黄河中游流域地区。此后逐渐东进，后来定居于今河北涿鹿附近。在黄帝领导的华族部落进入黄河中下游地区的同时，西方以炎帝为首的炎帝部落和南方以蚩尤为首的九黎族部落也进入了黄河中下游流域。

传说炎帝族发祥于陕西岐山东面的姜水附近，该部落沿渭水东下，再顺黄河东进到河南西南部，后到达今山东地区。炎帝族首领炎帝也是少典的儿子，黄帝兄弟，姓姜，号神农氏，生得牛头人身。炎帝族与黄帝族世代互通婚姻。炎帝族部落在其进入山东地区的进程中，与从南方北上的九黎族部落相遇，双方发生了长期激烈的冲突。传说九黎族首领蚩尤长着4只眼睛6只手，人身牛蹄，头上生着锐利的尖角，耳旁鬓毛硬如刀剑，把石头和沙子当饭吃。蚩尤武功高强，还善于呼风唤雨。他共有81个兄弟，人人铜头铁额，个个凶猛无比。炎帝族在激烈的冲突中失利，被迫退向北方，向居住在涿鹿地区的黄帝族求援。

黄帝闻讯后，便与炎帝族联合，四处调集兵马，准备抵御蚩尤的进攻。蚩尤击败炎帝族之后，势力迅速膨胀，他跟踪追击北上，直逼涿鹿地区。当时，蚩尤的部落已掌握了铜的冶炼技术，开山洞采集矿石，打造戈、矛、戟、弩弓等各种兵器，用以装备军队，具有强大的战斗力。他带领81个兄弟，指挥大量军马，气势汹汹地向黄帝军队发起了进攻。

黄帝的部队与蚩尤的人马在涿鹿原野上展开了激烈的大厮杀。正当双方人马酣战之时，蚩尤施展本领，造起弥天的大雾。黄帝及其人马顿时迷失在大雾之中，大家不辨方向、敌我不分、自相残杀，蚩尤趁机进攻。正在危急之时，黄帝的臣子风后替黄帝制造了指南车，车上立一木人，手指着一特定方向，无论车子如何旋转，那木人手始终指向同一方向。依靠指南车的指引，黄帝统率大军冲出了大雾的包围。

后来，黄帝命臣子应龙选一适当地形，积蓄了大量的水，准备以水攻击蚩尤的大军。却不料蚩尤抢先从天上请来了风伯雨师，纵起漫天的狂风暴雨扫向黄帝大军。黄帝的军队被打得队形大乱、四散奔逃，陷于一片汪洋之中。黄帝大惊，连忙召自己的女儿天女魃从天上下凡助战。天女魃降落到地面，施展自己周身的本领，将满天的狂风暴雨和遍地横流的洪水一扫而光，黄帝的大军这才转危为安。

黄帝立即命令大军乘势转入反攻。大家士气大振，向蚩尤部队猛冲，势如破竹，杀得蚩尤人马丢盔弃甲、大败而归。为防止蚩尤反扑，黄帝开始驯养猛兽助战。他将猛兽饿上几天后，又命军士穿上蚩尤部的服装去逗弄它们，等它们被激怒后，便丢过去一些小动物。久而久之，猛兽一看见穿蚩尤部服装的人就野性大发，冲上前去撕咬。

黄帝利用猛兽最终战胜蚩尤之后，天下重归太平。各部落对其也愈加敬重，一致推举他为天子。从此，黄帝成为中原地区部落联盟的首领。

黄帝担任部落联盟首领后，对那些不服从命令的部落，四处率兵亲征。他的遗迹东至大海，北到河北，南至长江流域，西达甘肃。经过多年的征战，黄帝终于统一了中原。

黄帝以仁德治理天下，任用风后、常光、力牧、大鸿四大臣辅政，管理朝政，安顿万民。由于黄帝的努力，中原地区获得了统一。涿鹿大战之后留在中原地区的九黎族部落民众，与炎黄两族融为一体，成为华夏族。所以，中国人便把黄帝奉为始祖，我们常常把自己称为炎黄子孙。为了纪念这位传说中的共同祖先，后代的人还在陕西黄陵县北面的桥山上造了一座"黄帝陵"。

仓颉造字

传说仓颉是黄帝的史官，负责记载史实。那时还没有文字，人们记事都用绳子打结的方法。时间一长，那些大大小小、奇形怪状的绳结都记了些什么，就连自己都无法辨认了。

有一次，黄帝要和炎帝谈判，他让仓颉整理这几年来炎帝入侵杀民的史实。于是，仓颉便跑到了记史的库房里去寻找材料，但是这里边的东西太多了，他在里面泡了几天，弄得头昏脑涨，耳鸣目眩，最后还是出了差错，使自己的部族受到了损失，黄帝也指责他没有尽职。这件事深深地刺痛了仓颉的心，他想：我一定不能再犯这样的错误了。但是应该怎么办呢？人的大脑记忆的东西毕竟是有限的，而且还容易出现差错。最后他决定要搞出一种简单易记的符号，让大家都能用符号表达思想，传授经验，记载历史。

　　仓颉有了初步想法，就是要创造一种符号，但具体到做的时候并不容易。仓颉坐在家里冥思苦想，想得饭吃不下，觉睡不着，最后也没有想出条条道道来。看着仓颉愁眉苦脸的样子，母亲对他说："你应该出去走一走，向大家请教，众人智慧多嘛。"仓颉听了母亲的话，眼前一亮。于是收拾好东西上了路。

　　仓颉翻山越岭，跑了许多村庄，拜访了成百上千位能思会道的人。有一次，他来到一个村子，正赶上他们集体狩猎，仓颉也参加了，走到一个三岔路口时，几个老人为往哪条路走争辩起来。一个老人坚持要往东，说有羚羊；一个老人要往北，说前边不远处可以追到鹿群；一个老人偏要往西，说有两只老虎，不及时打死，就会错过机会。仓颉一问，原来他们都是看着地面上野兽的脚印的形状来认定的。仓颉心中猛然一喜，既然一种形状的脚印代表一种野兽，我为什么不能用各种东西的形状来编成符号呢？

　　就这样，仓颉在不知跑了多少路，受了多少苦之后终于开窍了。他高高兴兴地回到了家乡，着手整理采访收集来的材料，创造代表世间万事万物的各种符号。

为了不受外界干扰，他独自躲进村西头的沟里。仓颉住在沟内，日夜忙着创造新的符号，吃饭也由母亲送到沟口。为了叫起来方便，他给符号取了名字，叫做字，这些字都是仿照万物的形态造出来的。比如"日"字，是照着太阳红圆红圆的模样勾的；"月"字，是仿着月牙儿的形态描的；"人"字，是端详着人的侧影画的，"爪"字，是观察着鸟兽的爪印涂的……仓颉就这样细心观察万事万物，辛辛苦苦地创造着文字。

那时世上还没有笔墨纸砚，他就用折来的树枝，把字写在山洞的墙壁上，一个山洞写满了，他又挖出第二个山洞继续写。第二个山洞写满了，仓颉又挖出第三个山洞，时间一天天、一月月地过去了，一年过去了，两年过去了，就这样，仓颉整整造了3个山洞的字。这时，仓颉才离开山沟，回到了村里。

仓颉回到家里，母亲看到他又黑又瘦的模样很心疼，劝他在家好好休息休息。但是仓颉并没有这样做，他要把山洞里的字教给大家，使这些字能够流传下去。于是他开始不辞辛苦地办学校，教人们认字，他不仅教本村的人，还到其他村子去讲学，他去过很多地方，从此后，中国人就开始使用文字了。虽然当时的文字以象形体为主，还很不规范，但这已经很不容易了。

"仓颉造字"的故事，只是一个传说，文字不可能是一个人创造出来的，它是古代劳动人民集体智慧的结晶。

共工怒撞不周山

黄帝和他以后的颛顼（音 zhuān xū）、帝喾（音 kù）、尧、舜这 5 个部落联盟领袖，被古代的历史学家尊称为"五帝"。

据传说，颛顼是黄帝的孙子。他为人聪明，具备高超的琴瑟之技，又有智谋，善于利用鬼神迷信来管制部族成员，在群众中有很高的威信。颛顼视察过许多地方，北边到过现在的河北一带，南边到过南岭以南，西边到过现在的甘肃一带，东边到过东海中的一些岛屿。

但是颛顼也办过不讨人喜欢的事情。据说他制定了一条法律，规定妇女在路上和男子相遇，必须避让一旁。这道命令等于是宣布了男尊女卑的开始。

与颛顼同时代还有一个叫共工氏的人，他的本领也很高强。据说共工氏姓姜，是炎帝的后代。他聪明，有力气，懂得生产方面的许多事情。他很乐意为公共的利益工作。那个时候，人类主要从事农业生产，共工氏是继神农氏之后为发展农业生产做出过巨大贡献的人。

共工氏有一个儿子，名叫后土，也很懂得农业。为了发展农业生产，他们父子二人考察了我国古代9个州（这9个州是冀、兖、青、徐、扬、荆、豫、梁、雍）的土地情况。9个州的广大群众十分欢迎共工和后土，他们尊称后土为社神，也就是土地神；尊称共工为水师，也就是管理水利灌溉的神。

共工氏和儿子后土考察了9个州的土地情况，认为有的地方地势太高，田地不能用水灌溉；有的地方地势太低，容易被淹，都不利于农业生产。因此，共工氏制订了一个计划，要把高地削平，低地垫高。他认为挖下高地的土填在低洼的地方，就可以在更多的土地上种上庄稼，就可以发展农业生产。可是颛顼不同意共工氏这样做。

为了争夺部族的领导权，颛顼与共工氏之间发生了一场十分激烈的斗争。颛顼拼命宣传鬼神迷信，吓唬群众，叫他们不要帮助共工氏。当时社会生产力很低，人们还很迷信，不少人害怕共工氏一平整土地，会触怒鬼神，引来灾难，他们都站到颛顼那一边去了。然而，共工氏具有坚强的信念。他认定自己平整土地的主张是正确的，所以绝不认输。他决定用生命来实现自己的理想。他猛然用自己的脑袋去撞怪石嶙峋、高耸入云的不周山（今昆仑山），想把不周山的峰顶撞下来，填平山边的洼地。

不周山被共工氏猛然一撞，立即拦腰折断，泥土石块哗啦啦地崩塌下来。

顷刻之间，整个天空剧烈地摇晃起来，整个地面剧烈地颠簸起来。原来这不周山是天地之间的支柱，天柱折断了，系着大地的绳子崩断了，大地向东南塌陷，天空向西北倾倒。因为天空向西北倾倒，太阳、月亮和星星就每日里从东边升起，向西边降落；因为大地向东南塌陷，大江大河的水就都奔腾向东，流入东边的大海里去了。共工氏虽然撞得头痛欲裂、眼冒金星，但是他撞崩了不周山，在我国北方造成了有利于农业生产的大片的平原。

关于共工氏怒撞不周山的传说，已经流传了两千多年。这个传说说明了我们的祖先想要解答为什么太阳、月亮、星星都是东升西降的，为什么大江大河都是从西向东奔流的，为什么华北地区有一片大平原等许多问题。他们没有足够的科学知识来回答这些问题，只能以丰富的想象编出像共工氏撞崩不周山那样有趣的神话传说来。

至于传说中的共工氏，当然并非实有其人。但是他那种勇敢、坚强，不甘屈服于鬼神，愿意牺牲自己来改造山河的大无畏精神，永远值得我们敬仰。

尧舜禅让

颛顼在位 78 年，到 91 岁的时候去世了。帝喾（音 kù）接替了他的地位。帝喾又称为高辛错。帝喾从 15 岁起就辅佐颛顼，即位那年他已经 30 多岁。帝喾为人大公无私，能明察善恶。他在位的时候能严格要求自己，所以天下人都很信服他。帝喾去世后，他的儿子挚接替了他。挚因为荒淫无度，不行善政，9 年以后被废黜，尧被推荐为部落联盟的领袖。

尧姓伊祁，名放勋，号陶唐氏，简称唐尧。相传尧是颛顼的七世孙。古书上说尧很善于治理天下，他命令羲、和两个人掌管天地，派羲仲、羲叔、和仲、和叔分别掌管东、南、西、北四方。他还制定了历法，规定一年为

366 日，分春、夏、秋、冬 4 个季节，使农牧业、渔猎业都能根据季节安排生产。

尧从 16 岁开始治理天下，在位 70 年。到 86 岁那年，他觉得自己年老力衰，想要找一个人来接替他。他向各地发出公告，号召人们推荐贤能的人。过了不久，人们推荐虞（音 yú）舜做他的继承人。

据说虞舜姓姚，名重华，冀州（今河北省一带）人。他的父亲是个瞽叟（瞎老头），母亲早去世了。瞎父亲又娶了一个妻子，也就是虞舜的后母。后母生了个儿子，取名叫象。象好吃懒做而又非常傲慢，经常在父母面前说异母哥哥虞舜的坏话。老夫妻俩和象常在一块儿密谋，要找机会害死虞舜，好让象一个人继承父母的全部财产。虞舜并不介意。他十分孝顺自己的瞎父亲，对待后母和异母弟弟象也很好。

唐尧听了人们的介绍，决定先考验考验虞舜。尧把自己的两个女儿娥皇和女英都嫁给了虞舜，派虞舜到各地去同群众一起干活。虞舜结婚以后，带着两个妻子一起去种地干活，仍旧孝顺父母，关心弟弟。虞舜的名气就更大了，大家都说他是个好儿子、好丈夫、好哥哥。

虞舜到历山脚下去种地。原来那里的农民经常为了争夺土地而闹得不可开交，虞舜一去，农民们就互相谦让，你帮我，我帮你，把生产搞得很好。虞舜到雷泽地方去捕鱼。本来那里的渔民经常为了争夺房屋而打得头破血流，虞舜一去，渔民们就互相让房屋，和睦得像一家人。虞舜到河滨去烧制陶器。原来那时的陶工干活粗制滥造，陶器的质地粗劣，虞舜一去，陶工们就认真工作，制作出来的陶器十分精美。虞舜每到一个地方，人们都紧紧地跟随着他。舜时父权制已确立，私有财产也已产生。舜拥有许多私有财产，有牛有羊，仓库里还储存着许多物品。

虞舜的瞎爸爸和弟弟象听说虞舜得到这么多东西，又起了坏心。有一回，瞽叟叫舜修补粮仓的顶。当舜用梯子爬上仓顶的时候，瞽叟就在下面放起火来，想把舜烧死。舜在仓顶上一见起火，想找梯子下来，可梯子已经不知去向。幸好舜随身带着两顶遮太阳用的笠帽。他双手拿着笠帽，像鸟张开翅膀一样跳下来。笠帽随风飘荡，舜轻轻地落在地上，一点也没受伤。

瞽叟和象并不甘心，他们又叫舜去掏井。舜跳下井去后，瞽叟和象就在地面上把一块块土石丢下去，想把井填没，把舜活活埋在里面，没想到舜下井后，在井边掘了一个孔道，钻了出来，又安全地回家了。象不知道舜早已脱险，得意扬扬地回到家里，跟瞽叟说："这一回哥哥准死了，这个妙计是我想出来的。现在我们可以把哥哥的财产分一分了。"说完，他向舜住的屋子走去。哪知道，他一进屋子，舜正坐在床边弹琴呢。象心里暗暗吃惊，很不好意思地说："哎，我多么想念您呀！"

舜也装作若无其事，说："你来得正好，我的事情多，正需要你帮助我来料理呢。"

以后，舜还是像过去一样和和气气地对待他的父母和弟弟，瞽叟和象也不敢再暗害舜了。

唐尧听说虞舜这样宽宏大量，对他更加放心了，就把治理天下的大权交给了他，自己带着一班人到各地去视察。虞舜行使了20年的治理大权，把各种事情办理得井井有条，使天下的人全都十分佩服。这时候唐尧已经很老了，他视察各地回来之后，就把部落联盟领袖的职权全部让给了虞舜，自己退居一旁养老。这在历史上就叫做"尧舜禅让"。

虞舜担任领袖的第八年，尧去世了。他更加勤恳奋发地工作，把天下治理得比尧的时候更好，农牧渔业有了很大的发展。

舜年老时，在部落联盟会议上，因禹治水有功举其为继承人。禹为舜处理部落联盟事宜达17年，培养了能力，提高了威信。舜在晚年也到处巡视。最后一次，他巡视到苍梧地区（今广西壮族自治区东北部和湖南省南部一带），得病死了。他的妻子娥皇和女英非常想念他，常常扶着门前的竹子悲哀地哭泣，她们的眼泪滴在竹子上，凝成了斑斑点点的美丽的花纹。这种有花纹的竹子，后来就被人们称为湘妃竹，其实就是斑竹。

大禹为舜举行了隆重的葬礼，并修了零陵与舜庙以示纪念。在返都时，娥皇、女英双双投进湘水。百姓传说她们已成为湘水之神，称她们为湘妃。

尧和舜选贤任能、宽厚豁达的高尚品德被人们世世代代赞扬传颂着，"尧舜禅让"的故事也作为千古佳话影响着后人。

大禹治水

黄河被誉为中华民族的母亲河。中国人民世世代代在黄河流域繁衍生息。人们在黄河水的滋润哺育下顽强地生活着。

相传在四五千年前，我国原始社会末期，黄河、长江流域地区多次发生大水灾。洪水滔天，浩渺无际，淹没了广大的原野、茂密的森林和许许多多的村庄，百姓流离失所，被迫逃往突兀的峰峦或躲入深山岩洞中避难。

尧在位时更是连年降雨，黄河水势猛涨，泛滥成灾。黎民百姓深受其苦。

于是，尧在众臣的推荐下任用夏后氏的首领鲧治理洪水。

夏部落是起源于我国西北方的一个古老部落，为黄帝族的一个分支。他们步其前辈黄帝族的前进路线，向东进入黄河流域地区，后定居于今河南嵩山至伊水和洛水流域一带。该部落由夏后氏、有扈氏等 12 个姓的氏族组成。鲧办事果断但刚愎自用，他在临行前胸有成竹地对尧说：治不好洪水甘愿受罚。

鲧治水心切，立即着手治水。鲧不停地命人挑土运石、造堤筑坝，企图将滔滔洪水挡住。可是黄河水势太猛，受阻后更如笼中困兽左冲右突。结果黄河灾情更加严重，附近的村屯房倒屋塌，百姓死的死逃的逃，其状惨不忍睹。水灾反而日益严重了。

前后费时 9 年，鲧虽然沥尽心血，但黄河水仍然没被制伏。那时尧已经很老了，自知力不从心，便将首领之位让给贤明的舜。舜继位后，亲自前往水灾地区巡视。所到之处洪水浩大，一望无边，良田房屋都淹没在水中，由于鲧治水不利，给百姓带来深重的灾难，舜便将其免职，发落到羽山，不久便将其杀掉。

百姓的惨状使舜寝食难安，经多方调查了解，他决定任用鲧的儿子禹治理洪水。

禹继承了父业，决心平复水患，拯救万民。禹的心情很沉重，他深知此事关系重大，首先父亲的死无形中给他施加了很大的压力，另外，如果自己再治水不利，对于早已无家可归的百姓来讲，无异于雪上加霜。他沉思了很久之后，请来几位有威望的长者，共商治水大计。

经过一番激烈的争论，禹决定用疏导的方法将黄河水引走。禹在结婚第四天便告别了妻子，带着契、后稷等助手们踏上了漫长艰险的治水之路。

那时人烟稀少，大部分地方除了河流就是深沟和荒山野岭，禹所到之处只能边开路边前进，足迹几乎踏遍了当时整个中国。但禹凭借超人的毅力，跋山涉水，在各地勘察、测量、规划。他还和人们一起运石伐木、开河挖渠，使治水这项宏伟浩大的工程在风霜雨雪中缓慢艰难地进行着。

禹风餐露宿治水 13 年，人累瘦了，腰压弯了，他的手指甲磨秃了，脚底生了脚茧。13 年中他三过家门而不入，据说有一次他在家门前经过，恰逢儿子出世啼哭不止，他也没有进去看一眼。和他一起劳动的百姓见了，都十分感动。

禹率百姓由甘肃积石山一路疏通黄河河道而下，走到黄河中游（今山西河津和陕西韩城县交界地），发现一座大山挡住了黄河的去路，浩荡的黄河水盘旋回流，将高高的孟门山淹没了。禹当即命人将山劈开一个大大的豁口。被困的黄河水开闸般吼叫着狂泻而出，水声震耳欲聋。从此常年奔涌畅通无阻。当时禹将此处命名龙门，人们为追念他的功绩，称龙门为禹门口。

禹顺着水流的方向继续前进，走着走着，发现又有一座大山挡住了水道。禹又命人将此山凿开三道门，并分别命名为神门、鬼门、人门。也就是今天著名的三门峡。禹的足迹踏遍了黄河两岸，黄河水终于被彻底治服了。

大禹的名字被万民称颂，各地百姓都以不同的形式纪念他。当年他由于过度劳累曾靠在一棵柏树上休息，人们就把这棵柏树称作神柏，柏树所在的山峪被称为神柏峪，附近还建有一座纪念大禹的神庙。天长日久，这里渐渐有了人烟，并形成今天的镇子——大禹渡。不远处还有一个大禹留宿过的地方，被后人叫作禹店村。据说，在三门峡附近有 7 口石井和两个马蹄坑都是大禹当年留下的痕迹。

禹完成了使命，使百姓重建家园安居乐业。这一辉煌神圣的功绩使舜激动不已，他立即召见大禹，让他谈治水经验。禹谦逊地说这不是我一个人的功劳，我所做的只是采纳了大家良好的建议而已。舜欣慰地点了点头。接着又同他谈了治国之道，认为禹是个不可多得的贤才，于是将帝政交于禹。

禹作首领后，继续兢兢业业，勤于政务。

禹派伯盖把稻种分发给住在多雨高温地区的人们，让他们种植水稻。禹又派擅长种植庄稼的后稷将各种不同的粮食分发给不同地区的民众，以解决口粮和种子，并教会人们如何耕种。他的一系列措施使当时的农业获得了很大的发展。

由于禹治水有功，又发展了农业生产，各部落人民对他十分拥护。为了歌颂和表现他不畏艰险、为民造福的伟大功德，后人称他为大禹——即伟大的禹。

大禹统治时期，社会进入了一个新的阶段。

夏　朝

　　夏朝奴隶制代替氏族制，是历史上一次巨大变革。相传是夏后氏部落领袖大禹之子启建立了中国历史上第一个奴隶制国家。夏人主要生活在今河南省嵩山一带，伊河、洛河流域的黄土平原，这里土地松软，适宜耕作。他们用石镰、石铲、骨铲、蚌刀和木制的工具从事农耕，种植粟和稻等农作物。夏朝手工业门类较多，其冶铜技术相当进步，其中尤以青铜工艺最为先进。

　　夏朝自启建国开始，到夏桀灭亡，共传13代，16王，有500多年历史，先后建都阳城（今河南登封告成镇附近）、阳翟（今河南禹县）等地。在夏朝第14个王朝孔甲统治时期，政治腐败，社会矛盾已日益尖锐。至夏桀统治时，夏桀暴虐无道，引起平民和奴隶的反抗，终于在公元前16世纪被夏的属国商所灭亡。

　　夏朝文化比较发达，有《夏书》《夏训》和《夏礼》等典册。夏文化为殷周文化的发展奠定了基础。

第一个奴隶制王朝

禹担任部落联盟首领后，进一步发展农业生产，相传禹曾带着生产工具参加水利工程建设。同时农业生产技术也有了很大进步，出现了许多发明创造，伯盖发明了凿井技术，奚仲发明了车，仪狄首创用粮食酿酒。这些发明创造又促进了农业的发展。

在禹统治时期，随着生产力的发展，产品有了剩余，人们学会了酿酒和冶铜，也开始了商品交换，渐渐地产生了贫富分化，同时也出现了犯罪。这令大禹感到很痛心，他认为是自己治理不善所致，于是指示地方官吏对百姓加强教化，避免犯罪的发生。可是伴随着私有制的出现，人们的观念有了质的变化，常常在你抢我夺中发起冲突。大禹万般无奈只好制定禹刑，设置监狱以惩治犯罪。监狱这种机构的产生，需要一部分人从生产中脱离出来，从事看管监狱的工作，而他们的生活又要依靠从事生产的人，于是又出现了征税。

为掠夺财富和奴隶，禹即位后不久，不与任何首领商议，便发号施令，调动人马对南方三苗人民发动战争。社会的进步使大禹的地位越来越高，他的权力也显得至高无上。一次禹召集各部落首领举行涂山大会，其间用各部落献出的铜铸成象征九州的 9 个大鼎，并运回宫中，称之为镇国之宝，各部落首领在进贡时还要对九鼎膜拜。九鼎显然成了权力的象征。

涂山大会之后，大禹又召集各部落首领举行茅山大会。大会开始后，防风氏的首领才慢腾腾地步入会场，大禹十分恼火，当即派人将防风氏首领斩首。其他部落首领均被吓出一身冷汗。从此对大禹俯首帖耳唯命是听，此时的大禹已不仅仅是部落首领，实际上已是拥有生杀大权的国王了。

大禹越来越老，按惯例该选继承人了。大家一致推荐掌管刑法的皋陶。

可是不久皋陶病死了，大家又推举当年同大禹一起治水的伯益。伯益在治水期间吃苦耐劳、献计献策，在百姓中的威望很高。但此时的大禹已存有私心，很想让自己的儿子启做继承人。可祖上传下的规矩不好破坏，怎么办呢？想来想去，他决定给伯益一个虚名，真正的实权交给儿子。久而久之，启在百姓心中渐渐有了威望。

大禹死了。伯益为他举行了葬礼。当年大禹为舜举行葬礼后曾将继承人的位置让给舜的儿子，但没被接受。这次，伯益效仿大禹的样子，避居起来，假意将王位让给大禹的儿子启。谁知启并没客气，竟堂而皇之地接受，登上了王位。各部落首领也纷纷前来朝贺。

伯益正在等启来请他继位，未料到美梦化成泡影，不禁恼羞成怒，率部攻打启。启早有防备，从容应战，将伯益杀死。

启这种有违祖规的做法引起了有扈氏的不满，他联合其他部落组成六军攻打启，同样惨遭失败。伯益和有扈氏的失利，使各部落首领都变得驯服了，不敢再有反叛的念头。夏启的地位得到进一步巩固。他成了一个名副其实的国王，将禅让制彻底改变为世袭制。中国历史上第一个奴隶制王朝——夏建立了。自此中国历史从原始社会进入了奴隶社会，故史称"夏禹传子"。

当了国王的夏启将权力使用得淋漓尽致。他大兴土木修建了王宫和钧台。在王宫中他听音乐，赏歌舞，过着令人羡慕、神仙般的生活。他在享受的同时，没有忘记学父亲大禹的样子召开首领大会。他把地点定在钧台，让众首领聚集在他的脚下。其威风之状是以往历代首领无法比拟的。

在宫中待腻了，夏启便带着王公大臣驾着车浩浩荡荡去各地巡游。当年尧、舜、禹巡游四方是为了了解民间疾苦，真正为百姓做事。而夏启的巡游却给百姓带来了无尽的苦难。所到之处他恣意玩乐，尽情搜刮，使人民苦不堪言。启常年不理朝政，渐渐引起众人的不满，时有叛乱发生。于是，在夏王朝统治集团内部爆发了夏启五子争夺王位的斗争，其中尤以小儿子武观的行为最为突出。夏启派大将彭伯寿统兵平叛。叛乱虽被镇压下去，但夏王朝却因此而元气大伤，其统治力量已遭到严重削弱。

9 年后，夏启死于重病，将一个摇摇欲坠的王朝交给了长子太康。太康的劣性较其父亲有过之而无不及。他全然不把国事放在心上，整日领着几个大臣到森林中打猎。一天太康又去打猎，不知不觉越走越远，猎兴也越来越浓。在外面待了很久才想起回宫。但此时回宫已为时过晚，都城早被有穷国的国君后羿占领了。

后羿是个神箭手。相传尧帝时，天上同时出现 10 个太阳，河流干涸，大地裂开，草木干枯，百姓的性命危在旦夕。后来有位叫羿的神箭手射落 9 个太阳，才拯救了百姓与万物。由于有穷国国君箭法高超，人们认为是神羿再世，便称他为后羿。

太康见大权被夺，才想起是自己多年荒废国事所致，但后悔已晚。想与后羿抗衡又有心乏力，只好差人求后羿给他一个容身之处，遭到后羿的拒绝。太康无奈只得返回昔日打猎的森林之中。此时的他已毫无打猎的兴趣，在懊悔与沮丧中过起了食不果腹、衣不蔽体的流亡生活，最后死在了荒郊野岭。

太康在位 19 年，史称"太康失国"。

少康复国中兴

夏启废除了"禅让制"，登上王位，开创了父死子继的世袭制度，建立了奴隶制夏王朝。他死后，其子太康继位，太康继续效仿其父奢侈的生活。后来因贪恋打猎，被东夷族的有穷氏部落首领后羿趁夏王朝国政荒疏、内部混乱之机，起兵一举攻占夏朝国都安邑，并禁止在洛水河畔打猎的太康返回国都。太康不久便在颠沛流离的生活中去世。

后羿进入夏朝国都后，立太康之弟仲康为夏王，政权由自己执掌。后羿

虽然善射，武力强盛，却不修政事，与太康一样酷爱打猎，一年到头沉溺于围捕射猎之中。他远离自己的忠臣武罗、伯姻等四大臣，信用东夷族伯明氏出身的寒浞。寒浞是一个谄上欺下的阴险小人，因其极善于谗言挑拨而被本族人驱逐。后羿却对他倍加信任，任用他为国相，委托他处理国家政务。寒浞投后羿所好，骏马猎犬、硬弓利箭、鲜衣美食源源不断地献与后羿，并派有经验的猎手专门陪同后羿射猎取乐。后羿满心欢喜，对寒浞越加信赖。同时，寒浞不惜重金贿赂后羿的臣子，竭尽拉拢之能事，积极扩展私人势力，网罗党羽，并收买后羿的家奴，暗中指使其寻机谋害后羿。

在一个月黑风高的夜晚，后羿的家奴趁后羿酒醉酣睡，将其杀死。寒浞杀害后羿之后，霸占了后羿的妻子和全部财产，并盗用有穷氏部落名号，把持了夏政权。仲康见夏王室惨遭涂炭，寒浞等人横行无忌，自己如同木偶傀儡，行动不能自主，整日处于寒浞亲信的监视之下，时时提心吊胆，心情忧愤，不久便在忧郁中死去。

仲康之子后相被立为夏王，政权由寒浞及其亲信把持。后相亲眼看到了父亲的悲惨下场，不愿重蹈覆辙，便趁监视自己的人松懈之机，乘机逃出国都，投靠夏王室的同姓部落斟灌氏与斟鄩氏。寒浞唯恐后相召集夏朝旧部返回国都复仇，便命令自己的长子浇率大军尾随其后，攻灭了斟灌氏与斟鄩氏，杀死了夏后相。正当双方混战之时，后相的妻子后缗从围墙破洞中逃出，避开了浇的兵士，返回了娘家有仍氏（今山东金乡），生下了遗腹子少康。后缗把眼泪咽到肚里，把仇恨埋到心底，她决心将少康抚养成人。

少康得知自己的身世后，极度悲愤，果然立志复仇兴国。外祖父见少康人小志大，满心欢喜，命他在有仍氏族中担任牧官。他恪守本职，做好牧官工作，同时利用空闲时间向有智谋的人学习治国方略，向有军事才能的人学习排兵布阵、攻城野战，并积极纠集武人谋士，密切注视杀父仇人的举动。

不料，一年夏天寒浞长子浇打听到了少康的下落，便派手下大将椒率兵搜捕少康。所幸少康事先得到了消息，提前逃离了有仍氏住地，躲过了椒的搜捕。少康逃至舜的后代有虞氏部落，被有虞氏任用为庖正，负责管理厨房膳食。有虞氏首领虞思见少康年轻有为，很有才干，十分欣赏，便将自己的两个女儿嫁与少康为妻，又将一处叫做纶的地区划给他做封地。自此，少康拥有了一片肥沃的土地和不少士兵，这都成为他复仇兴国的根据地和武装力量。

少康以自己的封地为据点，大力纠集同姓斟灌氏和斟鄩氏余众，招揽昔日夏朝官吏、旧部，广泛宣扬夏祖先的功德，揭露寒浞、浇等人篡权杀君暴虐天下百姓的罪行，积极争取邦国部落以及平民百姓的支持，势力日渐壮大。

就在少康势力日益壮大之时，夏朝旧臣靡也集聚了众多兵马，准备拥立少康，重建夏朝。靡原为太康手下大臣，在太康昏庸失国之后，他投靠后羿，侍奉后羿为主。寒浞谋杀后羿篡位后，靡陷于极度恐惧之中，唯恐祸及己身，便逃至有鬲氏地区，召集夏王室同姓部族，招募天下武士，企图与寒浞抗衡。后来他说听少康立志复国，便与少康取得联络，共同讨伐寒浞。少康得到靡部众的支持，势力更为壮大，开始寻机起兵复仇。

少康首先暗中派遣谍报人员进入寒浞统治的地区，刺探实情。寒浞此时已经死了，其长子浇继承寒浞的位置，把持国政，驻扎在夏朝故都安邑。此人身大力蛮，能陆地行舟，他依仗其蛮力，暴虐百姓，人民无不痛恨。

少康率领大军，在靡以及各邦国、部落人马的支援下，浩浩荡荡杀奔夏朝故都安邑。此时，浇正在王宫中享受作乐，忽然听到少康大军兵临城下，不禁非常震惊，但仍依仗其蛮力负隅顽抗，最终却无力抵抗少康大军的奋力进击，被少康消灭。有穷氏部落也随之被消灭。少康进入安邑后，在靡等人的拥护下，重新登上王位，恢复了夏王朝的统治。自太康失国，中间历经后羿、寒浞、浇三代，至少康复国，已有40多年了。

少康重建夏王朝统治后，在夏朝的另一旧都阳翟重建都城，出现了较为稳定的政治局面，故被史家称为"少康复国中兴"，少康也被誉为一代中兴之主。

孔甲养"龙"乱夏

孔甲是夏王朝少康之后的第八代国君。他的父亲不降当政59年，是夏朝历史上在位时间最长的一位君主。按照夏朝世袭制，孔甲本该是第六代国君，只因他生性好玩，喜好鬼神，整日东游西逛，不务正业，将所有的精力都放在了打猎和占卜上了，对王位之事漠不关心。不降也实在不放心把天下托付给他，权衡再三，决定让位给自己的弟弟扃。

扃（音 jiōng）执政18年，政绩平平。扃死后，由他的儿子廑（音 jǐn）继承了王位。

扃和廑都是平庸得出奇的人物，既没有国君的胆识气魄，也没有治国之才。又逢连年大旱，田间地头一片干枯，黎民百姓饿死、病死无数。

面对天灾人祸，众臣认为这一定是没有让孔甲继位，违背了天意，惹得天帝发怒才降罪人间的。所以在廑死后，大家将不降的儿子孔甲扶上了王位。

孔甲继位后，立即举行了隆重的仪式，向天帝求雨。几天后，阴云密布，雷声隆隆，接着瓢泼似的大雨从天而降，严峻的旱情也即刻缓解了。举国上下全都泡在雨中，有的跪拜，有的欢呼，纷纷感念孔甲的恩泽。

大雨过后，万物复苏，夏国重新走了繁荣的道路，孔甲的威信也与日俱增，他洋洋自得地自以为有天神在保佑。从此孔甲对鬼神更是深信不疑，游玩的兴趣也愈发强烈了。他整天带领几名贴身侍从外出游山玩水，放鹰逐犬，对于国事根本无暇顾及。大臣们虽然对他很不满，却也不敢在他面前说什么。

一天，孔甲与侍从来到一条大河边，在那里他们看见两个庞大的怪物浮出水面又缓缓爬上岸。孔甲被这两个怪物吓坏了，他刚想逃走，一个侍从故作聪明地对他说："大王别害怕，这是天帝派来侍奉您的雌雄二龙啊！"

"侍奉我的龙？"孔甲将信将疑地问。那位侍从忙进一步解释说："龙是神物，它们现出原形伏在您面前，难道不是侍奉您吗？天帝希望你像黄帝一样乘坐龙车……"

孔甲兴奋极了，忙命人生擒二龙，费了好大一番功夫才将龙带回宫中，并传下命令，谁能替国君驯养此龙，定有重赏。养龙可不是件容易的事，从大臣到百姓没有一个敢当此重任的。几天过去了，仍然无人前来应征。两条"龙"已经奄奄一息，孔甲真是心急如焚。就在他坐立不安的时候，一个大臣向他禀报：在东海之滨有个叫刘累的人，曾跟豢龙氏学过养龙术。孔甲喜出望外，急忙命大臣速请刘累。

刘累赶了几天路来到宫中，他见了那两条"龙"，明明是两条大鳄鱼！但是，既然孔甲对此已深信不疑，自己也不好纠正，只好将错就错。他正了正衣衫，恭恭敬敬地对鳄鱼深施了一礼，然后又对孔甲施了一礼，说："恭喜大王得此神物。若想让龙保有神威，必须修一个豪华的大水池。"

孔甲对刘累言听计从，忙命人修水池。很快一个豪华漂亮的大水池修好了。鳄鱼有了水，又吃了些食物，很快恢复了活力。孔甲喜不自胜，赏了刘累许多财物，还封他为御龙氏。刘累好不得意。刘累正得意扬扬地欣赏财物，忽然有人通告国君有事召见他。刘累连忙进宫。孔甲见了刘累说："我养神龙是为了能坐上龙车，你既能养龙，就一定会驯龙，我希望神龙能早日驾车，我要乘坐龙车巡游天下。"

刘累有些发呆了，养"龙"是挺容易的事，可是要它们驾车，这怎么可能呢？刘累垂头丧气地走回住处，他一边想着应付孔甲的办法，一边走向水池。当他的目光投向水池时，心不由咯噔一声，他一下子瘫软在地。那条雌"龙"怒目圆睁，静静地浮在水面一动不动了。刘累知道自己已大祸临头，得想个主意逃过此难。

第二天，刘累拜见孔甲，说从即日起可以让神龙练习驾车，但是有两个条件：第一，乘坐龙车的人身体必须强壮，否则会折寿；第二，神龙练习驾车时附近不可有凡人观看，否则前功尽弃。同时送上一盘美味，声称是东海出产的一条大鱼的精肉，可补养身体。连吃数日就可乘坐龙车。孔甲大喜，又赏给刘累大量财物。

到了第二天，刘累亲自送来一盘鱼肉。第三天刘累差人又送来一盘鱼肉。第四天却迟迟不见有人送鱼肉来。孔甲有些不解，但又不便去问。第五天、第六天还是不见踪影。孔甲想派人去询问，又怕惊扰了神龙练驾。又过了五六天，孔甲再也等不下去了，他派人去找刘累。

派去的人很快慌慌张张地跑回来报告说：刘累不见了，他屋子里贵重的东西也不见了。孔甲大吃一惊，他顾不得坐车，随着侍从跌跌撞撞地向养"龙"的水池跑去。

哪儿还有驯龙的人，水池里那条雄"龙"眼睛瞪着、嘴半张着漂在水面上，不知已死了多久。孔甲像疯子一样四处走着、找着、看着。突然，他的目光定在墙角一堆东西上。天哪！那是"龙"头和"龙"皮！孔甲只觉得天旋地转。他猛地想起刘累送的美味。他惊呼一声："我吃的是龙肉……"。他气得暴跳如雷，即刻下令捉拿刘累，但刘累早已不知去向。

从这以后，孔甲的脾性愈加暴躁，终日敬奉鬼神，夏朝的气势日益衰弱，国家政治也日益混乱了。

商汤灭夏

少康以后，夏朝的江山的确稳固了一段时间，但是好景不长，到了孔甲当王的时候，整天荒淫无度，加上他还特别迷信，致使诸侯大都不听从朝廷的号令。孔甲之后，政治日益腐败，内乱不止，国势日弱。

就这样，夏朝的江山颠颠簸簸，延续了一段时间，到了夏朝第十七代王履癸的时候，江山已经摇摇欲坠，这履癸就是夏朝的最后一个国君桀。

桀是历史上一个著名的暴君，他长得粗野无比，而且力大超人，心中毫无点墨，当上夏朝的君王后，桀整天不思国家大事，而是想着自己怎样享乐。他派了许多大臣在全国选美女来让他享用。诸侯们也摸到了这位大王的习性。有一次，桀攻打有施国。眼看着有施国的城池就要丢了，这时，有施国将国中最漂亮的妹喜献给桀，桀一看妹喜，当即就带着将士们回宫。有施国以一女而保了平安。

桀自从得了妹喜之后，整天和她厮守在一起，对她百般宠爱，招来国内最优秀的工匠，为她建立一座宫殿，这座宫殿是当时京城的最高建筑，高耸入云，似乎要倒下了，人们就给它起了个名字，叫倾宫。倾宫的内部装潢也华丽无比。他就在这样的地方和妹喜嬉戏游乐，欣赏歌舞，大臣们要进宫报告事情，一律被挡在宫外。

桀别出心裁，在倾宫的边上挖上一条河，河里全部注满了酒，他把这条河叫做酒池，在酒池旁边还垒了一座完全靠肉堆积而成的山。

桀的荒淫无度，让忠臣贤士寒心。大臣关龙逢规劝桀应以国事为重，桀竟将他赶走，不久便将他杀了。而奸臣于莘、赵梁投桀所好，为他尽情享乐出谋划策。

桀丝毫不管百姓的死活，老百姓都挣扎在水深火热中。无数的财富都填进了这个暴君的欲望之口，而这个暴君杀人如儿戏，老百姓是敢怒而不敢言。人民实在无路可走，有的人对着太阳指桑骂槐道："你这个可恶的太阳什么时候完蛋啊。"

正当夏朝日益腐败、气势日渐削弱之时，在黄河下游，有一个诸侯国渐渐地发展起来了，这就是商。商的国王叫汤，汤贤良无比，他以仁义治国，以礼貌待人，百姓都说遇到了一个明君，周围的诸侯国也都和他相处和睦。

汤的势力日益强大，同时，他加紧以仁德宽厚的政策收揽人心。一天，汤到国都外郊游历，忽然看见一个人四面张着罗网，跪在地下祈祷说："天上和地上的猎物，都快快进我的罗网。"汤听后走到那人的面前，说："你的意思不就是一网打尽吗？"那人点头称是，于是汤就命令他重新祈祷，让他说："想往左的，就往左，想往右的，就往右，不听从命令的，才进入我的罗网。"汤与捕鸟人的故事很快传开了，人们知道他对飞禽都这么善良，都称赞他是仁慈的国君。

桀有一天知道有一个诸侯王居然比自己贤良，而且大多数诸侯都听他的，便有些害怕了，就命令赶快把汤抓来，囚禁在夏台，就是今天河南禹县这个地方。汤的大臣伊尹这时正在辅佐汤，见到商国无君，心急如焚，就生了一计，派人到国内去广搜财宝，挑选美女，还派了一个巧舌如簧的使者到夏都去。

那使者到了夏都，用许多金银财宝买通了桀的一个佞臣赵梁，赵梁一见到这些财宝，马上心就动了，就答应引见。第二天赵梁带着这个使者来到桀的面前，向他呈献上一队美女，外加上许多金银财宝，于是桀就把汤给放了。

汤一回到自己的国家，就着手准备灭夏，他训练军队，准备粮草，打通各个诸侯国的关节，尽力形成一种共同讨伐桀的态势。但是当时有一个叫葛国的诸侯国不听汤的建议，而且明显要跟汤作对，所以汤就选择了这个小国先下手。两军刚一交锋，小小的葛国就被打败了。

汤利用各种不同的借口，先后灭了豕、顾等小国，又灭了较强大的昆吾国。这时汤的国力就更加强大了，具备了和夏分庭抗礼的能力。

在讨伐桀之前，伊尹给汤献上一计，要汤不要向夏进贡，看看桀到底会怎样反应。这一年汤没有像往年一样，向夏进贡大量的物品，桀知道此事后，以为汤要造反，马上派大兵要攻打汤。这正给早就准备灭夏的商汤提供了机会。

汤见桀已完全陷于孤立，立即动员自己的所有力量讨伐桀，出兵前，举行了誓师大会，汤作了一篇《汤誓》，在大会上宣读，汤说："众兵士，我率你们去攻打夏桀，我不是发动兵乱，而是因为夏桀的罪太多了，现在上天命令我去惩罚他啊！"在众人的一片欢呼声中，汤统帅大军浩浩荡荡地向夏都开去。汤的大军攻势凶猛，势如破竹，直逼夏朝国都。

汤和桀的军队在鸣条相遇，其地在今天河南封丘以东，夏桀大败。于是桀带着妹喜和金银财宝一起向南方逃去。汤乘胜攻打了偏向夏的一个小国，最后也大获全胜。

桀带领人马一直逃到南巢，就是今天安徽巢湖以西这个地方。汤的大军也追到那里，最后将桀生擒活捉。汤并没有杀了桀，而是把他囚禁在南畅，桀不到3年就死在了这个地方。

夏朝自大禹传子、夏启废禅让登上王位，至夏桀败亡，其间历经17代王位，400余年，最终在深刻的内外矛盾中灭亡。

汤在消灭了夏桀，推翻了夏朝统治之后，定都于亳，建立了商王朝。中国历史从此进入了奴隶制商王朝统治时期。

商　朝

　　商族是居住在黄河下游的一个有着悠久历史的部落，商在汤之前一直是夏朝的附庸。商汤灭夏后建立的奴隶制国家，成为中国历史上第二个王朝。商自中丁到阳甲，内部发生了长期的争夺王位的斗争，使商的国势迅速衰弱，同时，由于洪水为灾，政治中心经常迁移，前后迁都5次，经济受到很大影响，因此，商的统治出现了危机。盘庚继位后，迁都于殷（河南安阳西北），故商朝亦称殷朝。以盘庚迁殷为界，商朝历史分为前后两个阶段。

　　商朝疆域辽阔，其强盛时东到大海，西至陕西东部，北达河北北部，南抵长江，是当时世界上的文明大国。

　　商代农业较发达，黍、麦、稷、稻等粮食作物已广泛种植。商代手工业生产规模大，技术水平高，有冶铜、制陶、纺织、酿造、制骨等，产品交换比前代有所扩大，出现了较繁华的早期城市。中国文字发展到商代已基本完成，在甲骨、铜器上遗留的当当时使用的文字，被后世称为甲骨文。

贤相伊尹劳苦功高

第一个奴隶制王朝——夏走过了 400 多年的艰难历程，在第十七位国王夏桀执政时，由于荒淫无度、残暴贪婪失去民心被商取而代之。在灭夏过程中，奴隶出身的右相伊尹起到了重要作用。

相传伊尹名挚，出生于伊水之滨。伊尹的一生是很坎坷的，他很小的时候，因生活所迫被卖到有莘国做奴隶。在那段时间，他受尽了打骂欺凌，他时常暗暗对自己说：有朝一日一定要出人头地，干出一番事业。

伊尹做任何事情都比较用心，学了一手高超的厨艺。有莘国的国君对饭食的质量要求很高，厨师都是他亲自挑选的。一次，有外宾来访，厨师因故未能及时准备午餐，大家惊慌失措。情急之下他们想到了伊尹，伊尹没有推辞，干净利落地准备了一顿丰盛新颖的午餐。席间，宾客对饭菜的色香味大加赞赏。有莘国的国君也非常满意，从此，便让他专门为往来宾客准备饭食。在与宾客的交谈中，伊尹学到了很多知识，了解了一些国内外大事，他强烈地意识到，不摆脱奴隶的生活就永远没有出头之日。于是他更加刻苦地积累知识，更加虚心地向有学问的人求教。

薛国国君钟虺（音 huī）在访问有莘国时与伊尹一见如故，他非常赏识伊尹的才学，决定把他请到薛国委以重任。有莘国的国君是个很自私的人，他拒绝了钟虺的请求。钟虺无奈，只得忍痛与伊尹拱手而别，临行前拿出一笔钱将伊尹赎为自由人。钟虺回国后，对伊尹始终念念不忘，他觉得这样一个有识之士不被重用实在可惜。后来商国悄悄兴起，成为一个比较强大的国家。商国国君成汤宽厚仁慈，有胆有识，深得民心，钟虺甘心臣服于成汤，将薛国并于商国，并做了成汤的左相。

一天，钟虺对成汤说："当今天下，夏国势力最强，然而夏桀贪财好色，对百姓横征暴敛，早已失去民心，他的身边尽是些不学无术的小人，一些有为之人纷纷离他而去。商国若想取而代之，非一人不可。"成汤一听忙问此人是谁。钟虺继续说："此人虽有才学，但出身寒微，不知大王是否肯接受。"成汤原本非常爱才，急切地说："只要能助我兴国，无论是何出身，我一并重用。"钟虺便向他详细介绍了伊尹。成汤一听大喜，忙命使者去有莘国聘请伊尹。

使者对有莘国国君说明来意后，有莘国国君面露愠色，他不理解一个做饭的奴隶能有什么本事，会使别国几次三番打他的主意。既然在本国他发挥不了什么作用，也不能让他到别国发挥作用，以免将来与本国作对。于是他不软不硬地拒绝了使者，同时，又随便找了个理由将伊尹再次贬为奴隶。

成汤对有莘国的无礼行为感到非常气愤，决定出兵讨伐有莘国。钟虺忙劝阻说："目前不是我们树敌的时候，既然派使者不行，我们可以用联姻的方式。有莘国君的女儿尚未婚配，年龄与世子相仿。若有莘国君同意联姻，再以伊尹为陪嫁，此事不就解决了吗？"成汤听罢觉得有理，便再次派使者出使有莘国。有莘国听说商国主动提出联姻更是喜不自禁，既然两国通婚，伊尹到了商国也不会于有莘国不利，所以将一切条件答应下来。伊尹顺利地到了商国。成汤举行了隆重的欢迎仪式，并拜伊尹为右相。成汤得了伊尹便如虎添翼，将国家治理得更加安定富足。

商王朝建立后，伊尹和钟虺继续为右相和左相，一直陪伴成汤，治理商国。伊尹又总结海内邦国存亡的教训，制定出君臣关系准则。商汤去世后，他又先后辅佐商汤的儿子外丙、中壬两王治国。中壬去世后，伊尹以开国元老身份立商汤的孙子太甲继承王位。

太甲生性好玩，不谙世事。伊尹便将他留在身边，整日以古为训，给他讲尧舜禹怎样治国、夏桀为何亡国、商汤的兴国之道以及国家的法度。开始太甲还可以硬着头皮听下去，渐渐心生厌烦情绪，对伊尹的话只当耳旁风。

伊尹忧心忡忡，常常面对商汤的遗像暗暗自责。

几年过去了，太甲依然我行我素，对国事置之不理。

转眼商汤的祭日就要到了，又该为先王祭礼了，但目前这种局面，伊尹感到实在愧对先王。一连几天，伊尹夜不安枕，食不甘味，他不忍心看着太甲继续荒废政事。终于，在熬过一个不眠之夜后，他下定决心要真正给太甲上一课。

祭祀的日子到了，太甲极不情愿地随着队伍来到桐宫。对于祭礼这种枯燥的活动他早已厌倦了，千篇一律的祭辞，千人一面的表情，若不是先王的祭祀和伊尹再三的叮嘱，他一定会找个理由推托的。

伊尹看上去衰老多了，他对先王行了大礼，接过主祭人手中的祭辞，恭恭敬敬地诵读。太甲根本没有将祭祀放在心上，他不时地东张西望，盼祭奠仪式快些结束。此时他渐渐觉出有些不对劲，不但气氛较从前庄严肃穆了很多，伊尹的祭辞也似乎有所改变。他仔细听下去，渐渐头上冒出了冷汗。只听伊尹沉声诉道："……由于老夫能力所限，对幼主教导不善，如今万般无奈，只得将幼主留在桐宫……"原来，伊尹要借给先王祭祀的机会，将太甲囚禁在桐宫。

伊尹要起程了，被锁在桐宫的太甲对着伊尹的背影哭喊着，须发皆白的伊尹硬着心肠头也不回地乘车返回王宫。

太甲度日如年般地在桐宫过了3天，3天来，除了一日三餐与睡眠外再也无事可做，他望着窗外的一切，想着自己何时才能重获自由。忽然，门开了，伊尹走进来，太甲犹如见到了希望，他多想再过从前那种快乐的日子呀。谁知伊尹根本没有放他走的意思，告诉他从现在起每天不得贪睡，必须从早到晚学习诵读历代贤王的遗训和勤政的事迹，还要常思己过，考虑今后该如何去做。从此太甲过起了苦读的日子。

伊尹囚禁了太甲之后，代行王政，每日要处理大量事务。由于他是开国元老，又有极高的威望，众臣对他的命令言听计从。但是伊尹并没有借机篡权，他只是尽力地完善法制，惩奸除恶，赏功奖贤。在此之余，他每隔一段时间就去桐宫检查太甲有何进展。太甲在诵读先王功德时，越来越发现自己无才无德，开始后悔从前的所作所为。

时间在一天天地流逝，转眼3年过去了。这一天，伊尹又来到桐宫，太甲忙起身迎接。伊尹没有像往日那样询问他有何进步，而是恭恭敬敬地跪在先王灵前拜了三拜。然后站起身对太甲说："微臣斗胆囚禁大王是不得已而为之，如今微臣前来迎接大王回宫。"太甲这才发现门外停着自己装扮得非常华丽的车子。蓦地，他泪如泉涌，猛地跪在伊尹面前，一句话也说不出来。

太甲穿上王袍，戴上王冠，端坐在王位上。老态龙钟的伊尹和众臣一起叩拜太甲。太甲望着德高望重的伊尹，想着从前自己所做的一切，不禁羞愧难当。太甲复位后，犹如换了一个人，他不再沉迷于酒色，在伊尹的辅佐下，勤于政务，将国家治理得安定富足。

30年后太甲死了，伊尹又扶助他的儿子沃丁继位。不久，操劳一生、劳苦功高、100余岁的忠臣伊尹停止了呼吸。消息传开，全国上下一片哭声，各地都举行不同的仪式祭奠这位忠正的老人。沃丁也以天子之礼为他举行了隆重的葬礼，伊尹以后也受到历代帝王的隆重祭祀，殷墟甲骨文中便有祭祀伊尹的卜辞。

千百年来，伊尹的贤德一代代地流传着，至今他的墓地和祠堂还保留着，不时有人前去烧香祭拜。伊尹的事迹被人民传为佳话。

盘庚迁都

自商汤在亳（今河南商丘）建立奴隶制商王朝之后，商朝的国都一直处于不断的迁徙之中。商朝第十一个王中丁将国都迁隞（今河南荥阳附近），第十四个王祖乙又迁都于庇，第十八个王南庚再将国都迁于奄（今山东曲阜）。在此期间，商王朝统治集团内部内乱频繁，多次发生争夺王位的激烈斗争。

每当一位国王去世，王室贵族们便围绕王位继承人选展开激烈的角逐，他们从各自的利益出发，或主张兄终弟及，或要求父死子继。为达到控制国家最高权力的目的，叔侄反目成仇，兄弟同室操戈，分别拉拢拥护自己的贵族展开你死我活的大厮杀，致使国家陷于混乱和血腥之中，国力也迅速衰退。

奴隶主阶级也日益腐化堕落。在当时，迷信鬼神、饮酒作乐为奴隶主生活的主要内容。奴隶主频繁地举行各种各样的祭祀活动，甚至大规模地使用人祭。人祭的手段十分残忍，包括砍头、肢解、焚烧等等。被杀者多为俘虏、奴隶，此外还包括少量仆人和妾。人祭的数量庞大，少则数人，最多一次可高达 500 人，其状令人惨不忍睹。

统治阶级的腐朽奢侈的生活加重了人民的负担，激化了阶级矛盾，导致奴隶的大批逃亡和反抗。

正当商王朝内忧外困之时，商朝第十九个王阳甲去世了，阳甲的弟弟盘庚被拥立为王。盘庚是商汤的第九代孙，他睿智聪慧，颇有心计，较善于分析观察形势。他即位后，开始设法缓和阶级矛盾，去除奢侈恶习，提倡简朴，以图挽救商朝的衰亡。

盘庚经过多方筹划，感到只有迁都才是解决各种矛盾的最佳途径，于是他决定将国都从奄迁至殷（今河南安阳小屯村附近）。盘庚认为将国都迁往荒凉的殷有许多好处：首先可以避开奄地区频繁发生的水旱灾害，有利于农牧业生产。其次，殷地尚未开发，在那里建都，一切须从头做起，奴隶主们无法过分享受，有利于去除反叛势力，有利于都城的安全和稳定。

迁都的决定公布之后，人们一片大哗，反对者主要是奴隶主贵族，他们留恋奄的奢侈生活，纷纷反对迁都的决定。有的贵族甚至威胁盘庚说："你是我们拥立的，我们也可以罢黜你。"盘庚是个强有力的统治者，他绝不因有人反对而改变自己的决定，他撰写了《盘庚》两篇告诫奴隶主们要和他同心同德。同时，盘庚也以强硬口气警告那些煽动闹事的奴隶主，要老老实实地服从命令，否则将予以严惩。

在盘庚的胁迫下，奴隶主贵族被迫服从盘庚的命令，随同盘庚迁都到了殷。初到殷时，地方荒凉，杂草丛生，生活艰难，大家都不习惯。于是，一些奴隶主贵族便趁机发难，鼓动大家迁回老家去。盘庚又召集奴隶主会议，宣读了《盘庚》第三篇告诫，以更加强硬的语气再次警告那些奴隶主，又一次将奴隶主们的反对压制了下去。经过数年的反复斗争，随着新国都的逐渐兴建，局面才最终稳定下来。

盘庚迁殷之后，强行推行商汤时确立的德政，加强统治，政治上出现了较为稳定的局面，社会经济和文化也获得了较大的发展。

盘庚十分重视农业生产，除本人亲自视察农田作业外，还经常命令大臣和奴隶主们监督农耕。当时的农作物黍、稻、麦等已被广泛栽培，耕田时采用合力耕种以及火耕，并已使用粪肥肥田。农业的发展使农产品有了较多的剩余，商王命令将收割后的粮食放入仓库中贮存以备灾年。

农作物的再生产品主要是酒类，当时上至王公大臣，下至平民百姓，嗜酒风气盛行。酿酒业的迅速发展，也反映了当时农业的发达程度。

园艺和蚕桑业在盘庚迁殷后也有了较大的发展。殷地处黄河中下游地区，气候温和，雨量丰沛，并有广大的桑树种植。奴隶们采集桑叶，饲养家蚕，抽出蚕丝，使用陶制纺轮织成精美的丝、帛，供奴隶主贵族们穿戴。

盘庚迁殷之后，青铜器的制造也步入了一个光辉灿烂的时代。当时青铜作坊规模之大，冶炼青铜技术之高超，产品制作之精美，种类之复杂繁多，制造水平之纯熟，都令人惊叹。

盘庚迁殷之后，驱使成千上万的奴隶日夜赶修新国都，不久，一座规模宏大，占地广阔的都城便拔地而起。新国都中王宫部分为城市的核心，它拥有 50 多座宫殿。都城外围由人工挖成的壕沟，则形成一条保护都城的水域屏障。在都城周围是居住区和手工作坊，供平民和工匠们生活与劳作。在盘庚的严厉督促和广大工匠、奴隶、平民的艰辛努力之下，殷迅速成为一座十分繁荣的都市。

在至今仍旧保留下来的殷墟遗址中，还发现有大量刻在龟甲兽骨上的文字，被称为"甲骨文"，又被称为契文、卜辞、龟甲文字或殷墟文字。甲骨文是商代国王利用龟甲、兽骨进行占卜的记事文字，迄今已发现约 15 万片。其内容以占卜为主，但也反映了自盘庚迁殷之后至商朝末年间的祭祀、征伐、田猎、农业、畜牧、地理等社会各方面的情况。甲骨卜辞一般很简短，从一二字到数十字不等。甲骨文单字约有 5000 左右，其中可识的约 1500 字左右，是我国已发现的古代文字中时代最早、体系较为完备的文字。

盘庚迁殷，使得社会矛盾趋于缓和，社会经济获得了较大发展，使得商王朝一度复兴，在此后的 200 余年间，商朝再不迁徙国都，商人在盘庚奠定的基础上不断发展，创造了灿烂辉煌的古代文明，商成为当时世界的文明大国。

武丁重振商朝

商朝在成汤之后又延续了 400 多年，由于后几代国王的昏庸贪婪，使国家承受了超负荷的压力，国库空虚，民不聊生。而奴隶的境遇就更加凄惨。有一个叫傅说的奴隶，他才华出众，足智多谋，对国家大事十分关心。但是他平时只是默默地劳作，从不随便说话。后来，他认识了一个叫武丁的杂役，二人极投缘。武丁常常在他面前谈起对现实的不满及世道的黑暗，傅说往往就此发表一下自己的见解。一天，武丁对傅说说："假如有一天我能做国王，一定让你作我的近臣。"傅说不以为然地说，"像我们这些人，连自由都不敢妄想，哪里还谈得上当国王呢，你不是痴人说梦吧。"武丁不再说话。

又过了一段日子，忽然传来国王驾崩的消息，不久，武丁不见了。傅说不明白武丁为什么不告而别，也不知道他的消失是吉是凶。傅说继续默默地劳作，在呵斥打骂中过了3年。一天，前呼后拥地来了一群达官显贵，见到傅说后倒身便拜，就连奴隶主也连连叩首不敢抬头。傅说恍若梦中，被这一幕惊呆了。接着这些人七手八脚地给他去掉枷锁，换上了一套华丽的官服，然后将他扶到车中。

傅说在车中颠簸了几天，终于到达了目的地。旁边的人对他说，这座巍峨的宫殿就是王宫，国王正在里面等你呢。傅说简直傻了，他感觉自己路都不会走了。进了王宫，傅说见国王威严地坐在王位上，慌忙跪倒在地。这时国王和蔼地说："傅说，抬起头来。"傅说抬头仔细一看，不禁大吃一惊：这不是3年前与我朝夕相处的杂役武丁吗？难道他真的是国王？这究竟是怎么回事呢？

原来，3年前在位的国王小乙是武丁的父亲，他耳朵软，遇事没有主意，只听一班谄媚小人的谗言，对一些忠臣的耿直之言却不屑一顾。久而久之，身边围了一群小人，而那些忠臣则贬职的贬职，放逐的放逐，就连他的儿子武丁也在被放逐之列。小乙当了28年的国王，因病而死，将一个千疮百孔的国家交给了武丁。

武丁刚刚即位，根基还不算稳固，但他不甘心让国家就此衰败下去，也不情愿让有识之士傅说无用武之地。

一天，武丁设宴，邀请满朝文武大臣。席间，众臣畅所欲言，气氛很活跃。正在大家推杯换盏时，武丁突然栽倒在地。众臣愕然，忙上前搀扶，并召医官前来诊治。武丁终于醒了，可是目光呆滞，口不能言。一时间朝堂上下人心惶惶，议论纷纷。经过医官的精心治疗，武丁虽然还不能说话，但可以上朝接受大臣的参拜。但由于他没有能力处理事务，不能亲口发布诏令，众臣的请示及汇报便成了一种形式。个别大臣也乐得轻松自在，每天应付完武丁就自寻开心去了，有的大臣甚至一连几天也见不着武丁一次面。

武丁就这样做了3年木偶国王，大臣们也习惯了没有约束的生活。有一天，武丁的病情突然加重了，他昏迷了3天3夜，茶饭不进。医官忙得满身大汗也不见好转。众大臣站立两旁，虽然面露焦急之色，但各怀心事。有的担心武丁死掉，逍遥的日子一去不返；有的担心武丁继续只在其位不谋其政，使国势日渐衰竭。就在大家各怀自己的心事时，武丁哼了一声，苏醒过来。接着抬手道："快扶我起来！"众臣大喜过望："国王能说话了！国王能说话了！"顿时，整个王宫欢声一片。

武丁坐起来后，对大臣们说："我在太华山接受天帝教诲共有3年，在此期间，天帝告诉我要尽心国事，近贤人，远小人，废除旧的不利于国家发展的法度。同时还告诉我，在傅岩有一个圣人叫傅说，天帝为了磨炼他的意志，把他贬为奴隶，此人能助我兴国。你们速去把他请回。"然后，武丁命人按照他描述的样子画了傅说的画像，又讲述了他所在的地方，限期寻找傅说。

大臣们原本对此事感到奇怪，如今又听说是奉天帝之命，所以各个诚惶诚恐，对武丁唯命是听，不久便将傅说接到武丁面前。武丁当即任命傅说为左相，帮助他处理国家政事。

夜晚，武丁将傅说请到自己寝宫，向他讲述了事情的来龙去脉与自己的打算，希望他在出谋划策的同时，能及时纠正自己的错误，以便兴国富民。傅说听了武丁一席话，感动得热泪盈眶，他表示一生愿为武丁效犬马之劳。同时也提出许多治国兴邦的建议，尤其强调禁止屠杀奴隶，武丁一一应允。

第二天早朝，武丁重新任命各级官员，将3年来尽忠职守的大臣提拔重用，将擅离职守的大臣贬职放逐，然后公布新的法制。消息传开，举国欢庆。

傅说与武丁的另一贤臣甘盘合作，共同辅佐武丁，推行仁德政治。他施展治国才干，大力发展农业生产，使农牧业产量大力提高。他加强统治，严明法律，使国家一切都井然有序，商王朝人口得到增加，国力逐渐增强。自此，商王朝再次兴盛起来。

文王识姜尚

盘庚死后又传了十一个王，最后一个王叫做纣。纣原来是一个相当聪敏，又有勇力的人，他能够赤手空拳同野兽格斗，曾倒拽九牛，以手托梁换柱而面不改色。他早年曾经亲自带兵和东夷进行了一场长期的战争。他很有军事才能，在作战中百战百胜，最后平定了东夷，把商朝的文化传播到淮水和长江流域一带。但是长期的战争消耗巨大，加重了商朝人民的负担，增添了人民的痛苦。

纣和夏桀一样，只知道自己享乐，根本不管人民的死活。他没完没了地建造宫殿，他在他的别都朝歌（今河南淇县）造了一个富丽堂皇的"鹿台"，把搜刮得来的金银珍宝都贮藏在里面；他又造了一个极大的仓库，叫做"钜桥"，把剥削来的粮食堆积起来。他把酒倒在池里，把肉挂得像树林一样。他和宠姬妲己过着穷奢极欲的生活，加重了平民、奴隶的负担，使人们抱怨连天，一些诸侯国也奋起反抗纣王的沉重剥削。纣王用各种残酷的刑罚来镇压人民。凡是诸侯背叛他或者百姓反对他，他就把人捉起来放在烧红的铜柱上烤死。这就是叫做"炮烙"的刑罚。

纣的残暴行为，加速了商朝的灭亡。这时候，在西部的一个部落却正在一天天兴盛起来，这就是周。

周本是一个古老的部落。夏朝末年，这个部落在现在陕西、甘肃一带活动。后来，因为遭到戎、狄等游牧部落的侵扰，周部落的首领古公亶父率领周人迁移到岐山（今陕西岐山县东北）下的平原定居下来。

到了古公亶父的孙子姬昌（后来称为周文王）继位的时候，周部落已经很强大了。周文王是一个能干的政治家。他的生活跟纣王正相反。纣王喜欢喝酒、打猎，对人民滥施刑罚。周文王禁止喝酒，不准贵族打猎和糟蹋庄稼。他鼓励人民多养牛羊，多种粮食。他还虚心接待一些有才能的人，因此，许多有才能的人都来投奔他。

日渐强大的周部落，对商朝是个很大的威胁。有个大臣崇侯虎在纣王面前说周文王的影响太大了，这样下去，对商朝不利。

纣王下了一道命令，把周文王拿住，关在汤阴（在今河南汤阴县一带）。姬昌的长子伯邑考闻讯，赶往朝歌求见纣王，却被入狱扣押。后来残忍的纣王又将他杀死，将肉做成肉脯，赐给姬昌吃。为救姬昌，周部落的贵族把许多美女、骏马和别的珍宝，献给纣王，又送了许多礼物给纣王的亲信大臣费仲。纣王见了美女珍宝，高兴得眉开眼笑，又听费仲说姬昌被囚禁期间并无一句怨言，便很快把周文王释放了。

周文王见纣王昏庸残暴，丧失民心，就决定讨伐商朝。可是他身边缺少一个有军事才能的人来帮助他指挥作战。于是，他暗暗想办法物色这种人才。

有一天，周文王坐着车，带着他儿子和兵士到渭水北岸去打猎。在渭水边，他看见一个老头儿在河岸上坐着钓鱼。大队人马过去，那个老头儿只当没看见，还是安安静静地钓他的鱼。文王看了很奇怪，就下了车，走到老头儿跟前，跟他聊起来。

经过一番谈话，知道他叫姜尚（又叫吕尚，"吕"是他祖先的封地），是一个精通兵法的能人。

文王非常高兴，说："我祖父在世时曾经对我说过，将来会有个了不起的能人帮助我把周族兴盛起来。您正是这样的人。我的祖父盼望您已经很久了。"说罢，就请姜尚一起回宫。老人也未再推辞，就跟着文王上了车。

姬昌把姜尚接回去，尊他为师，称为"师尚父"，又因为姜尚是文王的祖父所盼望的人，所以后来叫他太公望；在民间传说中，又称他姜太公。

太公望是周文王的好帮手。他一面提倡生产，一面训练兵马，周国的势力越来越大。有一次，文王问太公望："我要征伐暴君，您看咱们应当先征伐哪一国？"

太公望说："先去征伐密须。"

有人反对他，说："密须国君厉害得很，恐怕打不过他。"

太公望说："密须国君虐待老百姓，早已失去民心，他就是再厉害十倍，也没有什么可怕的。"

周文王发兵到了密须，还没开战，密须的老百姓就先暴动了。他们绑着密须的国君归附了文王。

过了3年，文王又发兵征伐崇国（在今陕西省沣水县）。崇国是商朝西边最大的一个属国。文王灭了崇国，就在那里筑起城墙，建立了都城，叫做丰邑。没过几年，周族逐渐占领了大部分商朝统治的地区，归附文王的部落也越来越多了。

到姬昌年迈的时候，周国的势力已经超过了商国，使得"天下三分，其二归周"。但是，周文王并没有完成灭商的事业。在他打算征伐纣王的时候，不幸患重病去世了。

这样，灭亡商汤的大业就落在周文王的儿子姬发和智叟姜尚的肩上。

商 朝

西　周

　　周地原来位于陕西关中平原西部，北靠岐山，南临渭河。
周武王伐纣灭商后建立了中国历史上第三个奴隶制王朝，其建
都于镐京（今陕西西安市），故称西周。周武王去世后，周公
竭力辅政，他东征平息商残余势力叛乱，确立宗法制并创立典
章制度，先后分封数十个诸侯，以捍卫周王室，使新王朝的统
治得以巩固。

　　西周农业比商有了进一步的发展，当时用青铜制作的农具较商
朝多，更便于垦殖。西周的手工业种类很多，分工更细，号称"百
工"，产品完全被周王和贵族垄断。土地制度是以井田制为主的奴
隶主贵族土地所有制。

　　西周奴隶主对奴隶和平民进行残酷的压迫和剥削，至西周
中期后，各种社会矛盾激化，公元前841年，西周都城镐京发
生"国人暴动"，驱逐残暴荒淫的周厉王，严重动摇了西周王
朝的统治。中国历史确切年代记载，就是从这一年开始的。此后，

虽出现过"宣王中兴",但西周王朝已不能扭转其走向衰弱的局势。

西周自公元前 11 世纪建立至公元前 771 年灭亡,共享国 250 年,传 11 代 12 王。

西　周

周武王伐纣

周文王死了以后，他儿子姬发即位，就是周武王。周武王拜太公望为师，并且要他的兄弟周公旦、召公奭（音 shì）做他的助手，继续整顿内政，扩充兵力，准备讨伐商纣。

第二年，周武王把军队开到盟津（今河南孟津东北）地方，举行一次检阅，有 800 多个小国诸侯，不约而同地来到盟津会师。大家都向武王提出，要他带领大家伐商。但是武王认为时机未到，检阅结束后又回到丰京。

这时候，纣的暴政越来越残酷了。商朝的贵族王子比干和箕子、微子非常担心，苦苦地劝说他别这样胡闹下去。纣不但不听，反而毫无人性地把叔父比干杀了，还叫人剖开比干的胸膛，把他的心掏出来，说要看看比干的心是什么颜色的。从此，纣王周围的大臣再也没有敢进谏的了。贤臣箕子装作发疯，总算免了一死，被罚做奴隶，囚禁起来。微子看见商朝已经没有希望，就离开朝歌出走了。朝中的大臣太师疵和少师强带了商朝的祭器、乐器，纷纷投靠周武王。

公元前 1027 年（一说公元前 1057 年）正月，武王听到探子的报告，知道纣已经到了众叛亲离的地步，认为时机已经成熟，就发兵 5 万，请精通兵法的太公望做元帅，周公旦、毕公高辅佐，渡过黄河东进。到了盟津，八百诸侯又重新会师在一起。周武王在盟津举行一次誓师大会，宣布了纣残害人民的罪状，鼓励大家同心伐纣。

在武王进军的路上，一天，有两个老人挡住了大军去路，要见武王。有人认出来，这两人本来是孤竹国（在今河北卢龙）国王的两个儿子，哥哥叫伯夷，弟弟叫叔齐。孤竹国王钟爱叔齐，想把王位传给他，伯夷知道父王的心意，主动离开孤竹；叔齐不愿接受哥哥让给他的王位，也躲了起来。在周文王在世的时候，他们两人一起投奔周国，定居下来。这回听到武王伐纣，就赶来阻止。

周武王接见他们时，两人拉住武王的马缰绳说："纣王是天子，你是个臣子。臣子怎能讨伐天子，这可是大逆不道的事啊。"

武王左右将士听了这些话，非常生气。有的把剑拔出来，想杀他们。太公望知道这两人不过是两个书呆子，就咐左右将士不要为难他们，把他们拉开。哪知道这两个人太固执，不再吃周国的粮食，竟躲到首阳山（在今山西永济西南）上，绝食自杀。

周武王的讨纣大军士气旺盛，一路上势如破竹，仅仅经过6天行军，于二月初四拂晓就打到距离朝歌仅仅70华里的牧野（今河南淇县西南）。

纣听到这个消息，只好仓促部署防御。但此时商军主力还在东南地区，无法立即调回，立刻拼凑了17万人马。他想，武王的兵力不过5万人，17万人还打不过5万吗？于是商纣王亲自率领，开赴牧野迎战周师。

可是，那17万商军有一大半是临时武装起来的奴隶和从东夷抓来的俘虏。他们平日受尽纣的压迫和虐待，早就对纣恨透了，谁也不想为纣卖命。在牧野战场上，当周军勇猛进攻的时候，他们就掉转矛头，纷纷倒戈，大批奴隶配合周军一起攻打商军。17万商军，一下子就土崩瓦解。太公望指挥周军，趁势追击，一直追到商都朝歌。

商纣逃回朝歌，眼看大势已去，就下令手下人把所有的金银财宝堆到鹿台上。当夜，就躲进鹿台，放了一把火，跳到火堆里自焚而死。

周武王率大军威严雄壮地进入朝歌城。商朝老百姓扶老携幼站在道路两旁欢迎周军。武王命令南宫适把鹿台里的还未烧毁的金银珠宝拿出来，分发给老百姓，还叫他打开钜桥大粮仓，让群众前来领取粮食。朝歌城里欢声四起，人们到处都谈论武王的好处和纣王的残暴。武王还叫毕公高释放被商纣王关起的奴隶、罪人以及从各地掠夺的女子，让他们获得自由。

周武王灭了商朝，结束了殷商王朝近 600 年统治，把国都从丰邑搬到镐京（今陕西西安市西），建立了周王朝。

为了巩固周朝的统治，从周武王起，把自己的亲属和功臣分封各地，建立诸侯国，太公望被封在齐国，他的弟弟周公旦被封在鲁国，召公奭被封在燕国。据说从武王到他的儿子成王，一共封了 70 多个诸侯国。

商朝虽然灭亡了，但是它留下的贵族和奴隶主在社会上还有一部分势力。为了安抚这些人，武王把纣王的儿子武庚封为殷侯，留在殷都，又派自己的 3 个兄弟管叔、蔡叔和霍叔去帮助武庚。名义上是帮助，实际上是监视，所以叫"三监"。

西周分封诸侯

周武王打败商朝后，把得来的广大土地和俘虏，分给了他的兄弟、亲戚及有汗马功劳的扈从们，让他们到各地去做诸侯，进行分区管理，护卫王室。这就是所谓"授民授疆土"、西周建国大分封。

周朝要统治广大的新疆土，必须建立属国，拥护王室。当时最难平定的是商朝的贵族。周公把他们迁到成周，封自己的同母弟弟康叔做卫侯，统治这些旧商国的遗民。周公教训康叔说："你对一般平民要宽厚，施行文王的富民政策，不要无辜杀人。对那些掠夺财物、不孝顺父母、与兄弟不和的商人，则要用严刑诛戮。商人群聚在一起，除了百工，不论是谁，一律抓起来送到京师，我来杀他们。"康叔是当时封地最大、权势最重的人，曾带领重兵镇压商人，在当时是最主要的侯国。

成王把奄国封给周公的大儿子伯禽，让他做鲁侯，又封他的外祖父太公吕尚做齐侯。齐、鲁两大国代替了奄和蒲姑，商朝不能再反叛了。召公的儿

子封在燕（故都在今河北易县，后迁都今北京），成王的弟弟叔虞封在唐（今山西太原市，后称晋国）。通过分封，周天子从长远处着眼，建立了自己的据点，用以抵御北方少数民族的侵扰，保护卫国和周国，而这些受封者又都是周朝最重要的贵族。由他们拱卫周朝，足见周朝初年实行大分封，确实有政治远见。

当周武王攻灭商朝时，纣王的庶兄微子启曾经抬着棺材到周武王的军队前投降。武庚死后，周公把商朝旧都商丘封给微子启，爵位为"公"，国号为宋。宋国附近，实际上还有陈、杞和焦3个国家，这样分封，是为了监视宋国。陈国是舜的后裔，在今河南淮阳县；杞国是夏的后裔，在今河南杞县；焦国则是炎帝的后裔，在今安徽亳县。

周朝建国初期，南方没有强国，汉水流域有一些姬姓小国，但未受到重视。成王分封熊绎做楚蛮的小国君，歧阳大盟会时，只派熊绎和鲜卑（东胡的一个小部落）看守祭神火堆，不让他们正式参与盟会。后来，楚国强大了，自称楚王，成为南方一个大国。凡是周朝势力不能控制的地方，各强国甚至小国都自称为王，不再向周天子朝贡。

西周分封制度还与宗法有密切关系。周天子自称上天元子（长子），认为是上天付给他土地和臣民，因此，他享有所有权。天子算天下的"大宗"，同姓各诸侯都尊奉他做"大宗子"。天子分土地和臣民给诸侯或卿大夫。大的侯国，如鲁、卫、晋等国家附近，分封许多同姓的小国，小国君尊奉大国君做"宗子"，如鲁国是滕国的宗子，晋国是虞国的宗子。一个国家里，国君是大宗，他分给同姓的卿大夫采邑，采邑主便尊奉国君为宗子。采邑里，采邑主又分小块的土地给同姓的普通老百姓耕种，这些庶民尊奉采邑主为宗子。同姓庶民有自由民身份，不同于农奴身份的庶民。

天子除了分封同姓诸侯外，还分封异姓诸侯。诸侯在国内也分封土地给异姓卿大夫。无论天子，还是卿大夫采邑，都会分一些小块土地给异姓庶民耕种。周天子就是利用一级一级的分封制，形成一个统治网。上自天子，下至贫民，都是上一级对下一级分封，下级对上一级承担缴纳贡物、军事保卫和述职等义务。在实行分封制的情况下，西周的统一是一种松散的统一。当时各地区经济往来较少，政治发展不平衡，部族之间社会发展的差别较大，分封制与这种状况是相适应的，它在当时起了一定的历史作用。

周公胸襟

周武王建立了周王朝以后，过了两年就得重病去世了。他的儿子姬诵继承王位，这就是周成王。那时候，周成王才13岁，刚建立的周王朝还不大稳固。武王的弟弟周公旦辅助成王掌管国家大事，实际上是代理天子的职权。历史上通常不称周公旦的名字，只叫他周公。

周公的封地在鲁国，因为他要留在京城处理政事，不能到封地去，等他的儿子伯禽长大了，就派伯禽代他到鲁国去做国君。伯禽临走的时候，问他父亲有什么嘱咐。周公说："我是文王的儿子，当今天子的叔叔，你说我的地位怎么样？"

伯禽说："那自然是很高的了。"

周公说："对呀！我的地位确实很高，但是我每次洗头发的时候，一碰到急事，就马上停止洗发，把头发握在手里去办事；每次吃饭的时候，听说有人求见，我就把来不及咽下的饭菜吐出来，去接见那些求见的人。我这样做，还怕天下的人才不肯到我这儿来吗？你到了鲁国，不过是个国君，可不能骄傲啊！"

伯禽连连点头，表示一定记住父亲的教导。

周公尽心尽意辅助成王，管理国事，可是他的弟弟管叔、蔡叔却在外面造谣，说周公有野心，想要篡夺王位当天子！

纣王的儿子武庚虽然被封为殷侯，但是受到周朝的监视，觉得很不自由，巴不得周朝发生内乱，重新恢复他的殷商的王位，就和管叔、蔡叔串通一气，联络了一批殷商的旧贵族，还煽动东夷中几个部落叛乱反对周朝。

武庚和管叔等人制造的谣言，闹得镐京也沸沸扬扬，连召公奭也怀疑起来。成王岁数小，对辅助他的叔父也有点害怕。周公对此心里很难过，他首先向召公奭披肝沥胆地谈了一次话，告诉召公奭，他绝没有野心，要他顾全大局，不要轻信谣言。召公奭被他这番诚恳的话感动，消除了误会，重新和周公合作。周公在安定了内部之后，毅然调动大军，亲自率领大军东征。

东方有几个部落像淮夷、徐戎等，都配合武庚，蠢蠢欲动。周公下命令给太公望，授权给他，各国诸侯，有不服周朝的，都由太公望征讨。这样，由太公望控制了东方，他自己全力对付武庚。经过3年的艰苦战争，周公终于平定了武庚的叛乱，把武庚杀了。管叔一看武庚失败，就上吊自杀了。周公平定了叛乱，把霍叔革了职，对蔡叔办了一个充军的罪。

在周公东征的过程中，一大批商朝的贵族成了俘虏。因为他们反抗周朝，所以叫他们是"顽民"。周公觉得让这批人留在原来的地方不大放心；同时，又觉得镐京在西边，要控制东部的广大中原地区很不方便，就在东面新建了一座都城，叫做洛邑（今河南洛阳市），把殷朝的"顽民"都迁到了那里。

从那以后，周朝就有了两座都城。西部是镐京，又叫宗周；东部是洛邑，又叫成周。成王依旧在镐京居住，东都由周公坐镇。从此，周朝开始了长期稳定的局面。

周公为了周朝的事业，用尽了毕生精力。他把自己的经验写成文章，还制定了许多法令。周朝实行了这些法令，比以前更加稳定了。周公死后，周成王用最隆重的天子礼节，把他葬在文王陵和武王陵附近，表示周公完成了周文王和周武王没能完成的事业。

从周成王到他的儿子康王两代，前后约 50 多年，是周朝强盛和统一的时期，历史上叫做"成康之治"。

昭王南征的下场

周公死后，成王在召公的辅佐下渐渐行使起天子的职责。直到成王 26 年，召公才不幸去世。经过他多年的言传身教，成王将文王、武王时的一些好传统继承了下来，西周的奴隶制进一步巩固，王权进一步加强。

昭王名叫姬瑕，是我国西周时代第四个天子，也是周朝由盛转衰的第一个昏君。西周初期的 3 个天子——武王、成王和康王，都能牢记先王遗训，懂得江山来之不易，创业维艰，诚惶诚恐，小心谨慎，节约财物，维护周室的一统天下，在历史上出现过著名的"成康盛世"。昭王即位以后，完全抛弃了先王遗训，他沉湎酒色，穷奢极欲，成天嬉游玩乐，懒理朝政。谁给他呈献珍禽怪兽，他就给谁升官和奖赏。哪里有珍贵名鸟，他就要想方设法得到手，为此而耗费了大量财力和物力。

南方有个少数民族的部落叫越裳氏，每次向镐京进贡，总要献上当地特产的一种白雉鸟。这种鸟毛色洁白，鸣声啾啾，悦耳动听，而且肉味鲜美，是宫廷佳肴珍品，十分名贵，昭王异常重视。后来，越裳氏停止呈献这种名鸟。昭王知道以后，很生气，立即责问一位大臣："越裳氏为什么不给我进贡白雉鸟？快告诉他们，火速补送，否则，要惩罚治罪。"

这位大臣连忙回答说："此事与越裳氏无关。自从楚国在荆蛮地区兴起以后，独霸一方，不把周室天子放在眼里，朝贡时断时续。越裳氏那里的白雉鸟，准是受楚国阻拦，不能再献给陛下。"

昭王听了，怒气冲天，他想：楚国荆蛮小邦，竟敢拦阻周天子的贡品，此例一开，诸侯竞相仿效，周室王威何在，天子尊严难保。昭王决定御驾亲征楚国，严加惩罚，以儆效尤。

昭王这次出征，害苦了沿途的百姓。他命令地方官员必须给周室军队准备安适的住所、精美的食品，保证一切必要的供应，否则，就要撤职，甚至治罪。沿途官员得到命令，立即如虎似狼一般，勒令百姓必须空出最好的房室给军队住，拿出最好的食物给军队吃。昭王军队所到之处，粮食被抢走，牛马被抢走，猪羊鸡鸭被宰杀，家中财物被收走，青年男女被抓走。老百姓被昭王军队害得家破人亡，四处逃亡，简直无法生活，人人对昭王切齿痛恨。

楚国原是南方江汉地区的一个小国，后世以熊为姓。周成王封楚君熊绎于荆蛮。他的后代发奋图强，励精图治，百姓拥护，楚国日益富强。楚王见昭王朝政腐败，不得人心，民怨沸腾，便停止朝贡，连越裳氏献给周室的珍鸟也被禁止呈送。汉江沿岸的百姓，听说昭王为此要大动干戈，来楚国问罪，大肆讨伐，又知道他的军队比虎狼还凶恶，见人就抓，见物就抢，早在兵祸临头之前，就把牲口赶往深山隐蔽起来，把粮食和一切财物藏在秘密的地方。年轻力壮的男女青年都躲在原始森林深处，以免被周朝军队抓走。

昭王率领军队到达汉江岸边时，一条船也见不到，老百姓大多逃跑了，只有老弱病残留在家里。军队要粮没粮，要人无人，处境异常困难。昭王开始感到焦心，无法摆脱困境，他望着江水发愁。汉水茫茫，波浪汹涌，无船就无法渡江。昭王命令军队到处找船，费了很大力气，才从汉江支流的芦苇丛中找到两条旧木船，再抓来几名船夫，强迫他们驾船，花了很多时间，才把军队渡到对岸。

楚王知道昭王亲率军队前来讨伐，早已做好应战准备。楚都丹阳（今湖北枝江市）的城池坚固，易守难攻。昭王满以为他的军队一到，就可轻易攻破丹阳，捉拿楚王问罪，满载金银财宝和白雉鸟回朝。可是，攻打了很长时间，不但没有破城希望，反而被守城的楚国军民，用强弓硬弩，滚木巨石，杀伤了许多周室军队的士兵。昭王无法持久作战，只好下令撤兵。

汉江岸边的百姓听说昭王军队又要从这里撤回去，便想出了一条妙计来消灭昭王军队。他们知道昭王一定会派人找船渡江，先准备了几只大船，把船底凿穿劈开大缝，再用胶粘合好，画上各种颜色图案，掩盖斧凿痕迹，看上去就像新船一样，不会引起疑心，然后将船停靠在江边渡口，专等昭王军队上钩。

昭王果然中计，他率领军队一路走来，他到江边见有几条大木船停在渡口，大出意料之外，急忙下令全军火速上船渡江。把抢来的车、马和所有财物全都装在船上。他自己和几个亲信将领则坐在一条他认为最安全可靠的船上。这一次，他没有另找船夫，而是从军队士兵中找了几个会驾船的来开船。船离岸不远，正好遇上大风，一会儿就开到江心，眼见很快就可到达彼岸，但就在这时，忽听得"豁啦，豁啦"几声，几艘大船突然破裂散架，江水涌入，把昭王和他的士兵，还有抢来的车马财物，全都浸在水中。这天偏又风急浪大，人掉在水里，就是会游泳的也无法逃命，大多数士兵很快就葬身江底。昭王不会游水，掉在水里只扑腾了几下，便被水浪吞没，直往下沉。他的护卫辛游靡不仅力气大，而且水性很好，见昭王落水，忙游过去救他。一手托着昭王，一手划水往岸边游，好不容易将昭王弄到岸上。但昭王早已淹死了。辛游靡等残兵败将，抬着昭王的尸体返回镐京，向朝中大臣报告了这次南征的详细经过。

朝中大臣经过商议，认为国王因为一只白雉发动战争而白送了性命这件事情不能让老百姓知道，于是向外公布说昭王暴病而亡。

国人大暴动

周朝传到第十代国王厉王的时候，国势已经非常薄弱了。又正逢外族入侵、诸侯国内乱，贡赋减少，王朝的国库变得很空虚。偏偏新登基的周厉王又奢侈荒淫，挥金如土，使周王室的财政很快出现了危机。

周厉王为了继续过那种花天酒地的生活，决定增加赋税。可立什么名目来征税呢？这时一个叫荣夷公的大臣给厉王出了一个主意，让他对一些重要物产实行"专利"。即不论是王公大臣还是市民百姓，只要他们采山上的药，砍山上的柴，捕捞河湖里的鱼虾，射猎山林的鸟兽，都必须依法纳税。还有喝水、走路也得缴纳钱物。这是一种巧取豪夺、搜刮民脂民膏的办法，不仅遭到老百姓的反对，就是一些比较开明的官吏也觉得很不妥当。很多大臣也纷纷向厉王进忠言，其中有个叫芮良夫的大夫劝告厉王不要实行"专利"。他说，"专利"会触犯大多数人的利益，引起大多数人的反对。可是厉王根本听不进去，他一味宠信荣夷公，让他来负责实行"专利"。

实行专利后，顿时怨声四起，无法度日。百姓的生活更是苦不堪言，在当时就流传着这样一首歌谣：

> 硕鼠硕鼠，无食我黍。
>
> 三岁贯汝，莫我肯顾。
>
> 逝将去汝，适彼乐土。

意思是说，大田鼠啊大田鼠，不要再吃我的黍（指粮食）。多年来我纵惯着你，而你却对我们毫不理睬。我们要离开你了，到那充满自由的乐土去。这表明百姓们对周厉王的强烈不满情绪。

老百姓们怨恨周厉王，都纷纷咒骂他。大臣召伯虎看到形势严重，就跑到周厉王面前恳求说："大王，百姓们实在难以忍受了，'专利'法再不废除，就要出大乱子啦！"可厉王根本听不进去。他派了很多密探去监视老百姓，如果发现有人议论"专利"，咒骂厉王，就抓来杀头。从此，人们的满腹牢骚只好往肚子里咽，谁也不敢再说出来了。厉王却以为自己的残暴统治产生了效果，反而变本加厉地实行残暴的统治。

厉王搞了3年专利，人民再也不能忍受下去了。公元前841年，都城里的小贵族、小商人、手工业者联合起来，冲向王宫，去找厉王算账。起初厉王还想用王师来镇压，可王师中全是些平民百姓。他们见国人造反，很多人也加入进去了。在迫不得已的情况下，周厉王只好带了一些随从，偷偷溜出了王宫。临走前把太子靖托付给了召伯虎。然后就逃奔到了彘地（今山西霍县）。

愤怒的起义群众找不到厉王，决定找太子去抵罪。他们得知太子被藏在大臣召伯虎家里，于是就包围了召公的家，勒令召公交出太子。召公心想："过去天子不听我的规劝，才落到这般地步。现在我把太子交出，会不会有人说我是对天子的不忠、伺机报复呢？当初我曾向天子满口答应保护太子，如若交出，岂不是天大的不义？可是我不交出太子，人们一定不肯答应，怎么办呢？"他考虑再三，决定以自己的儿子冒充太子，交给了起义群众，这才使太子躲过这场灾难。因为参加这次暴动的都是居住在国都内外的群众，故称国人暴动。

国人暴动的第二天，周朝的一个诸侯国卫国的国君卫武公就率领部队开到镐京城。这卫武公又叫共伯和。共伯和率军到镐京，本来是前来平叛的，可是当他来到王都，起义群众已经散去，于是他就率领部队，驻到了王宫里。

厉王外逃，不敢回来，太子虽活着，但因为年幼，不能主事，再说他是找了替身才逃了命的，现在暴动刚平，还不能暴露真相。于是召公提议，国事暂由共伯和代理，其他大臣一致同意，共伯和虽然是代理，但实际上行的是天子之职，所以这一年被称作共和元年（即公元前 841 年）。也就是从这一年起，我国历史开始有了准确的年代可以查考。

共伯和执政以后，采纳了召伯虎的建议，废除了厉王时的"专利"法，减少了名目繁多的赋税，人民得以安生，社会又趋于稳定。

共伯和执政的时期，历史上称为共伯和时期。转眼 14 年过去了，逃亡在外的周厉王死了，太子靖也已经在召公家里长大成人了。召伯虎觉得时机已经成熟，于是，一天上朝后，他就对共伯和及众大臣讲了真相，大家见太子还活着，一致同意立他为天子，共伯和知道自己不是周室正宗，而且众怒难犯，也就顺水推舟，亲自到召伯虎家把太子靖接进王宫，举行了隆重的登基仪式。不久，他就又回到原来的封地，当他的诸侯王去了。新即位的天子，就是周宣王。

周宣王在位 46 年，他鉴于其父"专利"失败的教训，减轻赋税，整顿政纪，周王朝一度呈现稳定局面，史称"宣王中兴"。但在公元前 789 年，周朝在千亩一战败给姜戎，使周宣王的统治遭到了沉重的打击。周宣王为了补充兵员，清查户口，严格控制逃亡人口，结果引起奴隶和平民的反抗。西周王朝已失去了对社会的控制能力。

春　秋

　　周幽王被犬戎杀死后，周太子平即位，将国都迁至洛邑（今河南洛阳），至此，西周结束，东周建立。东周的历史，史学界习惯分为春秋和战国两个时期。从公元前770年至公元前476年（周敬王四十四年），这段时间大体相当鲁国编年史《春秋》的纪年，故称为春秋时期。

　　周东迁后，实力大为削弱，诸侯国实力加强，全国处于分裂割据状态。最强诸侯国君主成为霸主，挟持周天子号令各诸侯国，完全代替了周王室的权利，先后出现了齐桓公、晋文公、秦穆公、楚庄王、宋襄公（另一种说法为齐桓公、晋文公、楚庄王、吴王阖闾及越王勾践）5个霸主相继争霸的局面。各诸侯国为争夺土地，人口，进行了激烈的兼并战争，至春秋末年，春秋初年的120多个大小诸侯国只剩下原来的1/3了。

　　春秋时期是中国从奴隶制向封建制转变的时期，也是经济、文化显著发展的重要时期，产生了管仲、子产等著名的政治人物，出现了孙武等杰出的军事家以及道家学派创始人老子、儒家学派创始人孔子等伟大的思想家。

　　春秋末期，由于社会政治、经济和文化的进一步发展，各诸侯国的阶级关系也发生了根本的变化，同时，长期兼并战争也改变了大国争霸的形势。

春　秋

骊山烽火戏诸侯

周宣王死了以后，他的儿子姬宫涅即位，就是周幽王，周幽王对国家大事从来不闻不问，一味吃喝玩乐，派人到处找美女。大臣褒珦（音 xiàng）劝谏幽王别忘了治理国家，周幽王根本听不进去，竟命人把褒珦下了监狱。

褒珦在监狱里被关了 3 年。褒家的人千方百计要把褒珦救出来。他们在乡下买了一个挺漂亮的姑娘，教会她唱歌跳舞，把她打扮起来，献给幽王，替褒珦赎罪。这个姑娘算是褒珦家人，叫褒姒。

幽王有了褒姒，见她模样俊俏，高兴得不得了，就把褒珦释放了。他十分宠爱褒姒，与她住在琼台，终日饮酒作乐。可是褒姒从进宫以后，心情闷闷不乐，没有开过一次笑脸。幽王想尽办法叫她笑，她怎么也笑不出来。

据传说，褒姒是周室一个宫女的私生女，生下以后，不敢留家抚养，被丢弃在郊野荒地上。幸好有对善良的农村夫妇发现了她，把她养大成人。褒姒长大以后，虽然是个很美丽的姑娘，但自感出身微贱，受世人非议和鄙视，心中常闷闷不乐，郁郁寡欢，平时不苟言笑，形成了一种极端孤僻厌世的冷漠性格。

周幽王为了使她高兴，曾用莫须有的罪名，废掉了他所封的申后和太子，改封她为王后，另立她亲生的儿子伯服为太子。幽王满以为这会使她感到荣幸和快乐，但出乎他意料之外，褒姒仍是满脸冰霜，毫无欢快表情，从不开颜一笑。

百般无奈的周幽王出了一个赏格：有谁能让王妃娘娘笑一下，就赏他1000 两金子。

有个大臣叫虢石父，特爱拍马屁，他替周幽王想了一个鬼主意。原来，周王朝为了防备犬戎的进攻，在骊山（今陕西临潼东南）一带造了 20 多座烽火台，每隔几里地就是一座。如果犬戎打过来，把守第一道关的兵士就把烽火烧起来；第二道关上的兵士见到烟火，也把烽火烧起来。接着一个接一个烧着烽火，附近的诸侯见到了，就会发兵来救。虢石父对周幽王说："现在天下太平，烽火台长久没有使用了。我想请大王跟娘娘上骊山去玩几天。到了晚上，咱们把烽火点起来，让附近的诸侯见了赶来，上个大当。娘娘见了这许多兵马扑了个空，保管会笑起来。"

周幽王拍着手说："太好了，就这么办吧！"

他们上了骊山，真的在骊山上把烽火点了起来。临近的诸侯得了这个警报，以为犬戎打过来了，赶快带领兵马来救。没想到赶到那儿，连一个犬戎兵的影儿也没有，只听到山上一阵阵奏乐和唱歌的声音，大伙儿都愣了。

幽王派人告诉他们说："辛苦了大家，这儿没什么事，不过是大王和王妃放烟火玩儿，你们回去吧！"

诸侯知道上了当，很是气愤地回去了。

褒姒不知道他们准备做什么事，看见骊山脚下来了好几路兵马，乱哄哄的样子，就问幽王是怎么回事。幽王一五一十地告诉了她。褒姒真地笑了一下。

幽王见褒姒开了笑脸，就赏给虢石父1000两金子。

幽王宠着褒姒，他万万没有想到，这样一来，却引来了亡国杀身之祸。以前被废掉的申后的父亲是申国的诸侯，得到这个消息，对此异常愤恨，就联合犬戎进攻镐京。

幽王听到犬戎进攻的消息，惊慌失措，连忙下命令把骊山的烽火点起来。烽火倒是烧起来了，可是诸侯因为上次白跑了一趟，这次谁也不来理会他们。

烽火台上白天冒着浓烟，夜里火光烛天，可就是没有一个救兵到来。

犬戎兵一到，镐京的兵马不多，勉强抵挡了一阵，被犬戎兵打得落花流水。犬戎的人马像潮水一样涌进城来，把周幽王、虢石父和褒姒生的儿子伯服杀了。那个不开笑脸的褒姒，也给抢走了。周室的珠宝财物更被洗劫一空。

到这时候，诸侯们知道犬戎真地打进了镐京，这才联合起来，带着大队人马来救。犬戎的首领看到诸侯的大军到了，就命令手下的人把周朝多年聚敛起来的宝贝财物一抢而空，放了一把火才退走。

中原诸侯打退了犬戎，立原来的太子姬宜臼为天子，就是周平王。诸侯也回到各自的封地去了。

没想到诸侯一走，犬戎又打过来，周朝西边的许多土地都被犬戎占了去。平王恐怕镐京保不住，便忙着把国都搬到洛邑去。

公元前 770 年，周平王迁都洛邑。因为镐京在西边，洛邑在东边，所以历史上把周朝在镐京做国都的时期，称为西周；迁都洛邑以后，称为东周。从此，中国历史进入了春秋时期。

祝聃箭射周王

在春秋战国的时候，还没有皇帝这个称呼。那时候把全国的最高统治者叫做天王。天王的权力，就像书上记载的：普天之下，每一寸土地都是天王的领地；四海之内，每一个人都是天王的臣民。没有人敢对天王不恭敬。就是在这种情况下，当时郑国的一位名叫祝聃的将军竟敢用箭去射天王周桓王。

周宣王在世的时候封了一系列的诸侯国，其中有一个叫做郑国（开始封在今河南新县）。郑国一直由为国家王室立下汗马战功的郑氏家族统治。由于郑国兵马强壮，历来与王室关系密切，所以深得天王的信赖。郑氏几代人都在周朝担任卿士（相当于后来的宰相）。到郑庄公的时候，由于郑国内部不太稳定，郑庄公有很长一段时间没去朝廷协助天王管理朝政。周天王有点不高兴了，他想另外找一个人为他统治管理天下，出谋划策。谁知这件事被郑庄公安插在京城里的耳目知道了，他们又告诉了郑庄公，郑庄公有些不快，但很快有了主意。

郑庄公匆匆驱车赶到京城，一见周平王就主动提出辞职让贤。平王只好耐心解释，悉心劝慰。谁知郑庄公是个犟脾气。周平王越说好话，他越气盛，弄得周平王也下不了台，最后在满朝文武的劝说下，才达成一个协议，就是郑庄公仍然担任卿士，为彼此信任，周平王把太子孤送到郑国去居住，郑庄公也把公子忽送到周朝做人质。从表面上看问题似乎解决了。但周朝与郑国之间却结下了矛盾。

周平王在公元前 720 年驾崩了，太子孤回到京城继承王位，可他由于太悲伤了，一回到洛阳就死了。孤的儿子当了天王，这就是后来的周桓王。

周桓王认为父亲的死和郑庄公的蛮横有很大关系，又觉得郑庄公在朝廷上很霸道，就产生了罢免郑庄公的念头。周桓王年轻气盛，有一天在上朝时，当着文武百官的面对郑庄公说："你是先王的老臣，我怎敢随便使唤你，还是请你自便吧。"郑庄公一听，虽然挺生气，但也没反驳什么，就婉言告辞了。

郑庄公回到郑国，一直对周桓王不满，总想找点事教训教训桓王，让桓王知道他的厉害。正巧宋国联合卫国作乱，郑庄公就找到了攻打宋国的借口。郑庄公假借周桓王的名义，打起了"奉天讨罪"的旗号，联合齐国和鲁国，把宋国打得一败涂地。宋国的国君宋殇公在战乱中身亡，郑庄公就立公子冯为宋国的新国君，就是宋庄公。从此郑庄公在诸侯中威望大增，许多小国都把他看作诸侯的首领，郑庄公也更不把周桓王放在眼里了。

周桓王一知道郑庄公打着他的旗号讨伐宋国，就下令正式免去了郑庄公的卿士职位，而郑庄公也一连 5 年不去洛阳朝见天王，以示蔑视。这可把周桓王惹火了，他亲率蔡、卫、陈三国军队讨伐郑庄公。郑国朝野上下早有抗周之心，誓与天王决一死战。

周桓王原以为大兵压境，郑庄公一定会知错求和。现在看到郑庄公还真敢和他兵刃相见，就准备了一篇长长的演说词，当面训斥郑庄公一通。没料到郑庄公根本不到阵前见他，只是摆好架势，默默待战。周桓王求战心切，就派士兵去郑军阵前叫骂，郑庄公还是按兵不动。直到午后，太阳开始西斜，郑庄公眼见周王士兵已经面露倦意，军纪松弛，才下令击鼓冲锋。陈、蔡、卫三国士兵本来就不想为周天王打仗，现在一看郑军来势凶猛，掉头就逃。郑军养精蓄锐，以逸待劳，早就憋足了劲，一阵奋勇追击，直杀得周王军队丢铠弃甲，狼狈而逃。周桓王出于无奈，只好亲自断后，且战且退。

郑国的战将祝聃率兵追杀在前，远远地弯弓搭箭，朝着周桓王奋力射击，正中桓王左肩。祝聃见射中了周天王，更是精神抖擞，驱车追赶，想把周天王活捉回去请功，正在这时，却听到郑庄公鸣金收兵，只得返回。到了营地，祝聃疑惑不解地问郑庄公：“周王已中一箭，我正要生擒他，你怎么下令收兵了呢？”郑庄公答道：“我们今天应战也是迫不得已啊。周天王兵败中箭，已经知道了我们的厉害，以后再也不敢轻视我们了。况且，真要把周天王抓来，我们又拿他怎么办呢？就是射他一箭也不合适，如果射得伤重而死，我们就有了杀害天王的罪名，怎么向天下交代呢？”大夫祭足这时也说：“还是庄公高明，现在周天王已经怕我们了，我们最好赶快派人去慰问天王，这也给他一个台阶，让他赶快回去算了。”郑庄公一听连声说好，并把这个差事交给了祭足。

祭足准备了许多牛、羊作为礼物，外加一些粮草，星夜赶到周天王的兵营慰问。他一见到周王，就跪在地上连连磕头，口称：“罪该万死，罪该万死，庄公本想自卫，岂料没有约束士兵，以至冒犯了天王。庄公特命我来请罪，请天王息怒。”周桓王没料到郑庄公来这么一手，祭足长跪不起更使他难堪，一时竟说不出话来。旁边的大臣们一见此景，都打圆场，请周王饶恕郑庄公，祭足忙向周天王谢恩，告辞了天王，又到别的军营一一慰抚。就这样，周天王与郑庄公之间的一场争斗最后以祭足的“慰问”宣告结束。而诸侯之间更加激烈的争斗就要开始了。

在西周的时候，天子是“天下宗主”，权倾五湖四海，自周天王东迁以后，周王朝的权势逐渐衰落，诸侯的力量却日趋强大。在这种时候，周桓王还想以天子的地位以辖诸侯，逞昔日之威风，郑庄公自然不怕什么。郑国勇将祝聃给周天王的一箭实际上说明了当时王室衰落、诸侯强大的现实。

雍纠作茧自缚

郑国的国君郑武公有寤生和段两个儿子，他们的母亲喜欢段，常常不厌其烦在武公面前夸奖小儿子，要武公立段为世子。武公是个很有主见的国君，他没有顺从武姜，而按老规矩立长子寤生为世子。

后来武公去世，寤生当了国君，也就是郑庄公，他不计前嫌，在大夫祭足和颍谷的地方官颍考叔的帮助下，母子俩重归于好。

大夫祭足很有才干，他辅佐郑庄公处理朝政事务，使郑国的威信日胜一日。不料，就在郑国可以称霸各诸侯国的时候，郑庄公病了。他知道自己将不久于人世，便将祭足叫到床前商量继位的事。

郑庄公有 8 个儿子，比较喜欢二儿子子突，想传位给他。祭足说，按规矩应传位给长子，而且早已立长子子忽为世子，假如另立子突，怕要引起内乱。庄公长叹一声，道："子突是不愿意屈居人下的，看来只能把他送到宋国去了，他的姥姥在那里，一切都会方便些。唉，郑国此后要多事了。"

公元前 700 年，郑庄公病逝，世子子忽继位，他就是郑厉公。

厉公继位后，派祭足访问宋国，顺便听听宋国、子突有何风声。祭足刚到宋国便被扣押起来。原来，宋庄公是个有野心的人，他知道祭足掌握郑国大权，便想利用他废子忽，立子突为君，然后进一步控制郑国。

这天晚上，宋国太宰华督来见祭足，提出立子突为君之事。祭足严词拒绝，华督并不恼火，他进一步说出宋庄公的意思，如果祭足不同意，就对郑国发兵，护送子突回国夺位。祭足了解宋庄公是什么事都能做出来的人，他的君位就是杀了殇公夺来的。自己被杀是小事，如果让百姓无端受到战争之苦就不值得了。祭足决定假意答应，以后再慢慢想办法。

子突听说宋庄公要他回国做国君，心里很高兴。但是宋庄公要求子突继位后要割 3 座城池给宋国，此外要送白璧百双、黄金万镒（1 镒等于 24 两），每年向宋国交纳谷物 3 万钟（1 钟当时为 640 升），并签订了条约。子突为了当上国君，什么条件都答应。宋庄公为了将郑国牢牢地控制在自己手中，派雍纠辅佐子突，并逼迫祭足将女儿嫁给雍纠。

子突顺利地当上国君，这就是郑昭公。子忽被迫逃到卫国。

雍纠辅佐昭公，并成为他的宠臣，他虽然是祭足的女婿，却时常暗中监视祭足的行动，祭足自然心中有数。

昭公当上国君后，就想毁约，但是宋国不答应，派人登门索取。按照祭足的意思，3 座城池不给他，财物只给他三分之一。宋国恼羞成怒对郑国发兵。郑国联合鲁国将宋国打败。第二年宋国联合陈、卫、蔡等国再次攻打郑国。昭公主张迎战，祭足却命令将士坚守城门，不许迎战。虽然都城保住了，但昭公忌妒祭足专权，担心以后危及他的地位，便产生了杀掉他的想法。

雍纠一直想取代祭足的位置。如今见昭公对祭足越来越怨恨，自然暗中

高兴。一次，他见昭公愁眉不展，便不失时机地道破了昭公的心事，同时也说出自己对祭足的不满。二人一拍即合，共同商定了一个杀害祭足的计策。雍纠回家一见妻子祭氏，就有些不自然，祭氏是个比较有心计的女人，她见丈夫心神不定，知道他心中有事。于是为他摆酒，本来雍纠的心绪比较乱，见妻子摆上酒菜也就一杯接一杯地喝起来，很快就喝多了。在妻子的追问下，迷迷糊糊地就将准备杀害祭足的事说了出来。祭氏惊出一身冷汗，她心乱如麻，呆呆地坐了一夜。

天亮了，雍纠酒也醒了，祭氏端来一碗茶，在他身边坐下来，笑盈盈地说："国君派父亲去东郊赈灾，假如他不去，你怎么能杀他呢？"雍纠的碗"啪"的一声掉到地上，他猛地站起来，下意识地看了一眼墙上的剑，厉声问："这事你怎么知道？"祭氏装出一副很委屈的样子说："你昨晚告诉我的。瞧你，还是国君身边的重臣呢，遇事一点也沉不住气。我既然嫁给你，就会顺从你的意思。你不是也常说'在家从父，出嫁从夫'吗？算了，反正你也不信我，我干脆死了干净！"说着就抢上前将剑拔出鞘，雍纠慌忙将她拦住。

祭氏平静了一下说："其实，我是很想帮你的。你想，父亲向来行踪不定，如果他不去东郊，你们岂不白辛苦了？"雍纠一听很有道理，他想：祭足老谋深算，万一真像夫人说的，岂不麻烦，于是便求妻子回家探听一下祭足的意思。

祭氏名正言顺地回了娘家，将昭公与雍纠的计划告诉了祭足，祭足决定按照昭公的意思前去救济灾民。雍纠在东郊的路上摆了丰盛的酒菜，为祭足饯行。他斟了满满一杯酒，跪在祭足面前，恭恭敬敬地递上去。祭足一副很高兴的样子，一手接酒，一手扶起雍纠，不料一失手酒杯掉在地上，地上立刻冒起一股烟，同时泛起一堆泡泡。祭足大怒，喝道："大胆匹夫，竟敢暗算我！来人，把他推出去斩了！"早已准备好的勇士一拥而上，把雍纠绑了起来。

昭公见计划失败，知道自己不可能再留在郑国，便逃到蔡国去了。

祭足从卫国迎回逃亡在外的郑厉公子忽，继续尽心尽力地携助子忽治理国家。

曹刿长勺论战

公元前 686 年到公元前 685 年之间，齐襄公的弟弟公子小白和公子纠因为战乱而相继离开了齐国，公子小白投奔到莒国，公子纠出奔到鲁国。

周庄王九年（公元前 685 年），公孙无知杀死了齐襄公，夺了君位。这之后不久，公孙无知也被杀死，一时间国家没有君主。公子小白和公子纠得知这一消息之后，就想回到齐国做国君，公子小白从近路赶回齐国，他比公子纠先到达，所以他当上了齐国的国君，这就是历史上赫赫有名的齐桓公。

公子纠回国途中，鲁国派了许多人护送他，但是他耽搁了时间，所以比公子小白后到，国君没有做成。

齐桓公当政以后，想通过武力向国内外证明自己的能耐，又由于嫉恨鲁国曾经帮助过公子纠，就出兵攻打鲁国，公元前 684 年，齐桓公命鲍叔牙率大军直逼鲁国。路上，齐国的军队所向披靡，将鲁国的军队打得一败涂地，齐军很快攻到鲁国的长勺（今山东曲阜市北）。齐国和鲁国在长勺这个地方打了一仗，这就是有名的齐鲁长勺之战。

齐国当时已经是非常强大的国家，而鲁国却是一般的小国家，国力较弱，鲁庄公觉得齐国正是看到鲁国比齐弱，所以欺负他们，便召集百官商量对策。大夫施伯向他推荐一人，此人姓曹名刿，深通谋略，是个很有抱负的人。鲁庄公正值燃眉之急，于是就派施伯去请曹刿，帮助破敌。曹刿见了鲁庄公，就直接向庄公提出自己所担心的问题，问庄公是不是有对付齐军的良策，庄公说靠的是鲁国上下一条心。曹刿从庄公口中得知他在各方面都比较顺应民意，便告诉庄公，若是这样，老百姓会为鲁国战斗的。

曹刿看到了战前庄公政治方面准备比较充分了，又考虑到战术问题，他请求鲁庄公允许他去前方参战，鲁庄公觉得这人的确有计谋，就同意了，并和他同乘一辆车子向战场进发。

齐鲁两军在长勺摆开战场，双方人马排列成阵，战旗随风飘扬，鲁国的士兵们手握武器，战马也在阵前紧张得踏着碎步，阵上保持着可怕的宁静。而齐军阵前却是另外一番景观，齐军仗着自己人数多，战将们傲视一切，神采飞扬，根本不把鲁军放在眼中。

鲁庄公看到齐军骄纵的样子，非常气愤，就想命令将士们击鼓进攻，曹刿看不是时机，连忙阻止。

齐军击鼓进攻，向鲁军阵中奔来，可是鲁军却待而不发，军中阵形排列有序，齐军不知道这是怎么回事，也不敢轻易出击，一阵鼓噪后，又停卜了阵脚。当齐军观察鲁军没有丝毫要出击的样子时，就又擂了第二通鼓，将士们再次冲锋向前，冲出没多远，发现鲁军一点害怕的样子都没有，只得再次退兵。

鲁国的将士们丝毫没动，可齐国的将士却一个个紧张得要命，身上的肌肉绷得紧紧的，而心里却更加疑惑。齐军的主帅这时真不知到底是进攻，还是后退。后又想到：既然齐国这样强大，又有什么害怕呢？过了一阵又擂起了鼓，齐军发动了第三次进攻。

齐国的将士累得要命，而鲁国的将士以逸待劳，非常轻松，他们一个个斗志昂扬，个个憋足了劲，紧紧地握着手中的武器，只等主帅一声令下，他们就会全线出击。当齐国第三次向他们进攻时，他们一开始还是按兵不动，当齐兵正在疑惑之际，曹刿说："大王，我们进攻的时间到了，现在你发令吧。"

顿时，鲁军一起进发，鼓声震天，鲁军像猛虎一样扑向了齐军，齐军根本没有想到鲁军会突然出击，他们一个个疲劳不堪，当鲁军杀过来的时候，他们一个个丢盔卸甲，没打几个回合，就败下阵去，鲁军乘胜追击，齐军溃不成军。成语"一鼓作气"便是从此而来的。齐军狼狈逃窜，鲁庄公就要命令士兵追击，曹刿急忙阻拦道："不要追，不要追。"他下了马车，仔细观察敌人败退时车轮的印迹和战马的足痕，发现混乱得很，就说："现在可以追赶了。"

鲁庄公追击的命令一下，士兵们个个奋勇争先，一鼓作气，就把齐军赶出了鲁国的土地。长勺一战，鲁军取得了决定性的胜利，而取胜的关键就是有曹刿给军队出谋划策，后来的闲谈中，鲁庄公就问曹刿为什么在齐军击两通鼓时，还不让将士们去迎击。

曹刿回答得很从容："打仗这件事，完全凭着一股士气，当双方准备拼斗之时，都处于最佳战斗状态，敌方第一通击鼓，这时他们的士气也最足；当第二通鼓打响时，他们的将士有点泄气了；等到第三通鼓时，将士们的气几乎泄完了，在这样的情况下，我军去迎击，他们的气泄完，而我们的气正足着呢，这哪里有不胜之理？齐国虽然败退了，但是齐国是一个大国，我怕他们有埋伏，诱使我们去追击，所以我下车去看看他们的车辙，我看到他们的车辙已经是杂乱无章，站到车子上一看，见他们的战旗也东倒西歪的，所以我断定他们是真正的败逃，这样我才建议你命令将士追击，把他们彻底赶出我们的国境。"

鲁庄公本来就对曹刿的指挥才能赞叹不已，于是拜曹刿为大夫，管理鲁国的军事。

管鲍生死之交

鲍叔牙是春秋初年齐国的著名大臣。他年轻时与颍上（今安徽颍上县）人管仲结为好友。他见管仲气宇轩昂，相貌魁伟，博学多才，少有大志，就料定他是治国济世的人才，所以对他特别敬佩和照顾。

两人少年时曾合伙做过生意。鲍叔牙见管仲家穷，在分红的时候就让他多得一点。同伙有人骂管仲贪财，鲍叔牙就解释说："他怎么会贪图这点钱？

是我见他家穷，故意让他多分一点。"

管仲曾带兵打仗，临阵对敌，常躲在后面。撤退时又跑在前面。有人认为管仲懦夫怕死，连他手下的士兵都瞧不起他。鲍叔牙辩解说："他家有老母，全靠他赡养。他保护自己，是为了侍奉母亲，他决不会怕死。"鲍叔牙极力掩盖管仲的缺点，完全是爱惜管仲是个人才。管仲见他多方维护自己，十分感动，说："生我的是父母，知我的是鲍叔牙啊！"

后来，两人相约去齐国谋生，当时齐国的国君齐襄公没有儿子，但有两个异母兄弟，一个叫纠，一个叫小白。按照当时封建世袭制惯例，国王无子，王位可由兄弟继承。管仲对鲍叔牙说："齐国将来继位的国君，不是公子纠，就是公子小白，我们两人各辅佐一个，等他们当上国君，我们相互举荐。"鲍叔牙欣然同意。两人果然达到了目的，鲍叔牙当了小白的老师，管仲成了纠的老师。

齐襄公十分残暴昏庸，常常找事责骂大臣。管、鲍二人早料到他不会有好结果，为了避祸，管仲随公子纠去鲁国暂住，鲍叔牙随公子小白到一个叫莒（今山东莒县）的小国栖身。周庄公十二年（公元前685年），齐襄公在宫廷变乱中被杀，齐一时没了国君。公子纠和小白便争相返国，兄弟之间展开了一场惊心动魄的争夺王位的残酷斗争。

鲍叔牙得到齐国发生变乱的消息以后，立即请求莒国派兵车百乘护送小白返国。他知道，在齐国王位未定的情况下，两个公子谁先

返国，谁就可以捷足先登当君主。鲍叔牙高瞻远瞩，当初要小白选择离齐国较近的莒国栖身时，就料到会有这一天。鲍叔牙稳操胜券，率领兵车一路护送小白，日夜兼程，快马加鞭，直奔临淄而去。

管仲足智多谋，自然知道抢夺王位的关键。但是眼下纠在鲁国，齐鲁相隔遥远，要走几天才能到达临淄，如果不设法阻止小白返齐，他肯定会先回齐国抢去王位。马上请求鲁国拨给他30辆兵车和骏马，由他亲自率马先行去拦截小白。鲁庄公则亲率300辆兵车，随后护送公子纠回国。

管仲乘着骏马兵车，猛追快赶，昼夜不停，累得筋疲力尽，好不容易才在离齐国不远的边境追上了护送公子小白的卫队。士兵们正在树林边休息，埋锅做饭，小白端坐在一乘兵车上，鲍叔牙紧随他身旁。管仲见了，连忙跑上去，朝着小白先施一礼，然后问道："请问公子，你上哪儿去啊？"小白告诉他，要回齐国办理丧事。管仲说："公子纠比您的年龄大，有他去办丧事就行了，您何必急急忙忙赶路呢？"鲍叔牙深知管仲的用心，很不耐烦地对他说："管仲，你快回去吧。各人有各人的事，你不必多管。"管仲便伪装答应，退了下去。但没走几步，突然回过身来，弯弓搭箭，瞄准小白就射。小白大喊一声不好，口吐鲜血，倒在车上。护送人员一齐围上来保护他，有人甚至哭喊起来。

管仲瞧见这种情景，认定小白一定被他射死了，便放心驱车而去。鲁庄公听说小白死了，立即设宴庆贺，然后带着公子纠，悠然自得地向齐国慢慢进发。

智者千虑，必有一失，管仲尽管多谋善断，这一次对公子小白的生死却估计错了。管仲的箭只射中了小白的衣带钩。他怕管仲再射第二箭，急中生智，咬破舌头，伪装吐血身亡。大家在忙乱中信以为真。管仲在远处就更看不清了，误以为他中箭而死。管仲走远以后，他才睁眼坐起来。鲍叔牙说："我们得快走，说不定管仲还会回来。"他们便走近路飞快地回到了齐国。

齐国有一些拥护公子纠当国君的人对鲍叔牙说："您要立公子小白为国君，公子纠回来了怎么办呢？"

鲍叔牙说:"齐国不幸,内乱不断,要有像公子小白这样贤明的人来当国君,才能稳住社稷。如果鲁庄公送公子纠回来当了国君,鲁国肯定要勒索财物,齐国本来很穷,如何经受得了?"一番话说得他们哑口无言,连忙点头称是,同意拥立小白即位。他就是历史上有名的齐桓公。

鲁庄公率领的大军,过了好几天才到达齐国边境,他听说小白未死,当上了国君,顿时大怒,命令军队向齐国发动进攻。但被齐桓公的军队在乾时(今山东淄博市西面)杀得大败而归。

乱后思治,齐桓公打败了鲁军,初步巩固了王位,便来考虑如何治理齐国的问题。他问鲍叔牙:"齐国内乱多年不断,现在才初步安定,怎样才能治理好国家呢?请你多帮寡人策划。"

鲍叔牙见齐桓公向他请教治国之道,立即想到了管仲。他们两人过去曾约定,谁辅佐的公子当了国君,就互相举荐。他对齐桓公说:"现在确实需要找到一个有才智的贤人来帮陛下治国。"

齐桓公觉得他答非所问,便说:"难道还有比你更能干的贤人吗?"鲍叔牙果断地说:"有,此人就是管仲。"齐桓公一听说管仲,立即火冒三丈,咬牙切齿地说:"管仲射我一箭之仇还未报,我正想杀他解恨,您却要我重用他!"

鲍叔牙笑道:"管仲当时正辅佐公子纠,当然要为他争夺王位着想。您如果重用他,他准会为陛下效忠尽力,管仲的才能,胜我十倍,若能请来辅佐陛下治国,他将为您取来整个天下。"

齐桓公一心要治好齐国,思贤若渴。他见鲍叔牙极力举荐管仲,沉思了好一会儿,表示同意。于是齐桓公派隰朋当使者去见鲁庄公谈议和条件:一、要杀死公子纠,二要把管仲交齐国惩处。鲁国刚打了败仗,不敢再战,只好全盘接受。鲁庄公立即逼公子纠自杀,把管仲囚禁起来,准备送回齐国。

鲁国有个谋士叫施伯,听说要将管仲送回齐国,连忙来见鲁庄公说:"管仲是当今的奇才。齐国若用他,准会富国强兵,成为鲁国的威胁,不如将他留在鲁国为我们所用。"鲁庄公说:"那怎么行,我们不能重用齐桓公的仇人。

否则，齐桓公决不会饶过我们的。"施伯又劝鲁庄公说："如不用他，就干脆杀掉，免得齐国重用他，对鲁国不利。"隰朋听说鲁庄公要杀管仲，连忙跑去对他说："我们国君对管仲恨之入骨，非要亲手杀他才解恨。你们把他交给我们去处理吧！"鲁庄公只好将公子纠的头和管仲一起，交隰朋带回齐国。

管仲进了齐国的地界，鲍叔牙早就等在那里了。他一见管仲，如获至宝，马上让人将囚车打开，把管仲放了出来，一同回到临淄，并把他安排在自己家中住下，随后就带他去见齐桓公。管仲一见到齐桓公，立即跪下请罪。齐桓公连忙把他扶起来，并虚心向他请教富国强兵之道。两人谈得很投机。齐桓公很快就任命管仲为齐国宰相，甚至称他为"仲父"（相当于叔父的称呼）。

管仲在齐国受到重用以后，实行了一系列重大的改革：减轻百姓负担，整顿政权和军队，大力发展农业和工商业，破格提拔人才。仅用几年时间，就把齐国变成一个强国，辅佐齐桓公成了春秋时代第一个赫赫有名的霸主。

管仲能在齐国施展治国才能，要归功于鲍叔牙让贤荐能的高尚美德。他不但在自己受重用的时候，能够举荐管仲担任高于自己的要职，而且在管仲功成名高的时候，急流勇退，不贪恋爵禄和荣誉。有一次，鲍叔牙听人议论，说管仲的职位不应高过鲍叔牙，便向齐桓公提出辞官申请。第二天，鲍叔牙就悄悄地走了。为了齐国的强盛，他不考虑个人的荣辱毁誉。管仲和鲍叔牙的友谊成了后世人们交朋友的范例。所谓"鲍管之交"和"管鲍遗风"千古流传，至今成为美谈。

齐桓公中原称霸

国家的强盛与否与一国之主是否英明有直接关系。齐桓公自从作了国君之后，亲贤臣远小人，励精图治，一心一意为国操劳，将齐国百姓从水深火热之中一点点拯救出来。

齐桓公是位很有胸襟的国君。当年他中了管仲一箭，险些没命，可是为了国家能够强大起来，他不计前嫌任用管仲作身边的近臣。一次他没有听从管仲的劝告，执意要攻打鲁国，结果被曹刿打得大败。他后悔没有听管仲的话，便找到管仲向他认错。管仲深受感动，决定忠心辅佐齐桓公，齐桓公也开始信任管仲，并拜他为相国。

管仲作了相国后，又向齐桓公推荐了一些人才，根据管仲的意思，齐桓公对他们一一量才而用。齐国的有识之士一天天多起来。齐国的百姓一天天富起来，齐桓公对管仲的信任日胜一日。他曾对众臣说："国家大事，均由管仲决定，无论何事，先禀告管仲，再禀告我。"

由于桓公的支持，管仲对齐国进行了一系列改革。

首先管仲把国家改成 21 个乡，其中 6 个乡主要从事工商业，免除徭役、兵役。15 个乡兵农合一，平时耕种，闲时练兵，如有战争，立即集合成强大的军队。

在经济上，实行实物税制，就是按土地的好坏分等征税。这样不但减轻了百姓的负担，还提高了生产者的积极性，促进了农业的发展。

管仲曾经做过生意，有一定的经商经验，他利用齐国有利的地理条件，积极提倡发展渔盐业，实行渔盐出口免税，鼓励当地人民进行贸易活动。另外加强对货币的管理。此外，加强对货物的调控，保持物价总体平衡。既满足了不同地区的需要，又增加了国库的收入。

在人才的选拔上，管仲采取"三选制"。各乡把文武全才、品学兼优的人推举到国家，这是第一选。国家有关部门对这些初步选中的人进行考核，选出优秀者推荐给国君，这是第二选。国君对优秀者再亲自审核，合格者任命为上卿的助手，这是第三选。这样，不但使真正有才学的人有了用武之地，还扩大了统治阶级的基础。

为了加强国君的权力，**管仲建议国君掌握生、杀、富、贵、贫、贱这六**

大权利，同时实行对有功者赏、有罪者罚的政策。通过一系列改革，齐国政治得到巩固，军事得到加强，经济也空前繁荣，渐渐成为实力最强的国家之一。

齐国强大后，齐桓公想作中原霸主的心愿一天天强烈起来。这期间，国外发生了几件大事，一件是天子周庄王去世，周釐王即位，一件是宋国发生了内乱，国君宋闵公被杀，公子游即位后又被闵公的弟弟公子御说借兵杀死……利用这个机会，管仲向齐桓公出了个可以称霸中原的主意。齐桓公高兴地照办了。

周庄王名义上是各诸侯国的首领，实际已名存实亡，所以在他去世时，没有一个来吊丧的。周釐王即位后，也没有来贺喜的。周釐王感到很不是滋味。正在这时有人来报："齐国派使臣带许多贡物来祝贺新天子即位。"周釐王喜出望外，立即接见。

席间，齐使向釐王奏明：宋国内乱不止，影响很坏。至今国君还没有定下来。希望天子下令，选一个诸侯国牵头，召集其他诸侯国，商定一下宋国的国君，以便平息宋国内乱。

周釐王原本也想找个机会提高一下自己的威望。如今齐使的请求大大满足了他的虚荣心，于是连连答应，并立即写了一道"由齐侯出面邀请诸侯商讨宋国君位"的命令交给齐使。齐使圆满地完成了出使任务，这一切都在管仲的计划之中。

齐桓公接到周天子的命令，当即让管仲写召集会议的通知给各国送去。同时又到北杏去布置会场。

管仲就借着齐桓公刚即位，需要诸侯确认这个机会，让齐桓公打着天王的旗号，会合诸侯，当上了霸主。

会期到了，原定的十几个国家只到了邾、宋、陈、蔡4国。齐桓公对管仲说："诸侯没有来齐，改个日期吧！"管仲说："第一次会合诸侯，不能失了信用。3人成众，已经来了4国，可以开会了。"

会议开始了，主题是商定宋国的国君，当然不能跑题。于是规定公子御说为宋国国君，5国一致同意，主要问题轻轻松松地解决了。齐桓公接着说："现在王室衰微，为了扶助王室，共创大业，需推选一位领头人，请诸侯考虑一下人选。"齐桓公实际在告诉大家选一位盟主。

论理，宋国的资格比较老，是公爵国，也就是一等诸侯国。但是由于内乱不断，国力被折腾得软弱不堪，已经没有能力当选了。齐国虽然是侯爵国——二等诸侯国，但国力强是有目共睹的，陈国的国君陈宣公卖了个顺水人情，说："既然本次会议是齐侯召集的，那就选他为盟主吧。"众人附和。这正中齐桓公下怀，便半推半就地接受了推选。他率领大家先向台上虚设的天王的座位行了礼，又同到会的4国签订了扶助王室、抵御外侮、平定内乱、帮助弱国的盟约，同时商定，如有违约者，共同讨伐。

对盟约的内容，各国诸侯都表示同意。接着管仲走上台来，对大家说："鲁、卫、郑、曹4国，不听天王命令，不来参加大会，这是对天王的不忠，应该兴师问罪。"齐桓公接着说："敝国力量不足，请各位多帮助。"

公元前681年，齐桓公登上了中原霸主的宝座。

曹沫柯地扬名

齐桓公为了称霸中原，借周王的名义召集诸侯国在北杏签约共同扶助王室。可是通知了不少国家，只到了4国，齐桓公很不高兴，决定对那些未到会的国家以"无视天子"为由兴师问罪。

鲁国也是未到会的国家。齐鲁两国原本结怨就很深，屡次刀兵相见。这次没给齐国面子，齐桓公尤为恼火，又因为两国相邻，齐国决定先拿鲁国开刀，以便在诸侯国中树立威信。后来听从管仲建议先去攻打鲁国的附属遂国，并认为这样鲁国一定害怕。

鲁庄公听说齐桓公亲率大军攻打遂国，很惊慌，虽然齐鲁长勺之战鲁国获胜，但那只是胜在曹刿的计谋上，论实力，鲁国较齐国相差得太远了。无奈，鲁庄公召集众臣商量对策。大臣们各抒己见，有的说出兵抗敌，有的则提出议和。施伯和曹刿也主张议和。他们明白，出兵抗敌无异于以卵击石。为了保存实力，鲁庄公给齐桓公写了一封信，大意是："开大会的时候，我正好生病，没来得及参加，实在抱歉，如果齐国退兵，鲁国愿意同齐国签约。"

齐桓公接到信，便将军队撤至柯地（今山东省东阿县一带），布置了一个戒备森严的会场，周围安排重兵层层把守，准备与鲁国签约。

鲁庄公虽然答应签约，心中依然没底，始终忐忑不安，他问大臣谁愿跟他一同前往，曹沫大夫走上前说愿意前往，鲁庄公见是曹沫，便有些泄气，当年鲁庄公护送公子纠回齐国继位，结果被公子小白也就是齐桓公捷足先登。鲁庄公恼羞成怒，派曹沫等大将率兵攻打齐国，但被鲍叔牙以诱敌深入之计打得溃不成军。鲁庄公越想越不放心，便婉言拒绝道："你曾被齐国打败，如果此次陪我前去，定会遭齐国耻笑。"曹沫并没有知难而退，他说："我不会因为打过败仗，就不再露面，此次陪主公既可以保您的安全，又可以雪当年败仗之耻。"

鲁庄公找不出其他合适的人，只得对曹沫说："我们与齐国签约是迫不得已，你同我一起见机行事吧。"

曹沫穿戴整齐，带上宝剑同鲁庄公如约到达了柯地。

鲁庄公见会场上齐国的士兵威风凛凛，隐隐透出一股杀气，便有些心惊胆战，走路的步伐也不稳了。曹沫手握宝剑不卑不亢地跟在鲁庄公身后，寸步不离。

论理按说两国签约随从人员是不准带兵器的，齐国的士兵也阻止曹沫带兵器登坛，但慑于曹沫咄咄逼人的气势也只好作罢，眼睁睁地看着他带宝剑陪同鲁庄公登上盟坛。

齐桓公名义上是同鲁庄公签约，实际根本没把鲁庄公放在眼里，他私自将盟约定好，等鲁庄公登上盟坛，同他假意寒暄几句，便命大臣将盟约递过去，让他签字。同时端上铜盘要鲁庄公歃血为誓。鲁庄公不知道盟约的内容，本想仔细看看，但齐国并没有让他看的意思，只是催他快点签字。鲁庄公迫于压力，无可奈何地拿起笔。站在一旁的曹沫怒从心头起，他拔出宝剑冲到齐桓公面前，抓住他的衣服举剑要刺。

管仲见事不好，慌忙挡在齐桓公的面前，并竭力稳住曹沫，他说："曹大夫，有事好商量。你这是干什么？"

曹沫气愤地说："我们鲁国是弱小的国家，你们齐国却仗着强大几次三番地欺负我们。当初齐国打着周王的旗号说要扶助王室，帮助弱国。如今，你们非但没有帮助我们，反而霸占了汶阳。假如你们真心签订盟约，就把汶阳归还给我们。"

齐桓公早已吓出一身冷汗，此时却故作镇静，一言不发。管仲见事已至此，如不答应，后果不堪设想，而且若想当霸主，取信于诸侯国，交出一个小小的汶阳也是值得的。于是管仲劝齐桓公答应曹沫的条件，齐桓公同意了。

曹沫收起宝剑，又将歃血的铜盘递到齐桓公面前，说签约是两国的事，两国的国君必须一起歃血立誓，齐桓公无奈，只得照办。曹沫知道管仲是齐国的实权派人物，汶阳是否归还取决于他，于是要求和管仲一起歃血立誓，以免将来毁约。齐桓公明白曹沫的意思，便说："我答应的事就一定照办，决不失信。"

曹沫圆满地完成了陪同鲁庄公签约的任务，鲁庄公很高兴，对他大加赞赏。但是曹沫的举动却惹恼了齐国的大臣。齐桓公也觉得面子上过不去，心里很不舒服，有的大臣趁机说："曹沫太目中无人了，我们不能咽下这口气。如今他和鲁庄公还住在我们这里，何不连夜将他们捉来杀掉，也替主公出口气。"齐桓公沉默不语。管仲慌忙阻止道："我们切不可如此糊涂。如今齐国霸业初成，最应当守信用，不然怎能取信于世呢？请大家想想，得到一块土地失掉人心好呢，还是失掉一块土地得到人心好呢？"

齐桓公毕竟是一个开明、有头脑的君主，听了管仲的话后，他不但热情款待鲁庄公，还在当天把汶阳交还给了鲁国。

柯地会盟后，诸侯们听说这件事，都佩服齐桓公讲信用，都想依附齐国。齐桓公由此名声大振，威信提高，卫、曹两国也派人来赔礼道歉，并请求会盟。他中原霸主的地位也得到进一步巩固。

宁戚出使宋国

北杏会盟时齐桓公定公子御说为宋国国君，得到其他三国认同。公子御说很感激齐桓公，所以他也来参加北杏会盟，其目的就是为了确定君位。可是当定二等诸侯国国君齐桓公为盟主时，公子御说不高兴了，因为宋国是一等诸侯国，他觉得自己才是盟主的合适人选。他越想越生气，最后连招呼也没打，连夜带随从回国了。

齐桓公对宋桓公的不辞而别，非常愤怒，若不是管仲劝说，就要派兵去追。

后来齐桓公组织了几次会盟活动，通知宋国，宋国均无动于衷。齐桓公很生气，决定惩罚宋国，公元前 680 年，齐桓公派使臣去周天子那里告状，借着周天子命令，让管仲带部分军队与陈、曹军队会合攻打宋国，自己随后率军进发商丘（今河南省商丘市南）。

管仲一行到达猺山（音 náo）时，发现一个穿破衣服的人一边光着脚放牛，一边敲牛角唱山歌。他觉得此人有些不凡，便将军队停下休息，又派人给放牛人送去酒饭，放牛人毫不客气地吃了饭，之后对送饭的士兵说要见管仲，士兵说仲父很忙。放牛人随口念了一首名为《白水》的诗："浩浩白水，鯈鯈之鱼，君来召我，我将安居？"

管仲查营回来，听到这首诗知道这一定是个有才能的人，想出来做事，便立即跑去见放牛人。放牛人象征性地对他拱了拱手，管仲没有介意，问他的名字，放牛人说他是卫国村野之人，叫宁戚，想出来做事可没人用，此次是慕名来找管仲。

管仲坐下来同宁戚谈了当今时事。觉得此人是个不可多得的人才。于是写了一封荐书留给宁戚，让他等齐桓公来时交给他。

管仲率军继续赶路。

3天后，齐桓公到了。听见有人在敲牛角唱歌，其中有几句大意是："不逢尧舜好世道，劳苦一世白受穷。世道艰，路不平，漫漫长夜何时明？"

齐桓公听了心里很不痛快，便将唱歌人叫来，问他是什么人，敢如此放肆唱不合时宜的歌。此人正是宁戚。他傲慢地说自己唱的是事实。

齐桓公有些生气，但还是耐心地解释说："如今天下百姓安居乐业，生活富足，我为各诸侯的盟主，所发布的命令没有不听从的，战必胜，攻必克，使国家出现了难得的太平盛世，你怎能唱'不逢尧舜好世道，漫漫长夜何时明'呢？"

宁戚笑了，说："我并不觉得，我只知道北杏大会你通知10多个国家，到会的才4个，中途宋国还溜走了。而且柯地会盟时你受曹沫胁持不得不交出汶阳，这怎么能说你的命令没有不遵从的呢？"

齐桓公勃然大怒，心想你一个山野村夫，竟敢口出狂言，于是下令，将宁戚处斩。宁戚大笑起来，说道："人说齐桓公开明，我看与昔日夏桀、殷纣一般无二，也是乱杀贤人的昏君。"说完头也不回地向外走。

齐桓公沉吟片刻，觉得此人非同常人，忙叫人将他带回，并亲自给他松绑，说道："我并非真杀先生，只是试试您的胆量。"宁戚从怀中拿出管仲的荐书，说："我也并非真的辱骂主公，只是试试你的气量。"二人大笑起来。

齐桓公决定拜宁戚为大夫。有人劝他说，宁戚是卫国人，不知是什么底细，是否等打探明白了再决定封官。齐桓公坚定地说："疑人不用，用人不疑！"并当即拜宁戚为大夫，还为他预备了一辆车，同他一起率军到达宋国边界，与管仲会合。

当齐桓公下令攻城时，宁戚阻止说："与其以武力征服宋国，不如让宋国心悦诚服地归附我们。我们何不采取先礼后兵的态度，先由我去劝说，如果他们不听劝阻，我们发兵也不迟呀！"齐桓公觉得很有道理。

宋国正在商讨对付齐国的对策，有人来报："齐国使臣宁戚来见！"

宋桓公从未听过这个名字，戴叔皮说："此人是卫国放牛的，刚被齐桓公拜为大夫，他此次前来，定是做齐国的说客，我们先接见他，看他有何举动。假如有不妥之处，我就扯主公的衣服，主公再下令杀他。"接着，戴叔皮又令武士披盔戴甲，手拿兵器站在西侧；文官手执笏板站在东侧。宋桓公也穿戴整齐，摆出一副威风凛凛的样子端坐殿上。

宁戚目不斜视，昂然上殿。见到宋桓公，宁戚拱了拱手便直截了当地说："宋国要大难临头了。"此话正中宋桓公要害，但他强作镇定地说："宋国是一等公爵国，不会有什么大难，即使有也没什么好怕的。"

宁戚笑了笑，接着说："一个国家是否强大，并不看爵位高低，而应看是否得到天下人心，昔日尧、舜及周公礼贤下士，日夜考虑如何治理好国家，使得天下百姓归附，国势日强，而宋公完全不考虑这些，面对贤士态度傲慢，有才能的人怎会辅佐你呢？长此以往，岂不是大难临头吗？宋国真是危险了。"

这时戴叔皮扯了宋桓公的衣服一下，宋桓公只好怔怔地坐着，脸色一阵红一阵白，戴叔皮又扯了一下宋公的衣服，宋公站起来，武士的手也握住了剑柄。

这一切宁戚均看在眼里，但毫无惧色，宋桓公笑了，他走下座位，扶着宁戚坐到上位，并向他赔礼道歉，同时讨教当前宋国该怎样做。

宁戚乘机劝他说，为了宋国黎民百姓，为了宋国国力不再受损，应该和齐国订立盟约；并向宋公解释，此次齐国出兵并非出自本意，而是奉了周天子的命令。

宋桓公了听宁戚的劝说，备上丰厚的礼物去和齐桓公签订了盟约。齐桓公将礼物又转给了周天子，并同意了宋国重新入盟的要求。这一举动又赢得了各诸侯的赞扬，都觉得齐桓公不计私利，是个值得信赖的盟主。

宁戚出使宋国，使齐国不费一兵一卒就达到了目的，齐桓公更加信任他了。

公元前 679 年，齐桓公又约会没去北杏会盟的卫、郑、陈以及中途跑掉的宋国在鄄地（今山东范县西南）会盟。齐桓公便名副其实地成为春秋时期第一个霸主。

驱外侮仗义救燕

齐桓公的仁义和度量，使得中原各国逐渐承认了齐国的盟主地位，但居住在边远地区的山戎部族依旧我行我素，往往南下到燕国北部抢粮抢物，使当地百姓苦不堪言。燕国当时的势力较弱，几次发兵还击均被山戎兵打败。被逼无奈，燕国国君燕庄公想到了霸主齐桓公，于是派使臣去齐国请求救援。

齐桓公接见了燕国使臣，听明来意后，同管仲商量，决定亲率大军援救燕国。

公元前 663 年，齐国大军到了燕国，才知山戎早就带着抢到的人口和财物跑了。管钟说："山戎虽然跑了，但以后还会来骚扰。我们不如一追到底，向北追击山戎。"燕国的君主燕庄公又对齐桓公说："附近有个无终国（今河省玉田县），与我们素有往来，他们也和山戎有仇，可否请他们给我们带路，一同攻打山戎？"齐桓公立刻派人带着礼物去无终国求助。于是，无终国也派了一支军队前来参战。

山戎的首领叫密卢，他听说齐、燕、无终三国联合讨伐，知道打不过，就带着一些亲信和金银财宝向北方逃跑了。来不及跑的山戎百姓和士兵都投降了。齐桓公为了使山戎真正心服，传令不许伤害山戎降兵和百姓。山戎受到宽待，很感激齐桓公，他们告诉齐桓公密卢去孤竹国借兵去了。齐桓公决定跟踪追击，捉拿密卢，征伐孤竹国，彻底消除北方动乱的隐患。

密卢逃到孤竹国，向国君答里呵求救。答里呵派大将黄花率兵跟密卢前去迎战齐军，不料，黄花一出阵就被齐军打得大败。黄花逃回去对答里呵说："齐侯率军前来，不过是要捉拿密卢，与我国毫无关系。不如杀了密卢，与齐侯讲和，方能保全我们自己。"另一位大臣则献计说："北方有个地方叫'旱海'，又称'迷谷'，那里茫茫沙漠无边，路途难辨。如果能把齐军引入'迷谷'，不用一兵一卒，就能使齐侯人马全军覆没。"

黄花听到这里，动了心眼，于是去杀了密卢，割下了首级，直到齐侯军中，献上密卢首级，并称答里呵已经率军逃跑，自己愿归顺齐侯，为齐军引路，追击答里呵。齐侯见黄花献上密卢首级，便信以为真，率领大队人马跟着黄花向北追击。

黄花在前面带路，齐侯人马随后紧跟。进了沙漠，才拐了几个弯就找不到路了。茫茫无垠的黄沙，好似静静的大海，既分不清东西南北，也辨不出前后左右。齐桓公想找黄花来问一问究竟是怎么回事，但哪里还有他的影子？这才知道中了黄花的奸计。这时太阳已经下山，夜幕笼罩着大地，四周漆黑一片，西北风一个劲地刮，冻得士兵直发抖。好不容易等到天亮，才发现人马已零散不全。齐桓公命令赶快寻找出去的道路，但大队人马转来转去，怎么也走不出这个迷谷。这时，管仲猛然想起老马大多认识归途，便对齐桓公说："老马识途，无终国的马很多是从山戎弄来的，不如挑选几匹无终国的老马，让它们在前边走，兴许可以找到出去的路。"齐桓公虽然将信将疑，但又没有别的办法，就同意试一试。于是管仲挑了几匹老马，让它们在前边走，大队人马跟在后头。几匹老马不慌不忙地走着，果然走出了迷谷，回到了原来的路上。大家死里逃生，都佩服管仲足智多谋。从此，"老马识途"也成为一句广为流传的成语。

齐军走出迷谷，打败了孤竹国，答里呵和黄花被乱兵杀死，孤竹国也就被灭了。胜利之后，齐桓公对燕庄公说："山戎、孤竹一带的土地足有1000里之多，全送给您吧。"燕庄公急忙说："那可不敢当。靠您的帮助，我们才保全了国土，现在已经是感激万分了，哪里还敢收您的土地呢？"齐桓公说："您不要客气了，北部边疆十分重要，你把它治理好，勿使边民来犯，向天子纳贡，这是我们大家的光彩。再说齐国离这里这么远，鞭长莫及，也管不了啊！"这么一说，燕庄公就不好再推辞了。

齐桓公班师回国之日，燕庄公亲自送行。一路上两人边聊边走，越谈越投机，不知不觉出了燕国边界50里。直到他们分手的时候，齐桓公才猛然想起周礼的规矩，就说："古往今来，诸侯送诸侯不得送出边界，我们怎么能违反规矩呢？"说着就要把这50里土地割让给燕国。燕庄公已经得了500里土地，说什么也不肯再要齐国的50里地了，可齐桓公一心要别人承认他是霸主，说话做事既讲信用，又守规矩，所以非要燕庄公收下不可。就这样燕国又得到50里好地。

诸侯们见齐桓公千里迢迢亲自率军援救燕国，打了胜仗还不贪土地，没有一个不从心眼里服他的。从那以后，齐桓公这个霸主的威信就更高了。

齐桓公——这位中原霸主的出现在当时有很大的积极意义，不但减少了纷争，百姓也得到了安定的生活，为整个中原的发展奠定了良好的基础。

石碏大义灭亲

石碏是卫国的大夫，足智多谋，刚正不阿，很受卫庄公的赏识。两家的孩子经常在一起玩耍，交情不错。

卫庄公有3个儿子，其中小儿州吁是爱妾所生，庄公溺爱他，对于他的胡作非为从不管教。石碏看不下去，就劝说庄公，庄公却充耳不闻，时间久了，对石碏产生了反感。

石碏的儿子石厚从小就跟州吁混在一起为所欲为。石碏知道石厚做了坏事，就打他一顿，有时碍于卫庄公的情面不便深管，因此，石厚跟州吁一起越变越坏。

有一次，州吁指使石厚欺压百姓，被石碏知道了，于是将石厚捆起来抽了50鞭子，又将他锁进屋子里不许出去。晚上石厚跳窗逃了出去，从此住在州吁府中，不再回家。

卫庄公去世，将君位传给长子公子完。这就是卫桓公。卫桓公生性懦弱，对弟弟的事也从来不管。此时石碏告老还家，不管国事。州吁也毫无顾忌，日夜琢磨杀兄夺位。

一天，卫桓公要到洛邑去，石厚忙对州吁献计利用这个机会杀掉卫桓公。州吁非常高兴，叫石厚领兵埋伏，自己摆酒为桓公饯行。桓公对弟弟的举动很感激，也斟酒回敬弟弟。不料州吁乘他不注意，抽出短剑刺中他的后心，桓公当时就死了。由于受石厚的士兵包围，桓公的人敢怒不敢言。

州吁顺利地当了国君，拜石厚为上大夫，州吁的另一个哥哥公子晋逃到了邢国。

虽然州吁对外称桓公是暴病身亡，毕竟纸包不住火。州吁很怕国内百姓不服，又怕邻国不齿，只好找石厚商量。石厚又献一计，他说如果对邻国用兵，可以在邻国树立威信，也可以弹压国内的不满情绪。至于进攻的国家只有郑国最合适，因为其他国家和卫国没有仇隙，州吁忙问进攻郑国的理由。石厚说，当年郑庄公将他的弟弟逼得自杀，他的侄儿公孙滑为报父仇曾向卫国借兵，郑庄公因此责备过卫国，以此为由攻打郑国就可以了。

州吁听了这些话很高兴，但他又担心打不过郑国，石厚继续说："我们可以联系宋国、鲁国、蔡国和陈国。宋国的宋穆公是继承哥哥的位子当上国君的，他死后便将君位传给哥哥的儿子与夷。而穆公的儿子公子冯没有继承君位很生气，便跑到郑国，与夷怕公子冯会回来抢他的君位，对郑国也产生了怨恨情绪，此次用兵，他一定同意前往；鲁国的实权在公子翚手中，他爱贪小便宜，多送他些财物，也会出兵的；至于蔡国和陈国都是小国，让他们出兵是没问题的。"

州吁听了石厚一番话，当即派四位使者分头去了四国。公元前719年，五国联合攻打郑国。

卫国的举动，郑庄公早已料到。他首先将公子冯送到长葛，并故意将消息泄露出去，将宋兵引到长葛。宋、鲁、蔡、陈4国中，宋国的兵最多，宋兵一撤，其他3国也产生撤兵的想法。郑庄公又派公子吕出城迎敌，只向卫国挑战，然后假装战败，给卫国个台阶下。

州吁打了个小小的胜仗，觉得挣足了面子，便班师回朝。可是本国的百姓并不买他的账。州吁见国人仍然不服，又找石厚商量。石厚说："只有找一个德高望重的人辅佐您才行。"他们都想到了深受百姓爱戴的石碏。石厚自从几年前挨打偷跑以后，始终没有回家。这时为了拍州吁的马屁，只好硬着头皮，备足礼物求见父亲。可是任凭石厚说得天花乱坠，石碏就是不肯出来帮忙。

州吁没有别的办法，就让石厚去求他父亲给出个治国安邦的主意。石厚第二次求见石碏，石碏头不抬眼不睁地说："我们各个诸侯国都得服从周天子，诸侯国的新君即位，应该禀告周天子，得到周天子的承认和赏赐，地位就可巩固。"石碏沉默了一会儿又说："如果周天子不肯接见新君，就请陈侯说情，周天子很信任陈侯。"

石厚和州吁取得真经，备了礼物，欢天喜地地去陈国请求陈侯帮忙。

与此同时，石碏写了一封信，让好朋友陈国的大夫子针呈递给陈侯。信中大意是：外臣石碏写信问候陈侯。卫国州吁杀兄夺君位，坏事干尽。我的儿子石厚是帮凶。不杀掉这两个恶人，国不安宁。我老了，没有力量整治他们，请你们帮忙将他们治罪，以便为民除害。

州吁二人来到陈国，被安排在第二天到太庙见陈侯。到了太庙，他们看见一块牌子，上写："为臣不忠、为子不孝之人，不能进入太庙！"石厚心中有些不安，子针站在高处宣布说："奉周天子命，立即擒拿为非作歹、不忠不孝的州吁、石厚。其他一概赦免！"两边的武士一拥而上将二人擒下。这时子针又读了石碏的信，二人才知上当。

由于石厚是石碏的独生子，陈侯怕石碏后悔，便没有杀二人，把他们押回卫国，听凭石碏处置。石碏说："这两人罪大恶极，不能宽恕。"众人考虑石碏年事已高，又只此一子，就找理由替石厚开脱。石碏说："州吁干的坏事，我儿子都有份。哪个父母不疼爱自己的孩子？"石碏露出很难过的表情，他接着说："你们不肯动手，我只好亲手杀死这个贼人了。"

根据石碏的意见，石厚被处死了。石碏大义灭亲的故事一代代传下来。"大义灭亲"这个成语也由此而来。

卫懿公好鹤亡国

卫懿公是春秋时期北方卫国的君主。卫国很小，常受北狄侵扰，平时靠求助强国保护。卫懿公在位9年期间，主要仰赖霸主齐桓公，才勉强维持了国家生存。但是，由于他在国弱民贫、外患频仍的危局中，专好养鹤，不理国政，不防北狄，结果，国力日弱，民怨沸腾，最后，在外敌侵犯下，以国破身亡而告终。

卫懿公好鹤，举国皆知。在卫国的宫廷和苑囿里，到处养有成群仙鹤，千姿百态，懿公一见到它们，便忘乎所以，乐不思归。他可以整天不理国政，专与仙鹤为伴，甚至与它们相依为命。他每天起来，第一件事就是跑到苑囿中去观赏鹤群，听它们唱歌，看它们跳舞。到了进餐的时候，他一面吃饭，一面给仙鹤喂食。

卫国可算是仙鹤的乐园和天堂，老百姓过着贫苦的生活，但还要交纳重税，担负懿公养鹤经费。这里的仙鹤分品位等级，饲料与饲养员也依次分成相应级别。上等仙鹤，吃高级饲料，由高级饲养员照管。次等仙鹤，饲料和饲养员均依次按级供给和配置，等级森严，丝毫不容混淆。饲养员的俸禄也分上中下三级，可与大夫待遇等同。懿公每次带仙鹤出去玩时，仙鹤都不用笼子关着，而是坐在车上，随他同游，上等仙鹤坐头等车，二等仙鹤坐二等车，特等仙鹤则坐大夫乘用的棚车。这种仙鹤被称为"鹤将军"，非常神气。而他本人是统率这群仙鹤的"鹤司令"。

卫国有两个贤臣，一个叫石祁子，一个叫宁速。他们见懿公终日与鹤为伍，专好游乐，不理国政，不惜民力，心中焦急如焚，曾多次向懿公进谏，劝他励精图治，节衣缩食，减轻民负，增强国力，防止北狄入侵。但是，懿公好鹤成癖，根本不纳忠言，不顾内忧外患，照旧与鹤为伴，终日玩乐不止。

这时在卫国北方，狄族部落势力日益强盛，常想入侵中原。他们见卫国弱小，懿公养鹤为乐，不修边防，便乘机发兵侵入卫国。"狄寇入侵"警报送到懿公手中时，他正率领鹤群出游，玩兴正浓。突然而来的军情，使他感到十分扫兴，只好被迫暂停游乐，回宫主持抗狄议事。

懿公首先下命令，要将士们和老百姓登城守御，严防北狄攻城，但是，这时他发现，谁也不听命令。许多老百姓逃到城外避难，士兵不拿兵器，将军不穿铠甲，没有人愿意守城打仗。懿公这才着急起来，责问他们为什么不服从命令。他们说："主公只用一种东西，就可击退北狄，用不着我们去打仗。"懿公感到很奇怪，忙问："什么东西，有这么大本事，怎么我一点也不知道？"大家回答说："主公的仙鹤。"懿公说："仙鹤怎么能御敌打仗呢？"大家说："鹤既不能打仗，是无用之物，主公为什么不养有用之物，而专养无用之物？大家不服从你，原因就在这里。"

懿公顿时恍然大悟，知道自己为了养鹤，已经得罪了文武百官，失去民心。自我谴责说："寡人知道错了，我现在愿意放走所有的仙鹤，完全听从民众的意见，可以吗？"

石祁子说："陛下赶快放走鹤群，否则，就来不及了。"

懿公于是命人放走鹤群。但是，仙鹤恋主，在空中盘旋翱翔，飞来飞去，又回到原地，似乎在求他留养它们。懿公见群鹤纵而复回，不忍飞去，心如刀割，但为了悔罪，他现在顾不得它们了。他手拿长鞭，猛抽乱哄哄的鹤群，甚至接连顺手抓起几只，狠心摔死在地上，这才把大群的仙鹤吓得远走高飞。

石祁子和宁速两位大夫，见懿公确有悔罪之心，便到大街上向老百姓反复解释，进行说服工作。他们说："国君已经用实际行动表示悔过认罪。大敌当前，守城要紧，否则，北狄打破城池，国破家亡，玉石俱焚，再后悔也就晚了。"百姓觉得这番话说得在理，回心转意，拿起武器登城御敌。

这时，狄兵已经杀到荥泽。军情万分紧急，一天三次急报，石大夫对懿公说："狄兵凶悍，不可轻视，请主公派我去齐国求救吧！"懿公说："齐国过去曾派兵讨伐过北方戎狄，回师以后，我国没有去进贡酬谢，现在去求救，齐国怎能答应？不如同北狄拼死一战，决定存亡！"

宁速说："请让我率兵同狄兵打仗，主公留守都城。"懿公坚决不同意。他说："寡人不亲自出战，军民不能同心杀敌。"他说完，就把国君宝印交给石大夫，命他全权代理国政；将弓矢交给宁大夫，命他全力守城。

懿公交代完毕，立即亲自率领集中起来的所有兵车和士卒往前线迎击北狄。他尽管亲自出战，但卫军士气仍是不高。懿公晚上巡视，侧耳细听，有人在唱怨歌："仙鹤食俸禄，百姓苦耕耘。仙鹤乘车马，民众苦练兵。北狄锋厉不可挡，欲战兮死一生。仙鹤今何在？独我悚然行。"懿公听了，知道是士兵怨他好鹤误国，导致北狄入侵，给人民带来国难和痛苦。他万分愧疚，发誓要战死沙场向国民赎罪。

懿公率军行至荥泽，见狄军千余骑，左右分驰，全无秩序，立即擂鼓速进，追击狄兵。其实，这是狄军诈败，将卫军引入埋伏，然后截做三处，围攻聚歼，使其首尾不能相顾。懿公被敌兵层层围住，眼看就要被俘。有个将军劝他穿便服混出重围。可他他执意再战，并接连杀死数名狄兵，最后，竟被敌军乱砍而死，实现了战死赎罪的誓言。

狄军击败卫军以后，乘胜长驱，直入卫都，大肆烧杀，将卫国府库和民间财物抢劫一空，满载而去。

齐桓公知道卫国惨败以后，派一支军队到卫国，扶立新君卫文公收拾残局。卫文公只好将遗留下来的卫国百姓聚合起来，总共才有 730 人，再从别的地方拨来 4000 余人，凑足 5000 人，重建家园，恢复卫国。

齐桓公九合诸侯

齐桓公帮助燕国打败山戎以后，邢国也遭到另一个部落狄人的侵犯。齐桓公又带着人马去赶跑了狄人，帮助邢国重筑了城墙。接着，狄人又侵犯卫国，齐国又帮助卫国重建家园。

这时，只有南方的楚国（都城在今湖北江陵西北），不但不服齐国，还跟齐国对立起来，要跟齐国比个高低。

楚国在中国南部，向来不和中原诸侯来往。那时候，中原诸侯把楚国当做"蛮子"看待。但是，楚国人开垦南方的土地，逐步收服了附近的一些部落，慢慢地变成了大国。后来，干脆自称楚王，不把周朝的天子放在眼里。

公元前 656 年，齐桓公约会了宋、鲁、陈、卫、郑、曹、许 7 国军队，联合进攻楚国。

楚成王得知消息，也集合了人马准备抵抗。他派出使者去见齐桓公，说："我们大王叫我来问，齐国在北面，楚国在南面，两国素不往来，真叫做风马牛不相及。为什么你们的兵马要跑到这儿来呢？"

管仲责问说："我们两国虽然相隔很远，但都是周天子封的。当初齐国太公受封的时候，曾经接受一个命令：谁要是不服从天子，齐国有权征讨。你们楚国本来每年向天子进贡包茅（用来滤酒的一种青茅），为什么现在不进贡呢？"

使者说："没进贡包茅，这是我们的不是，以后一定进贡。"

使者走后，齐国和诸侯联军又拔营前进，一直到达召陵（今河南郾城县）。

楚成王又派屈完去探问。齐桓公为了显示自己的军威，请屈完一起坐上车去看中原来的各路兵马。屈完一看，果然军容整齐，兵强马壮。

齐桓公趾高气扬地对屈完说："你瞧瞧，这样强大的兵马，谁能抵挡得了？"

屈完淡淡地笑了笑，说："君侯协助天子，讲道义，扶助弱小，人家才佩服你。要是光凭武力的话，那么，咱们国力虽不强，但是用方城（楚国所筑的长城，在今河南方城北至泌阳东北）作城墙，用汉水作壕沟。您就是再多带些人马来，也未必能打得进去。"

齐桓公听屈完说得挺强硬，估计也未必能轻易打败楚国，而且楚国既然已经认了错，答应进贡包茅，也算有了面子。就这样，中原8国诸侯和楚国一起在召陵订立了盟约，各自回国去了。

后来，周王室发生纠纷，齐桓公又帮助太子姬郑巩固了地位。太子即位后，就是周襄王。周襄王为了报答齐桓公，特地派使者把祭祀太庙的祭肉送给齐桓公，算是一份厚礼。

齐桓公趁此机会，又在宋国的葵丘（今河南兰考东）会合诸侯，招待天子使者。并且订立了一个盟约，主要内容是：修水利，防水患，不准把邻国作为水坑；邻国有灾荒来买粮食，不应该禁止；凡是同盟的诸侯，在订立盟约以后，都要友好相待。

这是齐桓公最后一次会合诸侯。像这样大的会合，一共有许多次，历史上称做"九合诸侯"。

公元前645年，管仲病死。齐桓公请鲍叔牙做了齐国的相，他继续施行管仲的政策，齐国还能保持霸主的地位。过了两年，齐桓公也死去。齐桓公一死，他的5个儿子抢夺君位，齐国发生了内乱，公子昭逃到宋国。齐国的霸主地位也就结束了。

唇亡齿寒

　　齐国的西北边是晋国，晋的南面有两个小国家，一个叫虞（今山西省平陆县东北），一个叫虢（今山西省平陆县东南）。这两个国家山水相连，他们的祖先又都姓姬，所以相处得十分和睦。可是虢国的国君不自量力，经常到晋国边界闹事，侵犯晋国。晋献公一直想发兵讨伐虢君，总没找到机会。

　　后来，晋献公听从大夫荀息的建议，给喜欢玩乐的虢公送去一些美女，又给贪财的虞公送去一份厚礼，以此来离间两国的关系。接着，荀息又出主意让一些人去虢国北部边界闹事。晋献公就照荀息的主意办。虢国守边的官吏果然派人来质问。晋献公看到第一步成功了，就派大夫荀息出使虞国。

　　荀息见了虞公，先送上一双名贵的玉璧和一匹千里马。虞公是个贪心很重的人，见了礼物，眉开眼笑。他问荀息是否有事需要他帮助。荀息说："敝国国君，很想和您结交，这点薄礼只是表示一点心意。顺便有点小事求您帮个忙。虢人多次侵犯我们边界，我们打算惩罚他们，贵国可不可以借一条道，让我们过去？如果侥幸打赢了，所有缴获，都送给您。"虞公高兴地答应了。送走荀息后，大夫宫之奇说："虢、虞两国好比嘴唇和牙齿，俗话说'唇亡齿寒'。如果没了嘴唇，牙齿就会受冻。虢国灭了，咱们虞国还能够生存吗？"虞公对他的话毫不理会。

　　宫之奇还想劝他几句，被大夫百里奚止住了。退朝以后，宫之奇问百里奚："您不帮我说几句，怎么反而劝阻我呢？"百里奚说："咳！给糊涂人出主意，好比把珍珠扔在道路上。国君是不会听的，再劝下去，说不定您还会有生命危险哪。"宫之奇料到虞国一定要灭亡，就带着全家老小悄悄地跑了。

　　周惠王十九年（公元前 658 年）晋献公派大将里克和荀息去讨伐虢国，当晋国的兵车经过虞国的时候，虞公对荀息说："为了报答贵国，我情愿率兵助战。"荀息说："您与其派兵助战，不如将下阳关献给我们。"虞公莫明其妙地说："下阳是虢国的土地，我哪有权献给你呢？"荀息说："我听说虢公正和犬戎交战，胜负未定，您假装前去助战，他们一定会放您进去。您把兵车都装上我们晋兵，只要他们一开城门，下阳关不就是我们的了吗？"虞公言听计从，果然帮助晋军拿下了下阳关。晋军又乘胜前进，在周惠王二十二年（公元前655年）灭了虢国。里克将俘获的歌女和抢来的财宝分了一些送给虞公，虞公更高兴了。里克把大军驻扎在虞国都城外，说休息几天再回去。

一天，忽然守门的人跑来报告："晋侯来了，正在城外。"虞公急忙备车，到城外欢迎。晋侯约虞公到箕山打猎，虞公为了显示自己的排场，将城中的兵马全部调出，跟随自己去打猎。正玩得高兴，百里奚气喘吁吁地跑来说："城里出事了，您赶快回去吧。"虞公刚到城边，只见城楼上一员大将，威风凛凛，朝虞公喊道："您好啊！前次蒙您借给我们一条路，这次又蒙您借给我们一个国家，谢谢您了！"虞公大怒，便想攻城。不料城头上箭如雨下。这时候，虞公如梦初醒，悔恨交加，回头看到百里奚还跟着自己，便说："当初您怎么也不劝劝我呢？"百里奚说："你连宫之奇的话都听不进去，还能听我的吗？"

愚昧而贪婪的虞公就这样把国家断送了，自己也没了自由。忠臣百里奚跟着虞公一块当了晋国的俘虏，押往晋国。

百里奚白发识明主

晋献公灭了虞国以后，听说百里奚是个很有才能的人，善于为主谋划，就想重用他，派了好几个人去劝说，可百里奚就是不肯为晋国做事。他说："君子身处逆境时，本不应到敌国去。我即使想做官，也决不在晋国供职。"

晋献公心里暗自想到："百里奚不愿为我做事，留在身边也是个祸害。"周惠王二十三年（公元前654年），正逢秦晋联姻，秦穆公派公子絷来迎接晋国公主去秦国完婚，百里奚作为陪嫁的奴仆遣送到秦国去了。百里奚当了俘虏就一肚子气，现在又被充当陪嫁的奴仆，更是无法忍受，于是，在半路上趁人不注意就溜了。谁想到他才跑到楚国，就被当作奸细抓了起来，后来又被流放到南海去牧马。

秦穆公完婚以后，才发现陪嫁奴仆名单上一个叫做百里奚的不见了，就问晋国来的公孙枝是否知道百里奚。公孙枝说："这人本是虞国的大夫，很有才能。虞国亡后，他陪虞君一道当了俘虏。晋公原想重用他，但他死活不肯在晋国当官。这人既忠君，又有计谋，真是个不可多得的人才啊，只可惜没遇到明主。"秦穆公这时已有称霸中原的念头，正在四处招贤纳才，听了公孙枝的介绍，恨不得马上找到百里奚。于是，他马上派人去打听百里奚的下落。后来得知百里奚在为楚国牧马，秦穆公就要派使者带着厚礼去见楚成王，把百里奚赎回来。

公孙枝在一边急忙劝阻道："主公要是用这么贵重的礼物去赎百里奚，他反而回不来了。"秦穆公一听很奇怪，就问为什么。公孙枝不慌不忙地说："楚国派百里奚去做牧马人，正说明他们不了解百里奚的才能，主公现在用这样贵重的礼物去换他，不正告诉楚王百里奚是个人才吗，到那时楚王还会放他回来吗？"秦穆公一听才明白过来，便依照当时买卖奴仆的一般价格，派人带着 5 张羊皮去赎百里奚。

秦国的使者到了楚国，对楚成王说："我们一个叫百里奚的奴隶，偷跑到贵国了。我们国君想把他赎回去，当众治罪，吓吓别的奴隶，让他们以后听话一点。"说着就献上 5 张羊皮，楚成王认为百里奚只不过是一个一般奴隶，也不在意，就让人把百里奚从南海带回，交给秦国的使者。

百里奚被带到秦国边境时，公孙枝早已奉命在那等候多时了。第二天，公孙枝就带百里奚去见秦穆公了。刚一见面，秦穆公见白里奚已经是一位满头白发的老者，心中不禁失望，随口问道："你多大年纪了？"百里奚道："已经 70 多岁了。"秦穆公叹息道："可惜太老了。"百里奚说："那要看做什么事了。主公如果让我去追赶飞鸟，或者捕捉猛兽，那确实老矣。如果是让我为国出谋划策，运筹帷幄，那还正当年呢。岂不知当年姜太公 80 岁，还为周武王夺天下立下汗马功劳呢，我比姜太公还年轻 10 岁。难道就没用了吗？"秦穆公听了这番话，觉得百里奚说得确实在理，是个人才，就向他请教富国强兵的方法。百里奚有问必答，说得头头是道。秦穆公越听越兴奋，不觉兴奋地说："天助我矣！天助我矣！我有了先生，如同齐君有了管仲啊！"说罢就拜百里奚为相。可百里奚说什么也不肯接受。他对秦穆公说："我的本事和才华远比不上我的朋友蹇叔，公主若真想实现称霸中原的愿望，就应该拜蹇叔为相。"秦穆公一听，立即派人去蹇叔隐居的地方，请蹇叔出山。

公子絷找到蹇叔的住处，见到蹇叔，恭恭敬敬地呈上书信。蹇叔看完信说："当时虞君不信任百里奚，不听忠言，招致败亡。现在秦公若真能慧目识贤人，一个百里奚也足够了。我已隐居多年，不想再出去做事了，请回去代我向秦公致谢吧。"公子絷一听就慌了，急忙说道："百里奚大夫说过，如果你不去秦国，他也不愿一个在那。"蹇叔一听此话，无可奈何地说："为了成全百里奚，我也就只好走一趟了。"

蹇叔到了秦国，秦穆公向他请教治国图霸的良计。蹇叔侃侃而谈："秦与西戎相接，百姓久与戎民杂居，多数不懂礼教，不明法理。应当加强教育，并对犯罪者惩之以刑罚，使百姓自己明白什么该干，什么不该干；什么是荣耀，什么为耻辱。只要国家风气正了，什么事都好办。"秦穆公又问："我想称霸诸侯，依先生见，我该从哪做起呢？"蹇叔略加思索便答道："首先要做到三戒：一戒贪图小利，二戒气愤蛮干，三戒急于求成。"他还进一步解释说："贪图小便宜往往要吃大亏，愤怒时不知忍耐就会失去理智，急于求成则难免有失误，只有一步一步地把每件事都做好，才能为富国图霸打下牢固的基础。基础好了，统一诸侯就有了牢固的根基。"

秦穆公听了蹇叔的一番话，觉得极有道理，真是相见恨晚，连声道："我得蹇叔和百里奚，如同又增左右臂。"第二天就拜蹇叔为右庶长，百里奚为左庶长，都属上卿职务，当时称为"二相"。从那以后，秦穆公在蹇叔和百里奚的辅助下，兴利除弊实施变革，秦国很快地强大起来了，为后来秦始皇统一中国奠定了基础。

秦穆公的善举

秦穆公是一位有作为、广施仁德的国君，在他执政期间曾经历过一件令人称奇又感动不已的事。

有一次，秦穆公和大臣去梁山打猎，由于天色已晚，便就地支上帐篷过夜，可到了半夜时分，发现少了几匹马，便派人四处寻找。找到山下时，发现一群蓬头垢面相貌凶猛的人，正围着火堆烤马肉吃。他们忙回去报告秦穆公，请求出兵捉拿这些刁蛮山民。秦穆公沉吟片刻，叹了口气说："如此饥荒年月，缺衣少食，他们也是不得已而为之。"于是派人送去酒菜和粮食。

这些山民原本对秦穆公充满敌意，如今见他这么宽厚待人，不禁大受感动，他们向着秦穆公所在的方向恭恭敬敬地拜了几拜。秦穆公未曾料到，就是因为这一善举，才使他在几年后被晋军团团围住时，捡回了一条命。

这还得从晋国接连两位国君被杀说起。奚齐、卓子先后被杀死后，晋人便想迎重耳回国继位，遭到重耳拒绝。而夷吾为了能够回国继位，他请人捎话给秦穆公，如果能助他回国，情愿把黄河外的5座城池作为谢礼，接着又派人找到里克、丕郑父帮忙，许诺如果成功，给里克土地100万亩，给丕郑父土地70万亩。

公元前650年，夷吾在百里奚、公孙枝的护送下，回国当了国君，他就是晋惠公。晋惠公目的达到了，却忘了当初的诺言，他派人给秦穆公送去一封信，大意是：关于割让5座城池的事，许多大臣反对，容以后慢慢定夺。秦穆公很生气。至于对里克、丕郑父的许诺，晋惠公不但不想兑现，反而设计杀了他们，同时被杀的还有另外7位前朝重臣。丕郑父的儿子逃到秦国，作了大夫。

晋惠公继位后，粮食连年歉收，公元前647年，晋国遭到百年未遇的大灾荒，全国百姓饿死、病死无数。情急之下，晋惠公只好厚着脸皮向连年丰收的秦国借粮，秦穆公本不想借粮给他，但念在晋国百姓无辜上，便下令由水路运粮给晋国，路线是从渭水到黄河再到汾水，粮船首尾相接，绵延几百里，非常壮观。这就是历史上有名的"泛舟之役"。

第二年，秦国又闹灾荒，粮食几乎绝收。而晋国却是大丰收。秦穆公派人向晋国借粮。谁知晋国不但不肯借，反而乘人之危派兵攻打秦国。秦穆公肺都要气炸了，立即调兵遣将，亲自迎战晋国。两军在龙门山（今陕西韩城市境内）相遇。

秦穆公挥刀陷阵，与晋将韩简厮杀在一处。西乞术为保护秦穆公也与韩简大战起来，这时晋国又一名大将率队赶来，将西乞术围住，并刺于马下。众人又将秦穆公团团围住。秦穆公渐渐体力不支，忽听不远处杀声震天，只见一群赤脚露肩的人手拿大刀冲杀而来，见到晋军不容分说挥刀就砍，晋军见来势凶猛，纷纷逃避。

晋惠公也披挂上阵，但是给他驾车的是一匹只供观赏的小马，一到战场就吓得乱蹦乱跳，结果晋惠公被公孙枝俘虏。

秦穆公得救了，经过询问才知道救他的正是当年盗马的山民。秦穆公拉着他们的手感动得不知说什么好。秦穆公要他们留下来做官，他们婉言谢绝，秦穆公又拿出财宝衣帛送给他们，他们看也没看，只是拱拱手，便头也不回地去了。秦穆公望着他们的背影，感慨万千，心想：得天下，必先得民心哪！

凭着同情和仁慈的胸怀，秦穆公的善举得到了回报。正是深知民心无价，秦穆公才成为"春秋五霸"极有威望的一个。

糊涂的宋襄公

英明一世的齐桓公死后，易牙、竖刁、开方3个奸臣废了原来应当继位的公子昭，而让听他们话的公子无亏当了国君，齐桓公的几个儿子不服，为争夺王位打了起来。公子昭为躲灾祸，就跑到宋国去了。

宋襄公见齐国发生内乱，就通知各国诸侯，请他们共同护送公子昭到齐国去接替君位。但是宋襄公的号召力不大，多数诸侯把宋国的通知搁在一边，只有卫、曹、邾3个小国带了点人马前来护送。

宋襄公率领4国的兵马打到齐国去。齐国一批大臣一见4国人马打来，就投降了宋国，迎接公子昭即位。这就是齐孝公。

齐国本来是诸侯的盟主国，如今齐孝公靠宋国帮助得了君位，宋国的地位就自然提高了。宋襄公雄心勃勃，想继承齐桓公的霸主事业。这次他约会诸侯，只有3个小国听从他的命令，几个中原大国没理他。宋襄公想借大国去压服小国，就决定去联络楚国。他认为要是楚国能跟他合作的话，那么在楚国势力底下的那些国家自然也都归服他了。

宋襄公把这个主张告诉了大臣们，大臣公子目夷不赞成这么办。他认为宋国是个小国，想要当盟主，不会有什么好处。宋襄公哪里肯听他的话，他邀请楚成王和齐孝公先在宋国开个会，商议会合诸侯订立盟约的事。楚成王、齐孝公都同意，决定公元前 639 年约各国诸侯在宋国盂（今属河南）地方开大会。

到了七月，宋襄公驾着车去开大会。公子目夷说："万一楚君不怀好意，可怎么办？主公还是多带些兵马去。"

宋襄公说："那不行，我们为了不再打仗才开大会，怎么自己倒带兵马去呢？"

公子目夷怎么也说不服他，只好空着手跟着去。

约定开会的日子到了，楚、陈、蔡、许、曹、郑等 6 国之君都到了，只有齐孝公和鲁国国君未到。

果然，在开大会的时候，楚成王和宋襄公都想当盟主，争闹起来。楚国的势力大，依附楚国的诸侯多。宋襄公气呼呼地还想争论，只见楚国的一班随从官员立即脱了外衣，露出一身亮堂堂的铠甲，一窝蜂地把宋襄公逮了去。后来，经过调解，让楚成王做了盟主，才把宋襄公放了回来。

宋襄公回国后，怎么也不服气，特别是邻近的郑国国君也跟楚成王一起反对他，更加使他恼恨。宋襄公为了出这口气，决定先征伐郑国。

公元前 638 年，宋襄公出兵攻打郑国。郑国向楚国求救。楚成王很厉害，他不去救郑国，反倒派大将带领大队人马直接去打宋国。宋襄公没提防这一着，连忙赶回来，宋军在泓水的南岸驻扎下来。

两军隔岸对阵以后，楚军开始渡过泓水，进攻宋军。公子目夷瞧见楚人忙着过河，就对宋襄公说："楚国仗着他们人多兵强，白天渡河，不把咱们放在眼里。咱们趁他们还没渡完的时候，迎头打过去，一定能打个胜仗。"

宋襄公说："不行！咱们是讲仁义的国家。敌人渡河还没有结束，咱们就打过去，还算什么仁义呢？"

说着说着，全部楚军已经渡河上岸，正在乱哄哄地排队摆阵势。公子目夷心里着急，又对宋襄公说："这会儿可不能再等了！趁他们还没摆好阵势，咱们赶快打过去，还能抵挡一阵。要是再不动手，就来不及了。"

宋襄公责备他说："你太不讲仁义了！人家队伍都没有排好，怎么可以打呢。"话还没说完，楚国的兵马已经摆好阵势。一阵战鼓响，楚军像大水冲堤坝那样，哗啦啦地直冲过来。宋国军队哪儿挡得住，纷纷败下阵来。

宋襄公刚想亲自督阵进攻，还没来得及抵抗，就被楚军围住。大腿上已经中了一箭。还亏得宋国的将军带着一部分兵马，拼着命保护宋襄公逃跑，才保住了他的命。等他逃命回来，兵马、粮草全被楚军抢走。

宋襄公逃回国都商丘，宋国人议论纷纷，都埋怨他不该跟楚国人打仗，更不该那么打法。

公子目夷把大家的议论告诉宋襄公。宋襄公揉着受伤的大腿，说："依我说，讲仁义的人就应该这样打仗。比如说，见到已经受了伤的人，就别再去伤害他；对头发花白的人，就不能捉他当俘虏。"

公子目夷真地耐不住了，他气愤地说："打仗就是为了战胜敌人。如果怕伤害敌人，那还不如不打；如果碰到头发花白的人就不抓，那就干脆让人家抓走。"

宋襄公受了重伤，过了一年死了。临死时，他嘱咐太子说："楚国是我们的仇人，要报这个仇。我看晋国（都城在今山西翼城东南）的公子重耳是个有志气的人，将来一定是个霸主。你有困难的时候，找他准没错儿。"

宋襄公的"仁义"虽然成笑柄，但他愚笨之余，还能识别人才，在他养伤期间，曾派人热情招待了落难来宋的重耳，这不能不让后来称霸中原的晋文公感激涕零。

重耳率众流亡

在春秋争霸中，宋襄公只不过是个昙花一现的人物，真正接替齐桓公称霸的是晋文公。

晋文公名字叫重耳，是晋献公的儿子。晋献公在他夫人死了以后，把他最宠爱的骊姬立为夫人。骊姬想立自己的儿子奚齐为太子，就逼死了太子申生，并且要阴谋杀害比奚齐年长的公子重耳和夷吾。重耳和夷吾只得分别逃到国外去避难。

晋献公死后，公子夷吾在秦穆公的帮助下，于周襄王二年（公元前650年）回国当了国君，就是晋惠公。

晋惠公在执政的第十四个年头时得了重病，不能临朝。留在秦国做人质的太子圉听到这个消息，生怕君位被人抢走，乘天黑逃回晋国。晋惠公也担心公子重耳回国抢夺君位，弄得寝食不安。大夫郤芮献策说："重耳流落在外，终归是个祸害，不如想法把他杀了。"晋惠公就派一个叫勃鞮的人去刺杀重耳。

重耳逃离晋国以后，一直在狄国避难，前后有12年光景。晋国有才能的人，像狐毛、狐偃、赵衰、介子推等人都跟随他。一天，狐毛、狐偃兄弟俩接到父亲狐突的信，信上写道："勃鞮3日内即去谋刺公子，速作准备。"他们赶快告诉重耳。大家商量准备逃到齐国去。要从狄国到齐国去，必须经过卫国。卫文公怕得罪晋惠公，不但不接待，还不放重耳进城。没有办法，重耳等人只好绕着道走。一路上无依无靠，又没有干粮，只好沿路乞讨。

一天，他们走了几十里路不见人烟，太阳当头了，还没吃早饭，肚子饿得咕咕叫，看到远处大树下一伙农夫正在吃饭，高兴极了。重耳叫狐偃向他们要点吃的。衣不蔽体的农夫们望着这群贵族打扮的人说："我们哪里有吃的！连野菜都吃不饱，哪有多余的送人呢？"另一个农夫从田里捧起一大块泥土，送到重耳面前说："这个给你吧。"重耳大怒，拿过马鞭，就要打那个农夫。狐偃看到农夫们一个个怒目相视，急忙劝阻说："要弄点粮食不难，要弄块土地恐怕就难了。老百姓送给我们泥土是好兆头啊！这是上天借他们的手给我们的恩赐，得土意味着得国啊！"重耳只好忍气上车，向前赶路。他们风餐露宿，经历了数不尽的辛苦，花费了一年左右时间，终于到了齐国。

齐桓公听说重耳前来投奔，马上派人去迎接，给他们安排住处，供给车马，送米送肉，招待十分周到，还把本家的一个美女齐姜嫁给重耳做夫人。重耳非常感激，更加敬佩齐桓公。他们在齐国一住就是7年。周襄王九年（公元前643年）齐桓公死了，齐国的5个公子争夺君位，国势渐渐衰落下来。跟随重耳的几个人商量要离开齐国。

可是，重耳迷恋眼前的安逸生活，整天厮守着齐姜，再也不想离开齐国了。狐毛等人想见到他都很不容易。一天，大家凑在一块说起这事，都十分焦虑。狐偃说："诸位不要着急。要让公子振作起来，我倒有个办法。"赵衰说："你有什么妙计？"狐偃说："这里不是说话的地方。"便拉着他们几个人，来到城外桑树林的深处，大家围坐在地上。狐偃说："现在不离开这里不行了！大家回去把行李准备好，等公子一出来，咱们就说请他去郊外打猎，出了城，咱们赶车就跑，他还有什么办法？只是不知上哪国去好。"赵衰说："宋国总想做霸主，他们很需要人，咱们投奔宋襄公试试。万一不行，再到秦国或者楚国去。"狐偃又说："宋国大司马公孙固是我的朋友，我看可以到宋国去。"这几个人以为，他们的话没有人听见，商量完了就分头去准备。哪料到齐姜的几个使女正在树上采桑叶，偷听了他们的谈话，回去后就一五一十地告诉了齐姜。

第二天天刚亮，赵衰、狐偃来叫重耳。重耳还在酣睡。齐姜把狐偃叫了进来，问他有什么事。狐偃说："公子过去在狄国，天天乘车驰骋，现在长久不出去活动，我们怕他闷坏了，想请他去打猎。"齐姜笑着说："你别说笑话，打一次猎，哪里会去那么远呢！你们不要瞒我了。你们商量的事，我都知道了。我很敬佩你们一片忠心，这次，我一定帮助你们。今天晚上，我请公子喝酒，将他灌醉。你们乘天黑，把他拉出城去。"狐偃见齐姜是不同寻常的女子，不禁肃然起敬。

当天晚上，齐姜在宫中摆下酒席，请公子喝酒。重耳问道："今天晚上为什么这样大摆酒席啊？"齐姜说："我听说公子将要远行，特地设宴送行。"重耳说："人生有限，只要舒适如意，何必再想别的事呢？"齐姜说："公子应该有志气，听从手下人的忠告，离开齐国。"重耳很生气，放下酒杯不喝了。齐姜怕事情弄僵，笑着说："算了，算了，要是走呢，那是公子的志气，这酒就算送行；要是不走呢，那是公子对我的一片深情，这酒就算表示我对您的感谢。来，让我们开怀畅饮吧！"重耳转怒为喜，一杯接一杯地喝起来，加上齐姜不断劝酒，不一会儿就醉得不省人事了。齐姜急忙派人去叫狐偃。

狐偃等人七手八脚地把重耳抬上车，连夜出城。他们一气跑了五六十里，才放慢了脚步。这时候正值雄鸡啼晓，东方发白。重耳翻了翻身，感到摇晃得厉害，睁开眼一看，才知道自己是睡在车上，又不知到了哪儿，顿时大怒，骂道："你们想造反吗？为什么不和我商量就把我弄出了城？"说罢，从魏仇手里夺过戈就向狐偃刺去。狐偃急忙跳下车，重耳又下车追赶。大家赶忙婉言相劝。赵衰劝道："我们之所以忍受骨肉离散的痛苦追随主公，是因为主公是有大志的人，如今齐国内乱不止，我们不适合在此立足，这是我们大家意思，你不要只怪狐偃。"

事到如今，重耳也无可奈何，只好和大家一起上路。重耳一行人到了曹国，曹君得知他们从齐国逃出，本不想接待他们，但因大夫僖负羁请求才不情愿地打开城门，而且对他们非常无礼，还不安排饭食。僖负羁感到过意不去，再加上夫人劝说，就在晚间给重耳等人送去丰盛的饭菜及礼物。重耳等人非常感激，他们将饭菜吃掉，却退回了礼物。

第二天，重耳等人离开曹国，僖负羁望着他们的背影，暗想：这些人困难时期却不贪图钱财，将来定能成大事。

重耳等人一路颠簸到了宋国，宋襄公此时正重病在床，只好派公孙固出城迎接。狐偃本打算留在宋国，但公孙固向他如实介绍了宋国目前的情况，狐偃就打消了这个念头。几天后，重耳决定继续前行。宋襄公送来许多必备的马匹、衣物等。

重耳及随从们踏上了去楚国的路途。不久，就到了楚国。楚国对重耳很尊敬，楚成王用招待国君的礼节招待了他。但重耳跟住在齐国时大不一样，就是经常想要回晋国这件大事。

一天，楚成王问重耳："公子如果回到晋国，怎样报答我呢？"重耳想了想，说："如果我能回晋国，一定和楚国和睦相处，将来万一两国打起仗来，我一定命令晋军退避三舍，来报答您的恩情。"古时候行军，30 里为一舍，退避三舍，就是后退 90 里。楚成王只当重耳是说笑话，对他依然敬重。

当年晋惠公背信弃义攻打秦国，被秦穆公俘虏，因姐姐求请才被放回晋国。为了向秦穆公表示诚意，将公子圉送到秦国作人质。公元前 637 年，晋惠公病死。公子圉背着秦穆公偷偷回晋国做了国君，而且与秦国断绝了关系，他就是晋怀公。

秦穆公得知此事，既气愤又伤心。想想自己对他们父子俩真是以诚相待真心相助，而这二人一个忘恩负义，一个过河拆桥。秦穆公越想越后悔，假如当时护送重耳回国，一定不会是现在的局面。秦穆公打定主意，决定迎接重耳回晋国称君。

一天，秦国使臣求见楚成王，向他说明秦穆公希望重耳能到秦国去。楚成王征求重耳的意见，重耳决定接受秦国的邀请。

重耳到了秦国，秦穆公和夫人都很高兴，决定将女儿怀嬴嫁给他。这个主意令重耳、怀嬴均感到难为情。原来怀嬴曾是公子圉的妻子，也就是重耳的侄媳妇。怀嬴本不想答应这门婚事，一来辈分有差别，二来重耳的年龄已是 61 岁了。但是这个婚姻含有重大的政治意义，她只有默认了。重耳也觉得不合适，便让赵衰帮忙回绝。赵衰却劝说道："主公千万不要拒绝，历来两国修好，都是靠联姻维系，这门婚事已经和我们能否回晋国联系起来了，所以主公应该答应。"于是，重耳成了秦穆公的女婿。

公元前636年，秦穆公亲率大军护送重耳等人回国。到了黄河，秦穆公派两员大将率一部分军队送重耳过河，自己率部分军队在河边驻扎，以便接应。重耳与秦穆公洒泪而别。

重耳上船后，发现船上堆满了过去用过的旧物品和穿过的旧衣物，有的已经破得不成样子，感到很滑稽。就说："我们这次回晋国，吃穿用度会应有尽有，还留这些破东西干什么？"说完便命人将破烂儿扔掉。这些东西都是壶叔弄到船上的，他从重耳逃离翟国时就跟随他，替大家管理物品，如今回国，想想从前所受的磨难，看看这个，摸摸那个，什么也舍不得扔。听了重耳的话他不禁呆住了，一句话也说不出来。

这一切均被狐偃看在眼里，他的心里也有些酸溜溜的。他觉得是该向重耳表明心迹的时候了。于是跪在重耳面前说："主公就要成功了，我继续留下来也没有什么用了，只能像那堆破烂儿一样。我这儿有一块秦穆公送的白玉，转送给您作个纪念……"重耳听了狐偃的话，顿时醒悟过来，慌忙扶起狐偃，流着泪说："如果没有你们陪我受尽千辛万苦，哪有我重耳的今天。我知道错了，只是请你不要再有这种想法……"说罢便令人将丢掉的东西捡回，又向壶叔赔了不是。

重耳过了黄河，秦军一鼓作气接连攻下几座城池。晋军守将本不愿为晋怀公拼命，所以逃的逃，降的降。晋怀公早已众叛亲离，他见大势已去，就在勃鞮的保护下逃走了。吕饴甥、郤芮曾与晋惠公夷吾同谋刺杀重耳，见晋怀公已私自逃走，只好向重耳叩头请罪，重耳却没有责怪他们的意思。

重耳从逃到翟国时算起，在外飘荡了整整19年，终于在62岁做了国君，他就是晋文公。晋文公为了巩固自己的地位，派人杀了怀公。怀公的被杀，深深触动了吕饴甥、郤芮。他们越想越害怕，认为与其坐以待毙，不如先下手为强。于是他们定下一条毒计，让前后两次追杀文公的勃鞮去实行。

勃鞮并没有听从他们的安排。勃鞮是个非常忠君的人，当年晋献公经不住骊姬的挑唆，派勃鞮去追杀重耳，勃鞮斩断了重耳的一截袍袖；后来又受晋惠公之命到翟国刺杀重耳，勃鞮领命而去，结果重耳逃走，这次吕、郤二人让他杀重耳，他犹豫了，国君让他杀任何人，他都会服从命令，而今要杀重耳是杀国君啊，是与前两次意义截然不同的两回事。半夜时分他请求狐偃带他见晋文公。晋文公不愿见他，他苦求3次，终于见到晋文公。吕、郤芮二人为此丢了性命。

这件事使晋文公的地位得到了巩固，同时晋文公还任用了一个人，这就是当年拐走重耳出逃时全部财物的头须。他现在的任务，仍然是管理财物，而且经常同文公坐在一辆车上，说说笑笑，十分融洽。

跟随重耳一起逃亡的有位贤人叫介子推，他是对国家有功之人。当晋文公奖励有功之臣的时候，他却躲在乡村里，不肯受封赏，后来干脆和母亲躲进深山老林。从此以后，人们再也没有看到他了。晋文公知道这件事后，心里非常难受，就派人去山中请他，但是找不到他的下落。有人说介子推躲进了绵山，但是那儿仍不见他的踪迹。于是晋文公就把绵山封给介子推，将绵山改名为介山，他说："这介山的名字记载了我的过失，也记载了人间的一个善人。"

晋文公退避三舍

晋文公即位以后，整顿内政，发展生产，晋国渐渐强盛起来。他也想能像齐桓公那样，做个中原的霸主。

这时候，齐国已经衰落，南边的楚国却强大起来，黄河以南的大片土地都成为楚国的势力范围，楚成王还不断地把自己的势力向北渗透。这样一来，晋楚两国的矛盾和冲突就变得越来越尖锐。周襄王十八年（公元前634年），周襄王派人来讨救兵。周襄王有个异母兄弟叫太叔带，联合了一些大臣，向狄国借兵，夺了王位。周襄王带着几十个随从逃到郑国。他发出命令，要求各国诸侯护送他回洛邑去。列国诸侯有派人去慰问天子的，也有送食物去的，可就是没有人愿意发兵打狄人。

有人对周襄王说："现在诸侯当中，只有秦、晋两国有力量打退狄人，别人恐怕不中用。"襄王才打发使者去请晋文公护送他回朝。

晋文公马上发兵往东打过去，把狄人打败，又杀了太叔带和他的随从，护送天子回到京城。

过了两年，又有宋襄公的儿子宋成公来讨救兵，说楚国派大将成得臣率领楚、陈、蔡、郑、许5国兵马攻打宋国。大臣们都说："楚国总是欺负中原诸侯，主公要扶助有困难的国家，建立霸业，这可是时候啦。"

晋文公早就看出，要当上中原霸主，就得打败楚国。于是他就扩充队伍，建立了3个军，浩浩荡荡去救宋国。

公元前632年，晋军打下了归附楚国的两个小国——曹国和卫国，把两国国君都俘虏了。这时晋军的力量稍弱于楚军，且又远离本国作战，但已占领曹、卫两国作为前进的基地，况且齐、秦已与他结成联盟，从而很有实力。

楚成王本来并不想同晋文公交战，听到晋国出兵，立刻派人下命令叫成得臣退兵。可是成得臣以为宋国迟早可以拿下来，不肯半途而废。他派部将去对楚成王说："我虽然不敢说一定打胜仗，但也要拼一个死活。"

楚成王很不痛快，只派了少量兵力归成得臣指挥。

成得臣先派人通知晋军，要他们释放卫、曹两国国君。晋文公却暗地通知这两国国君，答应恢复他们的君位，但是要他们先跟楚国断交。曹、卫两国真的按晋文公的意思办了。

成得臣本想救这两个国家，不料他们倒先来跟楚国绝交。这一来，真气得他双脚直跳。他嚷着说："这分明是重耳这个老贼逼他们做的。"他立即下令，催动全军赶到晋军驻扎的地方去。

楚军一进军，晋文公立刻命令往后撤。晋军中有些将士可想不开啦，说："我们的统帅是国君，对方带兵的是臣子，哪有国君让臣子的理儿？"

狐偃解释说："打仗先要凭个理，理直气就壮。当初楚王曾经帮助过主公，主公在楚王面前答应过：要是两国交战，晋国情愿退避三舍。今天后撤，就是为了实现这个诺言啊。要是我们对楚国失了信，那么我们就理亏了。我们退了兵，如果他们还不罢休，步步进逼，那就是他们输了理，我们再跟他们交手还不迟。"

晋军一口气后撤了90里，到了城濮（今山东鄄城西南），才停下来，布置好了阵势。

楚国有些将军见晋军后撤，想停止进攻。可是成得臣却不答应，一步盯一步地追到城濮，跟晋军遥遥相对。

成得臣还派人向晋文公下战书，措辞十分傲慢。晋文公也派人回答说："贵国的恩惠，我们从来都不敢忘记，所以退让到这儿。现在既然你们不肯谅解，那么只好在战场上比个高低啦。"

大战展开了。才一交手，晋国的将军用两面大旗，指挥军队向后撤退。他们还在战车后面拖着伐下的树枝，战车后退时，地下扬起一阵阵的尘土，显出十分慌乱的模样。

成得臣一向骄傲自大，不把晋人放在眼里。他不顾前后地直追上去，正中了晋军的埋伏。晋军的中军精锐，猛冲过来，把成得臣的军队拦腰切断。

原来假装败退的晋军又回过头来，前后夹击，把楚军杀得七零八落。

晋文公连忙下令，吩咐将士们只要把楚军赶跑就是了，不再追杀。成得臣带了残兵败将回军，半路上，他觉得没法向楚成王交代，就自杀了。其实，楚成王并没有惩办他的意思，但是已经来不及了。

晋军占领了楚国营地。把楚军遗弃下来的粮食吃了 3 天，才凯旋回国。

晋国打败楚国的消息传到周都洛邑，周襄王和大臣都认为晋文公立了大功。周襄王还亲自到践土（今河南原阳西南）慰劳晋军。晋文公趁此机会，在践土给天子造了一座新宫，还约了各国诸侯开个大会，订立盟约。这样，晋文公就当上了中原的霸主。

秦晋大战崤山

秦国是当时诸侯之争中的强国，自从得到了百里奚和蹇叔以后，国家的事业如日中天，秦穆公又是一个深谋远虑的国君，他治理国家讲信修义，与诸侯相交，也多为人所敬重。他向西成为西戎地区的霸主，向东收服了大大小小的诸侯。

但是，秦穆公最大的心腹之患就是晋国，晋国在文公的手上迅速地强大，成为东方的霸主，晋国的朝廷上谋士林立，战将如云。晋文公又十分会用人，所以晋国上下一气，固若金汤，秦穆公想撼动它谈何容易。

公元前627年，正当晋国的事业蒸蒸日上时，晋文公和几个重要大臣狐偃、狐毛先后去世。这就给秦国图谋战胜晋国提供了一次很好的机会。

晋国知道周围的一些国家都想削弱晋国的力量，于是决定暂时在曲沃这个地方将文公殡葬起来，等到合适的机会再重新大葬。

这一年，郑文公也去世了。郑国曾迫于晋国的压力，加入了晋国为盟主的中原联盟。后来，郑国死心塌地地跟随晋国，秦国对郑大为不满。郑国有一个叫缯贺的叛臣想投靠秦国，就偷偷地跑到秦国，告诉了秦国一些秘密。秦穆公决定讨伐郑国，便就此事询问蹇叔和百里奚，出乎他意料之外，两位德高望重的大臣一致认为害多利少。蹇叔说伐郑胜则利小，败则害大，再说乘人丧乱而攻之，是不讲仁义的。两人坚决进谏，恳求穆公放弃伐郑，千万不要出兵。

秦穆公说："我心已定，不论你们同意还是不同意，我一定要和他们决一雌雄。"于是发兵去攻打郑国。

穆公派百里奚的儿子孟明视、蹇叔的儿子西乞术，还有白乙丙3个人统帅大军，发兵那日，在东门举行誓师大会，蹇叔和百里奚俩却对着出兵的部队痛哭，蹇叔边哭边说："孩子们，我看到你们今天出去也许盼不到你们回来。"

秦穆公当时非常生气，他这时正坐在台上，蹇叔正在台下，他大怒地说："你们为什么哀哭寡人的军队？你们是要动摇军心吗？"蹇叔回答道："臣子不是哭君主的军队，而是痛哭自己的儿子！"

部队就这样出发了，蹇叔还赶上大路，哭着送自己的儿子西乞术，对他说："晋国人一定会在崤这个地方陈兵等候你们，这个地方两面靠山，中间是个大峡谷，你们一定会死在那里，我等着到那里收你们的尸骨。"

第二年春天，秦军通过晋国的地方，走到周朝都城北门时，周朝的王孙满看到他们部队的情况说："秦军必败，看他们那副傲慢的神气，这样的军队不失败才怪哩。"

秦国的大军一路浩浩荡荡向前开去，来到了滑这个地方，这里已经离郑国的国都不远了，但是到这时，郑国还蒙在鼓里。恰好在这里遇到了郑国的一个商人弦高要到周去卖东西，他一看到秦国的大军黑压压地开过来，不禁抽了一股凉气，心想，我们郑国要遭大祸了。他是有爱国心的人，同时，他还有智慧，勇敢而又冷静，就是这位商人免除了郑国的一次灭顶之灾。

弦高很冷静地走上前去，先送上4张熟牛皮作为先行礼物，又将自己准备赶到周朝国都去卖的 12 头牛送上前去，以犒劳秦军，只见他不慌不忙地对秦军统帅说："我们郑国国君听说你们秦军要从老远的地方到我们郑国来，特派我来给你们送上一些礼物，以慰劳贵军，我们郑国不是很富有，但我们还是能准备一些东西来侍候你们的。"

秦军的 3 位主帅听到后，面面相觑，郑国已经知道了，他们的一切计谋都被打破了，孟明视说："郑国已有防备，我们不可轻易向前推进，他们有准备，我们要急攻是攻不下的，这样我们又怎么能胜呢，不如班师回朝。"其他几位大将觉得也只能如此。他们命令大军停止前进。后来秦军灭了滑国，就开始向后撤兵。

这时，弦高派人骑快马到郑国国都报告，郑国的君臣才知道秦军来进犯。一个商人的爱国行动救了他们的国家。

晋国风闻秦军这番行动，就认为这是千载难逢的好机会，先轸说："秦军劳师远征，无功而返，士气一定很低沉，我们这个时候去攻打，一定会取胜。"但是大臣栾枝却不同意这样做，他说："秦国有恩于我们先主，我们未报答他们，反而去攻打，恐怕不好吧？"

先轸说："话也不能这样说，我们国家有丧事，他们不但不来吊丧，反而来攻打我们，滑就被他们攻取了，这还说什么人情。我常听人说，敌人不可纵，一旦纵之，将会后患无穷。"晋国内部意见一致后，就发兵迎击秦军。

这时文公的儿子襄公还没有继位，他还在服丧，穿着一身的白衣服，戴着白帽子，大臣们觉得这样不吉利，就把他的白衣服全部染黑，将士们也同样做了，襄公亲自率领军队出征。

晋军果然将部队驻扎在崤山，因为这是个战略要地。秦国部队回师正是从这里经过，当秦军走到这深深的峡谷时，晋军一起进击，彻底摧毁了秦军，这时西乞术和孟明视才想起了他们父亲所说的话。

秦军的 3 位大将都被俘房，晋军得胜而归。于是，晋人才开始安葬他们所尊敬的文公。按常规，葬礼上，人们都要穿白色的衣服，但是，晋人这次葬礼上，一律都穿着黑色的衣服，从此以后，晋人就以黑色为他们的丧服。

今天，我们的民俗中，既有以白色为丧服，又有以黑色为丧服，可能就是受到晋文公葬礼的影响。

晋文公的夫人文嬴是秦国的宗室，她看到秦国的3员猛将被俘虏，就去请求把他们放了，她说："穆公对这3个人可以说恨入骨髓，我请求你们把他们放了，让穆公亲自把他们煮死。"晋国的国君襄公就听从文嬴的话，把他们放了。

第二天，先轸上朝，问秦国的囚犯，襄公说："夫人请求把他们放了，我觉得她说得有道理，就放了他们。"

先轸大怒，道："武士好不容易在战场上把他们捉住，而你凭妇人一句话就把他们放了。这种做法实在是灭我们的志气，长敌人的威风，像这样下去，国家不亡才怪呢？"说罢，头也不回，就愤愤地离开了。

襄公也觉得自己做错了，就派阳处父去追他们，他们一直追到黄河边，这时，孟明视他们已经坐着船，行到河中央了。

这时，阳处父在岸上叫道："喂，秦国的将军们，我家国君送给你们几匹宝马，请你们回来取去。"说着，就解下左边的马。只见那孟明视在河当中双手一拱，道："太感谢了，承蒙你家大王的好意，没有杀我们，放我们回去，如果穆公杀了我们，我们死而无憾，如果主上饶我们不死，几年后，我们一定当面来感谢你们。"言下之意，是说几年后，一定来报此大仇。

孟明视3位将军回到秦国，秦穆公穿着白色的衣服，亲自到郊外去迎接他们，见面后，他放声大哭道："我没有采用塞叔和百里奚的意见，使你们蒙此大辱，这全是我的过错。你们没有任何过错。"照样保留他们原来的官位。孟明视继续掌握兵权，这使他十分感动，他变卖家产、抚恤阵亡将士家属，亲自操练军队，与士兵同吃同住，同甘共苦。

公元前624年，秦军经过孟明视的严格训练，已经是一支兵精将广的军队了。经过充分准备，由秦穆公亲自挂帅，孟明视任先锋率大军奔向晋国，一路上势如破竹，没几天就把过去被晋国抢去的城池收了回来，晋国都城一片慌乱。

秦穆公见失地已收，也打下了晋国的威风，就率领大军到崤山，将上次阵亡将士的尸骨埋好，并亲自祭奠了一番。

楚庄王一鸣惊人

楚国在城濮之战败给晋国以后不久，颇有作为的楚成王就被他的儿子商臣害死了。商臣当了国君，就是楚穆王。楚穆王不甘心失败，加紧操练兵马，发誓要和晋国决一雌雄。他首先把附近的几个小国兼并了，又把中原的陈、郑等国拉了过去，周顷王六年（公元前613年），楚穆王正在雄心勃勃、发愤大干的时候，突然得暴病死了，他的儿子旅即位，就是赫赫有名的楚庄王。

晋国见楚国忙于办丧事，又重新会合诸侯，订立盟约，随后，把楚国拉过去的陈、郑等国，又拉回到自己的势力范围之内。这一来，楚国的大臣们都心急如焚，要和晋国决战。可是，楚庄王却无动于衷。即位3年以来，他整天喝酒、打猎，不问政事，还在宫门口挂上块大牌子，上面写着：劝谏者，死无赦！谁愿意拿自己的性命开玩笑呢？大臣们不敢上谏，只能看着楚庄王整日无所事事。

一天，大夫申无畏来见楚王，让楚王猜个谜语。申无畏说："楚国京城，有只大鸟，五彩缤纷，整整3年，不飞不叫，满朝文武，莫名其妙。请您猜猜看，这究竟是只什么鸟？"楚庄王一听，笑着说："我猜到了。这可不是只普通的鸟。这只鸟啊，3年不飞，一飞冲天；3年不鸣，一鸣惊人。你等着看吧。"申无畏明白了楚庄王的意思，他高兴地退了出去。

又过了几个月，楚庄王这只大鸟依然如故，既不"飞"，也不"鸣"，

照旧喝酒、打猎、欣赏歌舞。大夫苏从忍耐不住了，便去见庄王。他一进宫门，就大哭起来。楚庄王说："先生，什么事这么伤心啊？"苏从回答说："我为自己就要死去伤心，也为楚国即将灭亡伤心。我想劝谏您，你不听，一定要杀死我。您整天打猎游玩，不理朝政，楚国的灭亡不就在眼前了吗？"楚庄王突然站起来，激动地说："大夫的话全是忠言，我一定照你说的办。"随后，他便下令解散了乐队，遣散了舞女，决心要干一番事业。

楚庄王先是整顿内政，起用有作为的人，把申无畏、苏从提拔到关键的职位上去。当时楚国的令尹斗越椒野心勃勃，想要篡权。楚庄王便任命了3个大臣协助令尹工作，削弱了令尹的权力，防止斗越椒叛乱。

楚庄王一面改革政治，一面扩充军队，加强训练，准备和晋国决战，报城濮之战的仇。他即位的第六年，出兵灭了庸国（今湖北省竹山县一带）；第六年，打败了宋国；第八年，又打败了陆浑（今河南省嵩县北部）的戎族。楚庄王还在周朝的边界上阅兵示威，吓得周定王赶忙派大臣王孙满去慰劳。楚庄王见了王孙满，头一句话问周朝京城宗庙里的九鼎有多重。这九鼎是天子权力的象征，问九鼎的重量，实际上就是对周天子地位的威胁。

周定王二年（公元前605年），楚庄王讨伐了陆浑的戎族，在回来的路上，突然发现叛贼斗越椒发兵拦截，想把楚庄王消灭在郢城之外。楚庄王见斗越椒人多势众，自己带的兵刚刚打完仗回来，疲惫不堪，知道硬拼对自己不利，便说："斗氏一家对楚国有大功，宁肯让越椒负我，我不能负越椒。"便派苏从前去讲和，斗越椒没有答应。到了晚上，楚庄王假装退兵，却把军队埋伏在漳水东岸，又派一队士兵在本岸活动，引诱斗越椒过河。自己则带着少数士兵，躲在河桥的下面。第二天早上，斗越椒看到河对岸有楚兵，果然追过河去，等发现中了计，想往回撤退，桥已经被拆毁了。斗越椒惊慌失措，急忙命令士兵涉水过河。士兵们正要下水，只听对岸一员楚将大声喊："大将乐伯在此，斗越椒快快投降！"说完，命令士兵奋力射箭。斗越椒也急令士兵向对岸射箭。在双方对射之中，乐伯手下的神箭手养由基一箭射死了斗越椒。斗家将士见主将身亡，便四下逃散，楚军分头追剿，取得了全胜。

楚庄王平定了内乱，又经过多年的准备，决定挥兵北上，同晋国争霸。

周定王九年（公元前598年），楚庄王趁陈国内乱的机会，派兵降服了陈国。第二年，楚庄王亲自率领大军去攻打郑国。陈、郑都是晋国的保护国，楚国出兵陈、郑就是向晋国挑战。

晋国当然不甘示弱。这一年的夏天，晋景公派荀林父为大将，先轸的孙子先縠（音hú）为副将，率领600辆兵车，去援救郑国。大队人马到了黄河边上，探子报告，郑国已经投降，楚国正在往回撤兵。荀林父本来就不愿意打仗，听到这个消息，立刻决定退兵。先縠坚决不同意，便带着自己的一队兵车，渡过黄河追击楚军去了。赵同、赵括也认为自己父兄劳苦功高，也不听荀林父的将令，带上队伍跟着先縠过河去了。荀林父没有办法，只好下令全军过河。

楚庄王听说晋军已经渡过黄河，便召集部将们商量对策。令尹孙叔敖主张同晋军讲和，然后退兵；一批年轻的将士都主张开战。楚庄王一时拿不定主意，有一个叫伍参的小臣说："晋军主将荀林父刚掌大权，没有威信，副将先縠倚仗先人的功劳，瞧不起荀林父，三军的将领想要主动出击，又没有权力；士兵们不知道听谁的，晋军上下不同心，恐怕有伤我们楚国的尊严吧？"楚庄王听伍参分析得入情入理，便下令楚军摆开阵势，将战车一律朝向北方，准备出击。

孙叔敖见晋军有600辆兵车，实力雄厚，总是放心不下，他对楚庄王说："我看不如先派人去讲和，他们如果不同意和，非要打，我们再迎战也不迟。那时候，理就在我们这边了。"楚庄王接受了这个建议，派蔡鸠居出使晋军。荀林父派人接待蔡鸠居，表示同意讲和，并且提出双方同时退兵。蔡鸠居完成了使命，准备返回楚营。谁知先縠早就在营帐外面等着，他见蔡鸠居出来，一把拦住道："你回去告诉你们国君，我们这次来，不把你们杀个落花流水，决不收兵！"蔡鸠居十分气愤，没有搭理先縠，继续往外走，刚到军营口，又碰上了赵同、赵括。这两个人拿弓点着蔡鸠居的头大骂不止。

蔡鸠居跑回楚营，把他受侮辱的情况向楚庄王讲了一遍。庄王大怒，问："谁敢打头阵，给晋军点厉害瞧瞧？"大将乐伯挺身而出，跨上战车，直奔晋军大营，战车没跑多远，乐伯就碰上了十几个巡逻的晋兵。乐伯也不说话，一箭一个，一连射倒3个晋兵，又下车活捉一人，然后跳上车，往回便走。晋军看到楚将杀人，分3路追来。乐伯毫不畏惧，他放声大喊："晋将小心，我左边射马，右边射人，看箭！"说完左一箭，右一箭地射起来。果然箭无虚发，左边射倒三四匹马，右边射伤三四个人，吓得晋军谁也不敢再追。

荀林父见楚军来挑战，急忙又派魏锜去讲和。魏锜就是跟随晋文公重耳逃难的魏仇的儿子。魏锜想当大夫，没有当上，一直不满，恨不得晋军失败。荀林父派他去讲和，他却下了战书。回来后对荀林父说："楚王不同意讲和，一定要决一胜负。"

晋将赵旃认为自己的本事高强，总想露一手给主将看看。到晚上，他乘着天黑带领部下去偷袭楚营，不小心被楚兵发觉。楚庄王驾车就追。楚军将领见庄王亲自出击，纷纷跟了上去。孙叔敖对庄王说："晋军欺人太甚，既然众将都出来了，咱们不如乘其不备，杀过去！"这时候，天还不亮，楚庄王下令出击。霎时间，鼓声如雷，车马飞驰，楚军将士争先向晋国军营冲去。晋军将士睡得正酣，一点没有准备。荀林父听到鼓声，急忙下令抵抗。两国军队在邲（音 bì）城（郑地，今河南省郑州东）郊外大战起来。晋兵士气不振，指挥不灵，抵抗不力。而楚军一鼓作气，往来冲杀，没多大工夫，就把晋军打得溃不成军了。

楚庄王率领楚军开进邲城。有人请他乘胜追击。楚庄王说："楚国自从城濮之战败给晋军，就不敢和晋国争锋，这次胜利，可以洗掉耻辱啦。晋国、楚国都是大国，早晚总得讲和，何必多杀人呢？"于是，下令楚军立即收兵，放晋国官兵渡河回去。

邲城一战，拥有 600 辆兵车的晋国大军，一夜之间，几乎全军覆灭。3年不鸣的楚庄王终于一鸣惊人，他继齐桓公、晋文公、秦穆公之后，也当上了诸侯霸主。

晏婴出使楚国

晏婴，名婴，字平仲，春秋时期在齐国任相国。晏婴原是齐国人，他为人正直清廉，敢于进谏，能言善辩，处处替百姓着想，很受齐景公赏识。

有一年齐国闹旱灾，齐景公决定向百姓征税求雨，晏婴反对说，求人不如求己，此时不但不应该征税，还应打开粮仓救济灾民，并号召他们打井挖泉，种田浇苗。齐景公采纳了他的建议，齐国百姓齐心协力，共同渡过了难关。

齐景公的刑罚很重，常常对犯罪的人施用刖刑，也就是砍掉他们的脚。晏婴决定找机会劝谏他。一次齐景公问晏婴市场什么东西最贵，什么东西最便宜。晏婴回答："假脚最贵，鞋子最便宜。齐景公不解。"晏婴解释道："百姓的脚被砍掉了，没必要穿鞋，而且争着买假脚。齐景公明白晏婴的意思，便下令不准再滥用刑刑。

由于晏婴处处替百姓着想，深受百姓爱戴，齐景公也越来越信任他。

春秋时期，诸侯争当霸主。齐景公时代，楚国威镇诸侯，各国都很怕它，纷纷派使者同楚修好。

当时楚国是一个大国，齐景公想跟楚国建立友好关系，就派晏婴出使楚国。同时想了解楚国的实力，齐景公也梦想着恢复齐桓公时代的霸主地位。

楚国当时正在鼎盛时期，根本不把齐国看在眼里。楚灵王听说齐国使臣晏婴求见，按说，晏子当时任相国，访楚表示友好，按诸侯公卿互访礼节，楚国也该派相应官员出城迎接。但楚灵王又得知他身材矮小，决定戏耍他一番，就下令紧闭城门，只在旁边开一个 5 尺高的小洞，让晏婴进来，晏婴说："到狗国去才钻狗洞，请问你们大王，这是什么国？"楚灵王无话可说，讨了个没趣，只得打开城门迎接晏婴入城。

晏婴来到楚王宫廷门前，遇见楚国许多官员，一个个衣冠鲜明，等候朝见楚王。晏婴下车，不卑不亢，与他们施礼相见。其中有个大夫对晏婴访楚极力进行挖苦和讽刺。这个大夫满以为可以羞辱晏婴，显示楚国威风，却未料到晏婴口若悬河，对答如流，驳得他哑口无言。

有人见晏婴穿着朴素，便耻笑他是一毛不拔的"鄙吝之徒"。他说："大丈夫贵为相国，服饰应当豪华，车马应当盛装，才能显出君主的恩宠和重视。你出使外邦，穿着破旧的皮裘，拉车的马很瘦，难道你的俸禄很少？"

晏婴讥笑他说："你的见解太肤浅了。我自从当相国以来，父族皆穿皮裘，母族都能吃肉，妻族也无冻馁之虑。民间之士，靠我晏婴维持生活的有 70 多家。我家生活俭朴，但三族人的生活比较富裕；我穿着简朴，看起来鄙吝，但我周围的亲友都丰衣足食。这正好显示了君主的恩宠，难道不好吗？"

正在晏婴舌战楚国臣僚方酣之际，楚灵王升殿，宣召晏婴进见。楚王存心要再奚落他，第一句话就问："齐国难道缺人吗？"

晏婴说："齐国人多得很，哈气成云，挥汗如雨，行人摩肩，怎么能说缺人？"

楚灵王说："既然有人，为什么派一个小矮子来访问我国呢？"晏婴见楚王抓住他身材矮小的缺陷不断奚落，便反唇相讥："敝国派出使者有个规定，贤士出使贤国，非贤士出使非贤国。大高个儿出使大国，小矮个儿出使小国。我个儿矮小，又不是贤士，故派来楚国。"

楚灵王见晏婴唇枪舌剑，能言善辩，无法难倒他，心中暗自吃惊，但也无法奈何他。

临到设宴相待时，楚国还安排了一幕丑剧来侮辱齐国人。宴会进行不久，忽然有武士三四人，捆着一个囚徒从殿下走过。楚灵王故意发问："囚犯是哪里人？"武士答道："齐国人。"灵王问："犯什么罪？"武士答道："当强盗，抢劫。"灵土便转过身来问晏婴："齐国人当强盗，是不是习以为常，成了习惯？"

晏婴明知楚王故意侮辱他和齐国，把他作为嘲弄和开心的笑柄，便反守为攻，对楚王进行反讽刺。晏婴说："大王听说过没有？淮南的橘柑种到淮北，就会变成枳，味道也由甜变苦。为什么会变呢？因为南北水土气候都不相同。同样的道理可以用来解释大王提出的问题。齐国人出生在齐国，安居乐业，奉公守法，是很好的臣民。但是，到了楚国就变了，不是当窃贼，就是当强盗，这也许是由于水土不同而造成的结果。"

楚灵王听了晏婴的回答，沉默了很久未说话，心中感到很不是味儿。但他最后由怒变喜，称赞晏婴说："早听说你博学多才，善于对应，今日寡人目睹，果然名不虚传，令人敬佩。"

楚王给晏婴送了一份厚礼，热情地送他回国。

晏婴回到齐国后对齐景公说："楚国现在虽然强大，但是，楚灵王骄傲自大，目中无人，朝中文武多是平庸之辈，没有什么可怕。陛下只要勤政爱民，选贤任能，远离小人，齐国一定会强盛起来，赶上和超过楚国。"

齐景公在晏婴的忠心辅佐下，使齐国很快又强盛起来，虽然没有完全恢复齐桓公时代的霸主地位，但中原诸侯不敢再小看齐国了。

二桃杀三士

在齐景公的时候，齐国有 3 个勇士，一个个力大无比，他们一个叫古冶子，一个叫田开疆，另一个叫公孙接。

这 3 个人虽然有一身好力气，但是非常缺乏教养，他们横行乡里，危害百姓，谁也不敢惹他们。他们动不动就要杀人，老百姓怕他们，就是官府也不敢对他们怎样。

更可恨的是他们和朝廷中的一些奸臣勾结，齐国当时有一个大夫叫梁据，专会使诡计，陷害忠良，他要是对谁不好，就叫这 3 个人下手除掉，为此，齐国在短短的几年中不知死了多少好人。

当时齐国人就把这 3 个人称为"三害"。后来他 3 个人干脆就在朝廷里，遇到什么事，他们都喜欢搅和，闹得朝廷也不得安宁。齐景公看他们有力气，却很信任他们，一些重要的场合就叫他们 3 人作卫士，陪伴在左右。

晏子即晏婴在当时是齐国的相国，这三个恶人有几次想谋害他，均未得逞。晏子为不能很快制服这些恶人而羞愧。

有一次，鲁昭公访问齐国，齐景公设宴招待他，由叔孙和晏子俩人作陪，底下站着的卫士就是这"三害"。宴会之中，这"三害"全无礼貌，站在那里东张西望，舞枪弄棒，根本不把客人放在眼里，鲁昭公几次直皱眉头。晏子实在是看不下去了，就想了一个办法来制服他们。

晏子对齐景公说："大王，今天来了贵客，您的那棵万寿金桃树今年结了许多鲜桃，何不去摘上几个来给客人尝尝。"

齐景公一听，很高兴，因为这棵树是从海外传来的，多年来只是开花，就是不结果，今年却结了又大又红的果子。于是他说："快快派人去采来。"

晏子吩咐下人，去将那树上的6个桃子一起摘来。一会儿，6个桃子被送了上来。红艳艳，香喷喷，晏子当即给两位君主各奉上一只，他们吃了都说好。齐景公说："真是好桃子，叔孙大夫也请品尝一只。"

叔孙大夫跪下道："晏相国是我国的几朝元老，还是请他先用吧。"

他们二人互相推让，齐景公让他们二位各吃了一只。现在盘子里还剩下了两只桃子，晏子说："我看这两只桃子就请他们3位勇士吃，让他们都上来说说，看谁的功劳大就请谁吃。"

景公觉得这个建议很有意思，就传下令来，让他们3人上堂来，说说各自的功劳，谁说得好，这桃子就给谁吃。

令刚传下去，公孙接就站上来，说："大王，我的功劳最大，有一次我陪大王去打猎，遇到一只老虎向您扑来，我跑上前去，几拳就打死了老虎，救了大王的命。这桃子该我吃。"公孙接上前抓起了桃子吃了下去。

古冶子冲着公孙接喊道："打一只老虎有什么了不起，有一次我送大王过黄河，突然刮起大风，黄河上掀起了大浪，眼看着要打翻了我们所坐的船；这时间，又从河里跑出了一只大鳖，要伤害我们的大王，在这千钧一发之际，我跳入水中，和大鳖搏杀了半个时辰，杀了大鳖，救了大王。我的功劳比你还要大，所以我更该吃这个桃子。"

齐景公说："该吃，该吃。"古冶子一口将桃子吞了下去。

田开疆一看一个桃子也没有了，脸涨得通红，说："我曾奉命率领大军征讨徐国，我杀了徐国的大将，俘虏了500多士兵，硬是逼得徐国投降了，后来另外两个小国家看我们所向无敌，也归附了我们，我这个功劳是谁也比不上的。"

晏子说："你的功劳是很大，我也认为你应该吃桃子，但是现在桃子没有了，只有等到明年结了新果，再来品尝了。"景公说："你的功劳的确很大，可惜你晚了一步。"

田开疆本来就是个粗人，他一看自己功劳这么大，反而吃不到桃子，就手按住佩剑说："杀鳖打虎能算得了什么，我南征北战，吃尽了苦头，到头来，却在国君面前丢人现眼，还不如一死了之。"说完，就拔剑自杀了。

田开疆的这一举动把在场的所有人都惊呆了，这时忽然听到公孙接大声嚷道："老田立了这么大的功劳却没吃到桃子，他自杀了，我们还有什么脸面活着。"话音刚落，也拔剑自杀了。

古冶子看到他俩都倒在血泊中，于是提着剑说："他俩为这桃子都死了，我活着有什么意思，人家不说我贪生怕死吗？"也自杀了。

晏子利用两个桃子杀死了3个猛士，为齐国除了三害，老百姓听到后，都兴高采烈，他们也暗暗佩服晏子的足智多谋。

孔子周游列国

孔子（公元前551~公元前479年）本名孔丘，字仲尼，春秋末期杰出的思想家和教育家，儒学创立者，先世为宋国贵族。父亲叔梁纥，鲁国武士，在孔子3岁时去世。当时鲁国的都城是曲阜，这里保存了周朝大量的典章文物。这种环境对孔子的教育和思想的形成具有深远的影响。

孔子生活的时代正是中国社会处于激烈动荡的时期，周王室的统治名存实亡，各诸侯国之间互相争斗，周朝初年制定的一套礼乐制度都被破坏了。孔子对这种状况非常不满，他提出了一套政治主张，就是要恢复周礼，实行"仁政德治"。当时，要实现自己的政治理想，就只能去做官。于是，孔子在50岁左右的时候，在鲁国做了官，但是他的政治主张不能被统治者接受，几年后不得不弃官离鲁，从55岁时起，开始了周游列国的漫长经历。

孔子把周游列国的第一站定在了卫国。卫国在鲁国的西边，是鲁国的兄弟之邦。当时卫国政治安定，经济也比较富庶，而且卫国还有几位贤人，可以互相谈论问题，并且孔子的弟子子路的妻兄颜浊邹是有贤名的卫国大夫，可以照应，这样，孔子就把卫国当做了立足点。

孔子带着数十个随从弟子，一行人坐着马车来到卫国，暂时住在颜浊邹家。由于孔子做过鲁国上卿，声望已很高，再加上颜浊邹起了桥梁作用，于是国君卫灵公热情地接待了孔子，并问孔子："先生在鲁国时，俸禄是多少？"孔子笑着说："6万斗小米。"卫灵公也给予了同样的待遇。但是，他对孔子那套"仁政德治"的主张没有兴趣，因此，只是表面上对孔子很尊重，但却没有让他参与政事。不久，有人对卫灵公说："孔子来到卫国，也许是不怀好意的，他带来的弟子很多，各样人才都有，万一是为了鲁国而到这里有什么企图的话，又怎么办呢？"于是，卫灵公便派人暗中监视孔子的行动，孔子怕发生意外，便在这一年的冬天，带着弟子们离开了卫国。

孔子怀着不愉快的心情离开了卫国，带领一行人向东南方向走去。经过曹国没有被接待，又来到宋国境内，这次不但没有受到接待，而且宋国的大夫司马桓还想杀害孔子，逼得他只好换了便衣才逃出了宋国。

从宋国逃出后来到郑国，这时弟子们都失散了，只剩下孔子一个人站在东城门外。弟子们找不到老师，便到处打听，当子贡问到一个行人时，那人回答说："我倒看见一位，立在东门外，很有气派，但是其狼狈相，累累若

丧家之狗。"当子贡找到老师并把这话告诉他时，孔子笑了笑说："说我气派，倒是未必，说我疲惫的像丧家狗，倒真有点那样。"郑国没有接待孔子师徒，他们便来到陈国的都城宛丘。

孔子到了陈国，住在大夫司城贞子家里，并由他们推荐给陈国国君陈潜公，取得了一个有名无实的职位，陈国是一个小国，陈潜公又是一个平庸的人，没有争霸称雄的野心，也不想从孔子那里请教什么治国安邦的方法，所以孔子仍然不得志，心情郁闷。公元前489年，吴国大举进攻陈国，楚国国君楚昭王亲自率兵前来救援，吴楚两军在陈国东北部的城父对垒，陈国于是陷入战乱之中。这时楚昭王听说孔子在陈国，便派人来请，孔子认为楚昭王是贤君，便决定到楚国去推行他的政治主张。

孔了一行人离开陈国经过蔡国去楚国，这一段路正是吴、楚交兵的地带。有一天，孔子被乱兵围住，带的粮食也吃光了。已经7天没有粮食了，可是，孔子还是抓紧时间给弟子们上课，照常弹琴、唱歌。子路首先沉不住气了，问道："老师，难道有道德、有学问的人，就注定要遭难吗？"孔子说："有道德、有学问的人并非不遭难，但是经得起困难的考验。没有道德、没有学问的人一遇到困难，却会动摇变节。"孔子虽然稳定了弟子的情绪，但他的心情还是闷闷不乐，路上还遇到一些不同意孔子积极从政治国的主张，而提倡消极避世隐居自乐的人的责难和讽刺。经过了艰难的跋涉，孔子一行终于到达了楚国的负函。

孔子师徒到了负函没几天，就传来消息，楚昭王死了。孔子该怎么办呢？经过考虑，最后决定还是回到卫国去，于是一行人又风尘仆仆地回到了卫国。这时卫国的国君是卫出公，当时卫国局势稳定，孔子比较满意，所以在他初返卫国时，很有一番抱负，并酝酿着上台后的计划。一天，子路问孔子："这次卫国的国君请你出来，你首先要做什么呢？"孔子答道："必须正名分！要让任何人的名义、身份和他的地位完全符合。"子路对此表示怀疑，认为老师有点不切实际，孔子则陈述了自己的理由。但是卫出公既没有要他"为政"，也没有向他"问政"。在这种情况下，孔子就把精力用在了教学和治学上。

孔子离开鲁国已经十几年了，他非常思念故乡。他的弟子有的回国做了官，他也很想回去。有个叫冉有的弟子在鲁国做官，他向当权的季康子一再推荐孔子，于是季康子派人带着贵重的礼物去迎接孔子回鲁，这时卫国发生内乱，政局动荡不安，孔子便接受了鲁国使者的礼聘，回到了鲁国。

孔子从公元前497年离开鲁国，直到公元前484年才返回，在外奔波达14年之久，希望寻求做官，以便有机会实现他的"仁政德治"的政治理想，结果是到处碰壁，在结束了流浪生活回到了故乡时，孔子已经68岁了。

孔子周游列国历尽艰辛，到处碰壁。这是因为他的政治理想不符合时代潮流。他颠沛流离14年，也使他的人生经验更丰富，眼界更广阔，学问更高深，观察事物更透彻了。回首往事，壮志难酬，但孔子并不灰心。他把晚年的最后5年时光和全部精力，都用在开办私学和整理古籍文献上，取得了辉煌的成就。

楚灵王自食恶果

楚灵王是楚庄王的儿子，他上台的时候，楚国是最强盛的时候，但是到他临死的时候，他却没有立锥之地，这都是楚灵王自己造成的结果。

当政的第三年，灵王大会诸侯，派人到各国，请他们到楚国的申地会合。但是，灵王却并没有利用好这次会合的机会，宋、鲁、卫没有参加，使灵王很不快，尤其晋国没有参加，更使灵王恼怒不已。

老臣伍举告诉灵王："这次会合不是一个好兆头，我们一定要早做准备，以防有人反对我们。"

灵王没有把他的话放在耳边。他在这次会合中，处处表现了骄纵的习气，他当场侮辱别国来的使臣，杀了一些无辜的下属，并且对到来的各国君王毫无礼貌，这就种下了祸根。

灵王对外就是信强权这一套，他攻打吴国朱这个地方，俘虏了当地首领庆封，杀了他家一族人，并且把庆封拉到街上示众，灵王对着公众宣布说："大家都不要向庆封学习，他杀害了自己的国君，欺负老姓，还要强行让大夫们都支持他。"

庆封就反唇相讥说："大家也不要像楚共王的儿子围那样，杀害了自己的国君，那国君就是自己亲哥哥的儿子。"

一席话丢了楚国的人，使得站在一旁的大臣都直叹气，灵王只有命令人将庆封杀掉。

他任用那些奸佞之臣，有一个人叫析父，巧舌如簧，专会当面说人家的好话，有一次，楚军攻打吴国，他们在乾溪驻扎下来，以观吴军动静，灵王问析父："齐、晋、鲁、卫四国在受封时，都领到了宝器，我们偏没有，现在我派遣使臣到周去向他要求把九鼎给我做宝器，你看他们会给我吗？"

灵王的意思，是要代周而立。析父说："他们一定会给的，以前我们楚国的先祖熊绎远在荆山，坐着柴车，穿着破衣，跋山涉水到周的京城去侍奉天子，现在让他给这点东西还不行吗？"灵王又说："从前我们的远祖昆吾住在原来的许国，现在郑国人占领了那里的土地，我想把它要回来，你看行不行？"

析父说："周王不在乎九鼎，郑又怎么会在乎那一点土地呢？"

灵王又说："现在我陈兵的各个地方，看起来想要和别人打仗，别的国家会怕我吗？"

析父顺着他的口气说："当然怕呀！"

这些话正说到灵王心坎里，他当然高兴了，他说："析父真会说往古的事情。"就封析父做大官。

灵王就住在乾溪，整天吃喝玩乐，这样就完全把自己国家的大事忘记了。他以前曾经侮辱过越国大夫常寿过，常寿过回到了自己的国家就联合吴国来攻打楚国，他们趁灵王不在家，杀了灵王的太子，拥立公子比为王。又派人到乾溪去，对楚国的官兵说："你们的国家已经有了新的国王，你们现在回去的，可以保留原来的官位，你们所拥有的土地也可以还归你们。如果你们不回去投靠新主，继续跟随这个昏君，那么你们被抓到以后，就要被杀头。"

灵王的部队本来就对灵王非常不满，经他们这样一讲，就四散逃走了。只丢下灵王在乾溪。

这个昏庸的君王见自己的国王的位子被废弃了，又听说自己的儿子也被越国和吴国的部队杀了，就趴在地上号啕大哭，喊天叫地。他对旁边仅有的两个随从说："我不是为我自己伤心，我是为我的儿子伤心，我对我的儿子多好啊，胜过任何人。怎么遭到这种报应呢？"

他的一个随从说："你杀人家的儿子太多了，能不到这个地步吗？"灵王被他一句话止住了眼泪。

这时他的一个忠实的大臣右尹来到他的身边，灵王非常感谢他，就问右尹，他现在到底该怎么办。

右尹说："我看你还是回到楚都的郊外吧，听候他们的发落。"灵王连连摆手："那怎么能行呢，我要是落到他们的手上，他们不把我杀了？"

右尹说："那你就到诸侯国家去找救兵吧。"

灵王说："这也不行，我把他们都给得罪了，人们都背叛我了。"右尹觉得这个以前不可一世的君主，今天真是可怜极了，真叫做多行不义必自毙，最后觉得自己也救不了他，也离开了他。这样，灵王真成了孤家寡人了。

灵王这时孤独极了，他一个人在山里乱走，肚子饿了，就下山想去要点吃的，他遇到以前的一个熟人，就热情地同他打招呼，说："我已经3天3夜没有吃东西，给我一点吃的。"

那人说："我们新的国王已经下达命令，谁要是给你吃的，就会被杀头。"

灵王又饿又气又累，一下倒到了地下，正好压到了那人腿上，昏过去了。那人抽掉了自己的腿，走了，边走嘴里还在说："你这个罪恶滔天的家伙，你也有这一天！"

后来，曾经骄横狂妄的楚灵王就在这个山脚下死去了。

伍子胥掘墓鞭尸

在诸侯大国争夺霸权的斗争中，大国兼并小国，扩张了土地。可是大国的诸侯不得不把新得到的土地分封给立了功的大夫。大夫的势力大了起来。他们之间也经常发生斗争。大国由于国内的矛盾尖锐起来，都想把争夺霸权的战争暂时停止下来。

公元前546年，晋楚两国和其他几个国家，在宋国举行了"弭兵会议"（弭音 mǐ，弭兵就是停止战争）。在这次会议上，晋国的大夫和楚国的大夫代表南北两个集团讲了和，订了盟约，规定除齐、秦两个大国外，各小国都要向晋、楚两国同样朝贡。晋楚两国平分霸权，以后50多年里，没发生大的战争。

到楚庄王的孙子楚平王即位之后，楚国渐渐衰落了。

公元前522年，楚平王要把原来的太子建废掉。这时候，太子建和他的老师伍奢正在城父（在河南襄城西）镇守。楚平王怕伍奢不同意，先把伍奢叫来，诬说太子建正在谋反。伍奢说什么也不承认，立刻被关进监狱。

楚平王在杀伍奢以前，想斩草除根，设计诱杀他的两个儿子，以免除后患。他假惺惺地对伍奢说："寡人念你祖上对楚国有功，不忍心惩罚你，你写信要你的儿子来为朝廷服务，寡人改封官职，让你回乡养老。"伍奢只好照平王说的写了书信。

伍奢有伍尚和伍子胥两个儿子。伍子胥，博学多才，智勇双全，是楚国的著名豪杰。伍子胥的兄长伍尚见信，以为楚王真要赦免他的父亲，劝弟与他同去见楚王。伍子胥说："父亲如果得免死罪，就算万幸，我们没有任何功劳，为什么要加官封爵？这明明是诱骗，去见楚王是一起送死。"

伍子胥坚决不去。伍尚去了，楚平王立即将他囚禁起来，同时派兵去抓伍子胥。

伍子胥探知有楚兵来抓他，拿起弓箭和佩剑连忙离家外逃。楚国士兵见在伍家抓不到他，便驱车紧追。伍子胥见楚兵穷追不舍，便站在一个隐蔽的地方，张弓搭箭，接连射死数人，然后厉声说："谁再来追，立即受死。赶快回去告诉楚平王：如果想保存楚国宗庙，就不要杀我的父兄，否则，我一定要消灭楚国，亲手斩掉楚王的头颅，报仇雪恨。"

楚兵吓得赶快回去报告。楚平王一听大怒，立即将伍奢和伍尚斩首示众。楚平王问手下人："伍奢临刑前有何怨言？"监斩人说："他只说：伍子胥在逃，楚国君臣以后不得安宁了。"楚平王听了，立刻派了一个将军，率3000兵马，继续追捕伍子胥。

伍子胥拼命奔跑。突然，面前出现一条大江，挡住去路，后面追兵眼见很快就到。伍子胥急中生智，忙将所穿白袍挂在江边柳树上，将鞋子放在江边，另穿一双芒鞋沿江直奔而去，故意造成一种被追得走投无路，被迫跳江自杀的假象。率兵追他的将领追到这里，发现白袍和鞋子后，果然受骗停止追捕，回去报告楚王，说伍子胥不知去向，可能跳江死了。楚王仍不放心，便命人四处画像悬榜捉拿伍子胥，下诏给各路关口，严格盘查过往行人，并遍告各国，不要收留伍子胥，使他无容身之地，无法进行报仇活动。

楚平王尽管考虑得很周到，防守得很严密，但仍无济于事。伍子胥还是想方设法混过了昭关，最后进入吴国。据说，昭关把守极严，伍子胥逃到这里，眼见昭关十分难过，急得晚上睡不着，仅仅一夜，急出了满头白发。

伍子胥千辛万苦，历尽艰险，最后总算逃到了吴国，这时他囊空如洗，异地他乡，告贷无门，无法维生。好在他会吹箫，只好在吴市吹箫唱曲行乞了。

天无绝人之路，正在他潦倒不堪、行乞度日的时候，遇见了吴市一个叫被离的官员，被离将他介绍给吴王的弟弟公子光做门下客，才使他摆脱了困境。

公子光是吴王诸樊的儿子。诸樊死后，按王室惯例，本应由他继位。但却被另一个叫王僚的王子篡去了王位。公子光心中不服，于是访贤求能，积聚实力，伺机夺回王位。公子光见伍子胥相貌非凡，智勇双全，要报杀父兄之仇，便设法将他收为心腹，给予特殊礼遇，依靠他策划刺王僚的计谋，物色冒死行刺的勇士。

伍子胥向公子光推荐了一个叫专诸的英雄。此人是他在吴国结拜生死之交的兄弟，武艺高强，行侠仗义，专好打抱不平。他听伍子胥说王僚用阴谋篡位，慨然答应为公子光效命。

公子光得到专诸以后，想立即谋刺王僚，但伍子胥认为时机不成熟，不能冒险行事。他说："王僚有两个心腹大将掌握兵权，还有儿子庆忌勇敢无比，日夜随身保护他。只有设计引开这3个人后，才能动手行刺，否则，王位即使夺回，也会得而复失。"公了光听他说得有道理，只好暂时忍耐待机。

当时正逢楚平王病逝，伍子胥听到消息以后，整天痛哭，捶胸狂叫，近似疯人。公子光知道以后去问他："楚平王是你的仇人，他死了，你应当高兴才是，为什么反而捶胸痛哭呢？"伍子胥说："我不是哭楚王之死，而是恨我不能亲自斩下他的头颅来祭奠父兄的亡灵。"公子光听了，很赞赏他的一片孝心，答应在登位以后，为他出兵伐楚报仇。

伍子胥自恨不能亲手杀了楚平王雪恨，气得一连三夜失眠，反复思量，想出了一条妙计献给公子光。他说："我日夜苦思，想出了一个实现公子愿望的妙策。楚平王刚死，缺良臣，公子可劝王僚趁楚国丧乱之际，发兵攻楚，以图霸业。吴王好大喜功而不善计谋，定会听从你的主张。"

公子光说："如果命我派兵伐楚，那怎么办呢？"伍子胥说："你可以先伪装乘车不慎摔伤，吴王就不会命你去，而派他的两名心腹武将率兵前往。让公子庆忌去联合郑、卫两国出兵。那时，公子就派专诸行刺王僚了。"

公子光按伍子胥的计策行事，王僚果然中计。专诸用"鱼藏剑"行刺成功。吴国国王换成公子光，改名阖闾。王僚两名武将率兵在外，听到王僚被刺的消息，不敢归兵，各自投奔他国自保性命。庆忌则被新吴王派去的一个刺客杀死。从此无人敢与阖闾争位。

吴王阖闾消除了心腹大患，大宴群臣，嘉奖有功之臣。伍子胥趁机向阖闾哭诉："陛下的祸患已除，但微臣的家仇未报，不知何日才能雪恨？"

阖闾答应考虑他的要求。第二天一早就召伍子胥进宫。他说："寡人想为你出兵伐楚报仇，你看谁可率兵当将帅？"

伍子胥说："只要大王下命令，自当效命。"当时还有一个叫伯的，也是楚国臣子，受楚王迫害后投奔吴国，受到重用，这时在场也跟伍子胥一样答话。

阖闾见两人都是楚国人，担心他们报仇以后不愿再为吴国效命尽力，一时犹豫起来，站在窗前沉思不语。

伍子胥很敏感，察觉了阖闾的心事，便说："陛下是不是顾虑楚国兵多将广？臣举荐一人当将军，保证可以战胜楚国。"他接着详细介绍情况，"此人叫孙武，幼读兵法，造诣很深，自己著述，写有《兵法》十三篇。无人知道他的才能，现在隐居在罗浮山中。"伍子胥又说："如果能得到他当军师，吴国可以无敌于天下，楚国就更不在话下。"

阖闾一听孙武，心里非常高兴，立即派人找来，向他询问用兵之道。孙武对答如流，向吴王详细介绍了《兵法》一书的内容。

阖闾听完后，觉得很有道理，但未必能适用于吴国。他说："你的《兵法》书很好，你是一个深懂用兵韬略的将才，但遗憾的是，吴国国小兵少，如何应用你的兵法呢？"

孙武说："我的《兵法》不但适用于士卒，即使是妇女，只要遵守军令，都可经过训练，用来打仗。"吴王鼓掌发笑说："听先生说的，都是不着边际的话，天下哪有妇女操戈练习打仗的？"孙武说："陛下如不相信，可派宫女当面操演。"

阖闾派了300宫女给孙武当场操练，并派宠妃两人任正副队长。孙武在操练前，首先宣布三道命令：一、队伍不乱；二、不许喧闹；三、不准违令。

这些宫女以为是来玩耍，操演给吴王取乐，一个个嘻嘻哈哈，说说笑笑，扭扭捏捏，谁也不听命令。孙武重申三次军令，依然无人听从。他就厉声问执掌军法的人："士兵不听命令，按军法应如何处罚？"军法官说；"应当斩首！"孙武立即命令执法，要将两个女队长斩首。参加操练的宫女吓得人人脸上变色。吴王见两个宠妃要被绑去处死，立刻传旨赦免。但是，孙武说："军中无戏言，军令如山。违令者不斩，谁还能指挥军队作战？"他不顾吴王赦令，立即将两个宠妃斩首，另挑两个宫女当队长，重新操练，严格要求。很快练出了一支步伐整齐、纪律严明的队伍。

阖闾见孙武果然是个精通兵法的将才，善于练兵和用兵，便拜他为大将，伍子胥为副将，发兵6万伐楚。楚军惨败，楚国郢都被攻破。伍子胥为报父仇，劝吴王阖闾灭了楚国，拆毁宗庙，并准他去挖掘楚平王的坟墓，开棺斩首，鞭尸雪恨。

伍子胥获准后，找到楚平王的坟墓，挖出他的尸体，痛打300钢鞭；并割下楚平王的头，仰天长笑道："父亲、哥哥，我终于为你们报仇雪恨了。"

吴国阖闾回到吴国都城，把第一大功归给孙武。孙武不愿意做官，回乡隐居去了。他留下了一部《孙子兵法》，是我国最早的杰出的军事著作。

勾践卧薪尝胆

春秋后期，位于长江下游地区的吴国和越国，经常互相攻击，战争不断，百姓苦不堪言。

公元前506年，吴国阖闾率兵攻打楚国时，他的弟弟夫概私率部分军队返国，阴谋篡位，并派人向越国借兵求助，以为外应。阖闾打败楚国，回师平定内乱以后，非常痛恨越国，常想伺机报复。

公元前 496 年，越王允长死去，他的儿子勾践继位。吴国阖闾得到讯息便想乘乱打越国。伍子胥劝他不要做这种有损名声的事。阖闾不听，与儿子夫毅带 3 万士兵浩浩荡荡向越国进发。

越王勾践亲率士兵奋勇抗敌，吴国惨败。吴王阖闾因受重伤死于路上，不久夫毅也死了，夫差成为吴王。

夫差继位后一心想报父仇，天天训练水兵、车兵和步兵。还要人每天问他一遍："夫差，你忘记越国的杀父之仇了吗？"他应声答道："没有，不敢忘。"这样坚持准备了近 3 年的时间。公元前 494 年吴王夫差亲自统率大军攻打越国。

越国大夫范蠡对越王说，吴国准备了 3 年，如今发兵士气正旺，我们应当避其锋芒。文种也赞同范大夫的看法，并建议同吴国讲和。越王不听，认为讲和有失颜面，便出兵迎战，结果正如范蠡所料，大战一场之后，越国 3 万士兵仅剩 5000 人，还被吴兵层层围困。勾践悔之莫及。这时文种说："主公，我们应该赶快与吴王讲和，否则连国家都保不住了。"勾践流着泪说："事已至此，恐怕他们不会同意了。"文种说："此事交给我来办吧。"

当晚，文种带着 8 名美女，大量黄金珠宝来到伯嚭营中，并说明来意。

伯嚭看见礼单心里乐开了花，假意推辞一番，便应承下来。

第二天，伯嚭见吴王，向他说了越王求和的意思。吴王说，越国指日可灭，我怎么能坐失良机呢？伯嚭见吴王不答应，进一步说："越王讲和，名声虽好，实际就是投降，他们的一切都由我们做主，越王也愿意做您的奴仆。答应求和，别国也会称赞我们仁义，这样名利双得的事我们何乐而不为呢？况且也有利于我们成就霸业。假如我们不同意求和，越国必拼死作战，其后果很难预料。"

吴王觉得很有道理便答应下来。伍子胥一听越王派人求和，知道事情不妙，急忙求见吴王。听说吴王已答应讲和，大怒道："吴越向来势不两立，几年前您天天想着报仇，日日提醒自己不要忘了报仇，如今答应讲和，是何道理？吴国如果不灭越国，将来必定被越国所灭！"

伯嚭收了人家的礼物，生怕事情办砸了赶紧说："相国此话言重了，当初您报了楚国的杀父之仇，最终不也答应同他讲和了吗？如今大王报了仇，你怎么就说三道四了呢？你这不是陷大王于不仁不义之中吗？"

伍子胥正要反唇相讥，吴王道："大家不要再争了。相国您先回去吧，等越国送来贡品，我分给您一部分。"伍子胥心底一片苍凉，不禁叹道："吴国亡矣。"

正如伯嚭所说，越国名义上求和，实际就是投降。勾践安排好文种料理一切国事后，便和范蠡一起去吴国服役。吴王将他们安排在简陋的石屋里居住，还让他到阖闾的墓地看坟喂马。夫差有时故意羞辱勾践，出门让他牵马，回来让他更衣、脱靴，甚至上厕所也让他伺候。勾践百依百顺，毫无怨言。

吴王很欣赏范蠡的才华，想重用他。可范蠡并不动摇，和勾践一起服了整整 3 年的苦役。

由于这几年文种始终不间断地贿赂伯嚭，伯嚭就不间断地向吴王说勾践的好话。经过 3 年的观察，吴王感觉勾践表现不错，决定放他回国。伍子胥

春秋

不同意这么做，再三劝阻，可吴王很反感，没有理睬。

勾践回国后，继续过着清贫的生活，他的床上铺着木柴干草，屋子里挂一只苦胆。每次饭前都要舔一下苦胆，尝尝它的味道，以便提醒自己不要忘了昔日的耻辱与百姓的疾苦。他将国家政事交给文种，军事交给范蠡，而自己则和百姓一起下田务农，他的妻子带领妇女养蚕织布。君臣一心，全国上下齐心协力，越国渐渐恢复了生气。

一天勾践向文种寻问对付吴国的办法，文种提出对内积草屯粮、操练兵马，对外使用贿赂、美人计、离间计等7条建议，勾践依计而行。范蠡听说要对吴国施用美人计，知道普通的美女难当此任，便忍痛推荐了自己才貌双全的女友西施。

吴王夫差得到西施，立刻被她天仙般的容貌迷住了，对她宠爱备至、言听计从。伍子胥明白这是越国的美人计，劝吴王远离西施，并举出夏桀之于妹喜、殷纣之于妲己的例子。夫差心里很不痛快。西施也暗暗吃惊，觉得此人不除，对越国不利，伯嚭为了当上相国也有恨他不死的意思。

一天，越国向吴国借粮，这也是文种的计策之一，目的是弄空吴国粮库。关于借与不借的问题伍子胥与伯嚭又起了争执。吴王心烦便离朝回到后宫向西施说了此事。西施举出当年秦穆公、齐桓公向敌国难民借粮受到好评终成霸业的例子，劝说吴王。吴王当即决定借粮给越国。

由于伯嚭所做的事大多遭到伍子胥的反对，这使伯嚭除掉伍子胥的想法更加强烈。于是他造出谣言：伍子胥要投降齐国。

吴王得到消息很生气，也不调查，只派人送给伍子胥一把"属镂"宝剑，辛苦一生，帮助吴王奠定基业的伍子胥含泪自刎而死。伯嚭如愿以偿地当上了相国。

为了消耗吴国实力，西施劝吴王争夺中原霸主之位。吴王决定进攻齐国。太子友知道，吴国伐齐，越国必会乘机攻吴，便用"螳螂捕蝉，黄雀在后"这种借喻的方式劝阻吴王。吴王此时哪里肯听，还劳师动众花费大量财力物力挖掘了中国第一条大运河邗沟。公元前485年，吴鲁联军通过运河讨伐齐国，这也是我国第一次大规模海军作战。

公元前482年，吴、鲁、齐、晋在黄池会盟，尊吴王夫差为霸主。回国的路上，听说越王率军攻吴，太子友已阵亡。吴王再想调兵遣将，已有心乏力。此时他才想起伍子胥、太子友平时所说的话，但后悔已来不及了。

万般无奈，吴王夫差派伯嚭备足厚礼向越王求和。

不久，吴国被越国所灭，夫差自杀。越王勾践灭了吴国以后，接着率军渡过黄河，在徐州会合齐、晋、鲁、宋等国诸侯，被诸侯们推为盟主，成了春秋末期最后一个霸主。

陶朱公范蠡

范蠡足智多谋，跟随越王勾践22年，身经百战，又精于外交，对成就越国的霸业起到了至关重要的作用。灭了吴国后，他又领兵向北挺进，渡过淮河，使得齐国和晋国也不得不听从越国的号令。就这样，范蠡被任命为上将军。

范蠡为成就勾践的霸业立下了奇功，他感到自己的名气太大了，又深知勾践的为人，于是就决定离开越国，他给越王写了封信，表露了自己的心思。他说："我曾经听说，主上有烦恼事，他的臣子应该为他分忧，当初你在会稽受耻辱，我们做臣子的人就应该为你去死，那时臣下没有死，是想为主上雪此大耻。现在大仇已报，我也该来领早先的罪过了。"勾践不知说什么是好。

勾践说："你真是一个诚实的人，我要把越国的江山分给你一半，让我们共同享受这胜利后的果实。"

范蠡这时似乎是听吴王夫差在说话，他当时对伍子胥就是这么说的。范蠡说："感谢主上不弃之恩，我实在受之不起。"说后，就退了下去。范蠡决定偷偷地离开越国。在一个静悄悄的夜晚，他骑着他心爱的马，带着他的妻儿走了。

他来到了齐国，给自己的老朋友文种写了一封信，信中转述名诗一首："狡兔死，走狗烹；敌国破，谋臣亡。"他想用这首诗去劝文种急流勇退，明哲保身，否则难免有杀身之祸。

文种接到了这封奇妙的信，感到还是老朋友说得对，于是他就自称有病不能上朝，这样持续几天，就有嫉恨他的人在越王面前进谗言，说文种想谋反。

勾践也感到越国霸业已成，留着文种已没有什么用了，还会生出许多事来，就把文种叫来，对他说："你教给我攻打吴国的 7 条计谋，我只用了 3 条就打败了吴国，还有 4 条在你那儿，你还不如跟着吴国的国王去，试试你的计谋看是不是能救了他们。"文种听到勾践说这样的话，很是伤心。可是后悔也来不及了，他只好遵命自尽了。

范蠡在齐国，改名换姓，自称"鸱夷子皮"，在海边耕种，做商业买卖，就这样勤劳数年，集聚了许多财产，他成了一个大富翁。齐国人觉得他是个了不起的人，就推举他为相国，他做了一段日子，感到还是没兴趣。于是就辞去了自己的官位，将自己的万贯家财都分发给穷人。又从齐国的大地上悄悄地消失了。

他来到一个叫陶的地方住了下来，自称为"陶朱公"，就在这个地方做买卖，开作坊，事业干得很红火，很快，他又成了一个富人，人们都称他为"陶朱公"，后来中国也常以陶朱公来表示富裕。

范蠡在陶地生了一个小儿子，这个儿子长大之后，他的二哥哥杀了人，囚禁在楚国，范蠡的家人急死了，就想以范蠡自己的面子将儿子赎回来。但是，范蠡说："杀人偿命，这是天理，我的儿子也不能例外。但是我只有一个愿望，就是让他不要在街上示众。"于是就让他的小儿子带上许多的钱，放在一个麻袋里，驮在牛车上。

范蠡的小儿子正要上路，范蠡的大儿子说他可以替弟弟去，范蠡知道这个大儿子平时办事能力并不强，有点舍不得花钱，就不同意他去，但是他的大儿子说："家中的长子应该帮助父亲做最重要的事，现在弟弟犯了法，你不派我去，而派小弟弟去，别人不会说我是个不良之辈吗？"说罢，就拿着刀要自杀，他的母亲赶快来阻拦，说："我看就让他去吧，小儿子一个人去未必能救活，现在二儿子还没有救成，就死了个大儿子，那不把我们的心都伤透了。"范蠡也只好同意他去。

临行之前，范蠡给他写了一封信，要大儿子交给他的老朋友庄先生，并且嘱咐他说："到了那里，把这里带去的黄金都交给庄先生，让他代你处理，遇事千万不要和别人争论。"大儿子一一都答应下来。他家是一个非常富的家庭，大儿子还又偷偷地带了许多黄金。

大儿子到了楚国，好不容易才找到庄先生的住处，交上了书信，并且把车子上带来的所有黄金都交给了庄先生，这位老者说："你的事情办好了，你赶快离开这里吧，千万不要停留，即使到你弟弟从监狱里出来了，你也不要去问他。"他连声答应，就告别了庄先生。但是他并没有照庄先生所说的那样去做，他觉得楚国这地方很好玩，再说弟弟还没有放出来，自己还有不少私带的黄金，干脆在楚国溜达起来了。在这期间结交了楚国的一些贵族，他们一听说是范蠡的公子，当然对他非常热情。他也就把自己私自带来的黄金送给这些贵族。

庄先生在楚国具有极高的威望，他的廉洁正直广为人知，朝廷的一些大臣们都把他当做老师一样对待。他接受了范蠡的金子，连一句拒绝的话都没有说，这使范蠡的大儿子以为庄先生很贪财，而庄先生根本不想要他的一文钱，他是把金子当做信物，待事办成后，他还要如数奉还。

庄先生找了一个合适的时机去见楚王，楚王一见这位德高望重的前辈非常高兴，就向他请教治国之方，庄先生说："我听说治理国家必须以仁政，最近我看到星象对楚国不利，大王务必要注意。"楚王非常迷信，就问他如何办是好。庄先生说："只办好事，不能办坏事。"楚王应允了。

楚王准备大赦的消息让一些重要的大臣都知道了，这其中也包括那些接受了范蠡大儿子贿赂的人，他们连夜找到范家大儿子，告诉他这一情况，让他放心，他的弟弟很快就要出来了。范家大儿子听后高兴极了，他想我弟弟出来，这是国王的恩赐，那老头白白地拿了我那么多的黄金，这还了得。他越想越不是滋味，于是就登门去索取那些钱财。庄先生见他这样，就取了黄金还给了他。

范家大少爷走后，庄先生感到心里很窝囊。于是他又去面见楚王，对他说："我在外面到处听到人们这样说，陶朱公的儿子杀了人被囚禁在我们楚国，他家拿了许多钱来贿赂我们楚国的大臣，你知道陶朱公是一个多么富有的人，所以人们都说，大王你不是为了怜悯同情人民才实行大赦的，而是为了陶朱公的儿子。"

楚王一听大怒，就下令将范家的二儿子先杀死，然后再实行大赦。这位一向精明的范家大儿子有气无力地驾着牛车，他踏上了归程，父亲给他的黄金当然如数都在，但是他的车里又多了一样东西，这就是他弟弟的尸体。

他到了家，他的母亲和远近邻居看到范家二儿子的尸体，都很悲痛，唯有陶朱公一人不但不哭，反而大笑不已，人们问他笑什么，他说："我知道他这一去，他的弟弟一定会死，他不是不爱他的弟弟，只是他舍不得花钱。他小时候和我在一起，我们吃尽了苦头，知道谋生的艰难，所以他生活非常节俭。至于他的小弟弟，他出生以后就看到我万贯家财，他只知道尽情地享乐，我派小儿子去，就是看他舍得花钱。而大儿子硬是要去，并以自杀相要挟，而只好让他去。他这一去，我就一直在等我二儿子的尸体回来。这是事情的常理，没有什么好悲痛的。"

范蠡一生，3次迁移，但是他所到之处，一定有所作为，治国可以立奇功，理财可以致大富，他的德行，他的出色的处世能力，赢得了后代无数人的赞颂。

子产铸刑鼎

子产，名侨，是郑穆公的孙子，所以又叫公孙侨，是春秋后期郑国著名的政治家。他父亲子国做过司马，父辈兄弟 7 人先后掌握国家政权，号称"七穆"。他在郑国执政 21 年，无论内政、外交都有卓越的建树。

子产在年轻的时候就有敏锐的政治眼光。鲁襄公八年（公元前 565 年），他的父亲子国与子耳一道带兵攻打蔡国，俘虏了蔡国司马公子燮。大家都很高兴，唯独年轻的子产显出不愉快的样子，他忧心忡忡地说："小国没有什么文德却有了武功，没有什么祸患比这更大了。蔡国是楚的属国，如果楚国替蔡国报仇，我们能打得过吗？打不过就得投降，这样一来，北边的晋国又要来兴师问罪。晋国、楚国打来打去，我看至少四五年内，郑国是不会安宁的。"

事情正像子产所预料的那样，就在这一年的冬天，楚国以郑国侵略蔡国为借口发兵讨伐郑国，郑国无力抵抗，屈服了。到了第二年的冬天，晋国又来攻打郑国，郑国又只好求和。晋国刚撤兵，楚国又来问罪。你来我住，闹得郑国几年不得安宁。

鲁襄公十年（公元前 563 年），晋国军队攻打郑国，由于当时的执政者子驷对贵族尉止不满，在对晋作战中处处为难他，致使尉止联合其他几家贵族叛乱，杀死了执政子驷、司马子国和司空子耳。在当时混乱的局面下，子产临危不乱，沉着地布置好家里的一切，然后带着编好队列的兵车去攻击反叛者，最后平息了叛乱。这次平叛使子产初露头角。

周景王二年（公元前 543 年），子产做了郑国的正卿。从当时的形势来看，可以说子产是接任于危难之中，但是子产没有被困难吓倒，他上台后为了稳定政局，对内政进行了一系列的整顿和改革。他下令把田地划清疆界，挖好沟渠，承认土地私有。在私田上按亩收税，把农民按规定加以编制，这就限制了旧贵族，使他们不能任意兼并掠夺。他还规定农民有战功的，可以做甲士，甲士是作战时战车上主要的军事人员，平时甲士担任诸侯国的小官吏。

为了治理当时已是混乱不堪的郑国，保障社会改革的进行，子产加强了法制。为了使国家有法可依，他主持制定了一套国家法律——刑书。这套刑书开始是写在竹简上，由国家的官吏掌握执行。

鲁昭公六年（公元前536年），子产下令把刑书铸在鼎上，放在王宫门口，让全国的老百姓都能看到这个鼎，这就是有名的刑鼎。法律一经公布出来，旧贵族们再也不能随意解释法律，任意处罚人了。但有守旧思想的人像晋国的叔向写信给子产，说："过去的君主按照习惯审理案件，没有刑法条文，怕的是民众依据条文争夺不已。如果民众知道有法令条文，对统治者无所顾虑，并以此为依据与上抗争，那就不可能治理好国家。"子产给叔向回信说："像你所说的这种长治久安之计，我没有能力做到。我是要解决当前的社会问题。"结果，还是坚决地实行了，这是我国第一次公布法令条文。

子产对贵族中那些忠于国家和生活比较俭朴的人给予嘉奖，对那些荒唐不法和奢侈浪费的人加以惩罚，使旧贵族不再敢为所欲为。这样干了一年，先是招来了怨恨，反对者编了一首歌谣来诅咒子产。可是，这些措施执行的结果，对维护贵族阶级的利益很有效果，所以，那些原来反对他的人也拥护子产了。

子产还主张实行贵族内部的民主政治。春秋时代，郑国的统治族人按照传统，经常在乡校里议论国家的政治，对一些做法提出批评。大夫然明看不惯这种做法，他向子产建议："把乡校封闭起来吧，别让他们扰乱人心了！"子产说："把人家的嘴堵住不让人家讲话，就像把河堵起来一样，河水决堤，死伤更多，而且没有办法挽救。不如让它细水长流，有意见让他讲出来，当做给我治病的良药。"然明听后，佩服地说："现在，我才知道您真能治理我们的国家。"

在外交方面，子产运用高超的外交手段和巧妙的外交辞令，周旋于大国之间，使郑国得以安然自立。同时，他在与大国打交道中，还能始终不失国格与尊严。

有一次，子产陪郑简公到晋国去，晋平公轻视郑国，故意不会见，也不派大臣招待他们，把他们扔在宾馆里就不管了。宾馆的大门很小，车马进不去，只好把车停在外面。子产吩咐随从把晋国宾馆的围墙拆除一段，让自己的车马全部进去，这时，晋国的大夫士文伯跑来责备子产不该拆除围墙。

子产回答说："我们是个小国，什么事都得听从大国的吩咐，不敢怠慢。这次，我们国君带着礼物，亲自拜访贵国，不料，你们一直不安排会见。我们的礼物，既不敢贸然送去，又怕放在外面日晒雨淋受到损坏。而招待来宾的宾馆，大门矮小得连车辆也进不去，我们不把围墙拆了，让车马进到宾馆院内，万一出了意外，你们不是又会加罪于我们吗？"一席话说得士文伯哑口无言，赶紧把子产的话报告给了晋国执政大臣赵文子。赵文子赶快让士文伯代表他赔礼道歉。随后，晋平公就十分隆重地会见了郑简公和子产，还举行了盛大宴会，欢送他们回国。

子产治理郑国，取得了很大成绩。国家安定了，生产发展了。老百姓也得到了不少好处。所以，当子产死的时候，郑国人像死了亲人那样悲伤。

春秋时期是社会大变动的时代。在这样的时代，子产立法来治国，促进了社会向前发展。到了春秋晚期，这种改革孕育着社会制度的变革——由奴隶制过渡到封建制。

中国第一部诗集《诗经》

《诗经》是孔子编订的"六经"之一，是他把收集到的古代各种诗歌版本，经过严格筛选后，编订成用来施教的重要教材。《诗经》是我国古代第一部诗歌总集，包括从西周初年到春秋中期约500多年的305篇作品。因为《诗经》中的作品都可以用乐器伴奏演唱，所以《诗经》也被称为我国古代第一部乐歌总集。

《诗经》最初在先秦典籍中，只称为"诗"或"诗三百"。后来因为孔子很重视这部书，在培养从政人才时，非常重视诗教，把诗教放在十分突出的地位。所以，到了汉代，一些学者就把它奉为经典，开始称为《诗经》了。

《诗经》分《风》《雅》《颂》三部分。《风》又称《国风》，有160篇，包括15个国家和地区的优秀民歌和少量贵族作品。《雅》包括大雅和小雅，共105篇，是朝廷宴享之乐。《颂》包括周颂、鲁颂、商颂，共40篇，是庙堂祭祀颂德的舞乐。

《诗经》所产生的时代，正是我国诗歌大发展的黄金时代。当时，统治阶级在祭祀、交往、外交活动中，都喜欢用诗歌来表达自己的意思，以诗言志；普通人在劳动和生活中，也普遍以诗歌形式表达自己对劳动、生活的热爱和对剥削阶级的不满及反抗。

《诗经》中以15 "国风"为主的大量民歌中，有的揭露了统治者对劳动人民的残酷压迫和剥削，有的反映了劳动人民的悲惨生活和反抗，有的反映了劳动人民的生产情况，有的描写了青年男女对爱情的追求和对美好生活的向往，有的表现了征夫、思妇、小吏的不幸和怨怒。它像一幅幅生动鲜明的画卷，反映了那个时代的社会面貌，表现了当时劳动人民的思想感情，为研究当时的社会生活提供了可靠而宝贵的史料。在这些诗中，大量运用了朴素的语言、形象的比喻、细致的描写、生动的想象来反映主题，具有浓厚的生活气息和清新、明快、朴实、优美的艺术风格，显示了很高的艺术技巧。

在《魏风·伐檀》这首民歌中，以朴素的语言，生动地再现了一个劳动场面：在一座土山上，长满高大的檀树，山下流过一条小河，人们在山坡上紧张地劳动着，叮叮当当的砍伐声响遍整个山谷，砍下了许多檀树，堆在河岸上，准备放排送出。但是，砍下的树木全部为贵族老爷们占有，劳动者终年辛苦，却穿不上一件好衣服，吃不上一顿饱饭。在这首民歌里，我们不仅看到一群伐檀者在辛勤劳动、采伐木材的动人情景，而且还听到了他们对贵族强占劳动果实的愤怒控诉。

在《魏风·硕鼠》中，把剥削阶级比作贪得无厌的大耗子，形象地表现了劳动人民对他们的蔑视和仇恨。这些剥削者常年过着寄生生活，一点不顾劳动人民的死活。因此，诗人表示要以逃亡的方式反抗统治者的压迫与剥削。诗中再三咏叹的"乐土"，在当时虽然只是一种幻想，却反映了劳动人民强烈的反抗精神和对美好生活的热烈向往与追求。

爱情诗在《国风》中占有很大比重，这些诗或写相互的爱慕思念，或写幽期密会，或写春日同游的欢乐，或写爱情受到摧残时的痛苦与反抗，都充满了真挚、热烈的感情，生动地反映了当时社会生活的一个方面。

还有一些是反映战争的诗。东周以来，诸侯国之间的战争日益频繁，这些战争多是统治者为了自己的利益而进行的兼并战争，人民是直接受害者。《国风》中有一部分诗歌就表现了应征士兵和广大人民对战争的厌倦和不满。

《豳风·东山》写一个长期出征归来的士兵在归途中的复杂心情，极为动人。在蒙蒙细雨时节，一个出征多年的老兵踏上了回家的归途。他庆幸自己从此不再应征当兵，一面想象着分离多年的家乡情景：家园大概早已荒芜，门上可能还挂满了蜘蛛网，妻子也许唉声叹气地盼着自己归来，从而又引起他对新婚时候的甜蜜回忆，表现出对和平劳动生活的热爱和向往。《国风》中还有一些诗，通过女子对出征在外的丈夫的思念，表现了战争带给人们的不幸和痛苦，以及人民对战争的厌恶和反抗。

《国风》中有不少政治讽刺诗，或讽刺统治者的荒淫无耻，或暴露其腐朽丑恶的灵魂，都具有很强的战斗性。如《邶（音 bèi）风·新台》就是直接讽刺卫宣公的。卫宣公为他的儿子娶齐女姜氏为妻，因为听说她长得很美，就在黄河边上造了一座"新台"，把齐女姜氏中途截住，作了自己的新娘。对于这种无耻行为，卫国人民利用诗歌进行了辛辣讽刺。诗中把卫宣公比作癞蛤蟆，骂他是缩脖子的丑老公，嬉笑怒骂之中，剥去了统治者的假面具，揭露了他们的极其丑恶的本质。

《诗经》特别是其中的民歌《国风》，描写了广阔的社会生活，揭露了统治者对广大劳动者的残酷压迫和剥削，突出地体现了"饥者歌其食、劳者歌其事"的现实主义精神。雅诗中的部分贵族讽喻诗，虽然是在统治阶级内部矛盾的基础上产生的，也都敢于面向现实，客观上反映了贵族统治阶级的丑恶和社会现实的黑暗。这种坚实的现实主义精神，对我国后来的诗歌创作产生了巨大积极的影响。《诗经》是我国古代文学史上的一座高峰。

战 国

公元前 475 年，中国历史由春秋进入战国。"战国"一词最初起自当时人曰"凡天下之战国七"，后西汉刘向编《战国策》，始成为这段历史的专称。

经过春秋时期的连年兼并，到战国时期，一百多个诸侯国只剩下了 20 多个，在北起长城，南达长江流域的广大地区出现了秦、齐、楚、燕、韩、魏、赵 7 个大国并立的局面，史称"战国七雄"。

为达到富国强兵的目的，7 国都先后在一批新兴的封建地主阶级政治家或军事家的推动下实行变法，其中尤以秦国的商鞅变法最为彻底，使落后的秦国走上了日益强大的道路，并最终于公元前 221 年由秦始皇统一全国。

战国是社会经济发生巨大变革的时代。铁器已在农业和手工业生产中出现并被广泛使用。奴隶制土地制度——井田制已经瓦解，农业和手工业个体经营者数量迅速增加，促使社会生产力迅速提高和经济的繁荣。水利工程都江堰、郑国渠等的兴建，极大地提高了农业产量。新兴的冶铁业发展迅速。冶铁技术进步之快在世界冶金史上少有，居于当时世界的领先地位。

社会经济的巨大变革使战国时的社会结构出现重大变化，宗法贵族日益没落，士、农、工商成为社会的活跃力量，其中尤以农民人数为最多。社会结构的变化加速了贫富分化，使社会矛盾愈加复杂尖锐，但同时又推动了社会的进步。

战国时期的思想文化也发生了巨大变化。这一时期出现了墨子、孟子、庄子、荀子、韩非等大批著名思想家，产生了墨家、法家、阴阳家、名家、农家、纵横家、兵家、杂家等学派，形成了《墨子》《孟子》《荀子》《韩非子》《商君书》《孙膑兵法》《楚辞》等著名作品，成为中国历史上一个人才辈出、百家争鸣的辉煌时代。

战国时期，在各国和各国的周边居住着许多少数民族，随着政治经济的发展，各民族进一步趋向融合，为统一的多民族国家的形成奠定了基础。

韩、赵、魏三家分晋

经过春秋时期长期的争霸战争，许多小的诸侯国被大国吞并了。有的国家内部发生了变革，大权渐渐落在几个大夫手里。这些大夫原来也是奴隶主贵族，后来他们采用了封建的剥削方式，转变为地主阶级。有的为了扩大自己的势力，还用减轻赋税的办法来笼络人心。这样，他们的势力就越来越大了。

一向称为中原霸主的晋国，到了那个时候，国君的权力也衰落了，实权由六家大夫把持。他们各有各的地盘和武装，互相攻打。后来有两家被打散了，还剩下智家、赵家、韩家、魏家。这四家中，又以智伯瑶的势力最大。连国君晋哀公也成了他的傀儡。

智伯瑶野心勃勃，一心想废国君而立，他的谋臣知过说："不可。赵、魏、韩三家实力不弱，必然反对主公，不如先削弱这三家的实力，再图君位。"智伯瑶接受了此建议，便对三家大夫赵襄子、魏桓子、韩康子说："晋国本来是中原霸主，后来被吴、越夺去了霸主地位。为了使晋国强大起来，我主张每家都拿出100里土地和户口来归给公家。"

三家大夫都知道智伯瑶存心不良，想以公家的名义来压他们交出土地。可是三家心不齐，韩康子首先把土地和一万家户口割让给智家；魏桓子不愿得罪智伯瑶，也把土地、户口让了。

智伯瑶又向赵襄子要土地，赵襄子可不答应，说："土地是上代留下来的产业，说什么也不送人。"智伯瑶气得火冒三丈，马上命令韩、魏两家一起发兵攻打赵家。

公元前455年，智伯瑶自己率领中军，韩家的军队担任右路，魏家的军队担任左路，三队人马直奔赵家。赵襄子自知寡不敌众，就带着赵家兵马退守晋阳（今山西太原市）。

没有多少日子，智伯瑶率领的三家人马已经把晋阳城团团围住。赵襄子吩咐将士们坚决守城，不许交战。三家兵士攻城的时候，城头上箭好像飞蝗似地落下来，使三家人马没法前进一步。晋阳城凭着弓箭死守了两年多。三家兵马始终没有能把它攻下来。

有一天，智伯瑶到城外察看地形，看到晋阳城东北的那条晋水，忽然有了主意：晋水绕过晋阳城往下流去，把晋水引到西南边来，晋阳城不就淹了吗？他就吩咐兵士在晋水旁边另外挖一条河，一直通到晋阳，又在上游筑起坝，拦住上游的水。

这时候正赶上雨季，水坝上的水满了。智伯瑶命令兵士在水坝上开了个豁口。这样，大水就直冲晋阳，灌到城里去了。城里的房子被淹了，老百姓不得不跑到房顶上去避难，灶头也被淹没在水里，人们不得不把锅子挂起来做饭。可是，晋阳城的老百姓恨透了智伯瑶，宁可淹死，也不肯投降。

智伯瑶约韩康子、魏桓子一起去察看水势。他指着晋阳城得意地对他们两人说："你们看，晋阳不是就快完了吗？早先我还以为晋水像城墙一样能拦住敌人，现在才知道大水也能灭掉一个国家呢。"韩康子和魏桓子表面上顺从地答应，心里却暗暗吃惊。原来魏家的封邑安邑（今山西夏县西北）、韩家的封邑平阳（今山西临汾县西南）旁边各有一条河道。智伯瑶的话正好提醒了他们，晋水既能淹晋阳，说不定哪一天安邑和平阳也会遭到晋阳同样的命运呢。

晋阳被大水淹了之后，城里的情况越来越困难了。赵襄子非常着急，对他的门客张孟谈说："民心固然没变，可是要是水势再涨起来，全城也就保不住了。"

张孟谈说："我看韩家和魏家把土地割让给智伯瑶，是不会心甘情愿的，我想办法找他们两家说说去。"

当天晚上，赵襄子就派张孟谈偷偷地出城，先找到了韩康子，再找到魏桓子，约他们反过来一起攻打智伯瑶。韩、魏两家正在犹豫，经张孟谈一说，自然都同意了。

第二天夜里，过了三更，智伯瑶正在自己的营里睡着，猛然间听见一片喊杀的声音。他连忙从卧榻上爬起来，发现衣裳和被子全湿了，再定睛一看，兵营里全是水。他开始还以为大概是堤坝决口，大水灌到自己营里来了，赶紧叫兵士们去抢修。但是不一会，水势越来越大，把兵营全淹了。

智伯瑶正在惊慌不定，一霎时，四面八方响起了战鼓。赵、韩、魏三家的士兵驾着小船、木筏，一齐冲杀过来。智家的兵士，被砍死的和淹死在水里的不计其数。

赵、韩、魏三家灭了智家，不但把智伯瑶侵占两家的土地收了回来，连智家的土地也由三家平分。

公元前434年，晋敬公去世，其子幽公即位。韩、赵、魏三家乘机商定了瓜分晋国的方案。魏控制了今山西南部、河南北部、中部、东部；赵占去今山西北部、中部和河北的中部、西南部及内蒙古自治区的一部；韩拥有今河南中部、西部和山西东南部。而国君晋幽公被分到了绛州和曲沃两座小城，完全沦为了韩、赵、魏这"三晋"的附庸。

公元前403年，韩、赵、魏三家分别派使者上洛邑去见周威烈王，要求周天子把他们三家封为诸侯。周威烈王想，不承认也没有用，不如做个顺水人情，就把三家正式封为诸侯。

自那以后，韩（都城在今河南禹县，后迁至今河南新郑）、赵（都城在今山西太原东南，后迁至今河北邯郸）、魏（都城在今山西夏县西北，后迁至今河南开封）都成为中原大国，加上秦、齐、楚、燕4个大国，历史上称为"战国七雄"。

魏文侯选贤用能

　　战国初期，魏国是最强的国家。这同魏文侯（魏斯）的贤明是分不开的。他最大的长处是礼贤下士，知人善任，器重品德高尚而又具有才干的人，他广泛搜罗人才，虚心听取他们的意见，善于发挥他们的作用。因此，许多贤士能人都到魏国来了。

　　魏国有一个叫段干木的人，德才兼备，名望很高，隐居在一条僻静的小巷里，不肯出来做官。魏文侯想同他见面，向他请教治理国家的方法。有一天，他坐着车子亲自到段干木家去拜访。段干木听到文侯车马响动，赶忙翻墙头跑了。魏文侯吃了闭门羹只得怏怏而回。接连几次去拜望，段干木都不肯相见。但是，魏文侯对段干木始终非常仰慕，每次乘车路过他家门口，都要从座位上起来，扶着马车上的栏杆，伫立仰望，表示敬意。车夫问："您看什么呐？"魏文侯说："我看段干木先生在不在家。"车夫不以为然地说："段干木也太不识抬举了，你几次访问他，他都不见，还理他干什么！"魏文侯摇了摇头说："段干木先生可是个了不起的人啊，不趋炎附势，不贪图富贵，品德高尚，学识渊博。这样的人，我怎么能不尊敬呢？"后来，魏文侯干脆放下国君的架子，不乘车马，不带随从，徒步跑到段干木家里，这回好歹见了面。魏文侯恭恭敬敬地向段干木求教，段干木被他的诚意所感动，给他提了不少好建议。魏文侯请段干木做相国，段干木怎么也不肯。魏文侯就拜他为老师，经常去拜望他，听取他对一些重大问题的意见。这件事很快传开了。人们都知道魏文侯"礼贤下士"，器重人才。一些博学多能的人，如政治家翟璜、李悝，军事家吴起、乐羊等都先后来投奔魏文侯，帮助他治理国家。

　　当时，魏国已经建立了封建政权，新兴地主阶级登上了政治舞台。可是，

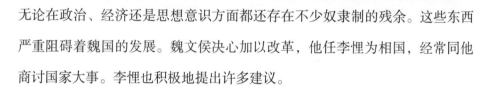

无论在政治、经济还是思想意识方面都还存在不少奴隶制的残余。这些东西严重阻碍着魏国的发展。魏文侯决心加以改革，他任李悝为相国，经常同他商讨国家大事。李悝也积极地提出许多建议。

有一天，魏文侯问李悝，怎样才能招募更多有才能的人到魏国来，李悝没有回答，反问道："主公，您看过去传下来的世卿世禄制怎么样？"魏文侯说："看来弊病甚多，需要改革。"李悝点点头说："这个制度不改，就不可能起用真正有才能的人，国家就治理不好。"原来，按照"世卿世禄"制，奴隶主贵族的封爵和优越俸禄是代代相传的，父传子、子传孙，即使儿子没什么本领，没立什么功劳，照样继承父亲的封爵和俸禄，享受贵族的种种特权，过着养尊处优的生活。一些真正有才能的人，只因为不是贵族，就被这种制度卡住了，很难得到应有的地位。

李悝把这个问题分析给魏文侯听，魏文侯十分同意他的看法。又问："那么如何改革呢？"李悝早就胸有成竹，不慌不忙地说："我们必须废除世卿世禄制。不管什么人，是贵族还是平民，谁有本事有功劳，就给谁官做，给谁俸禄；按本事和功劳大小分派职位；有功的一定奖赏，有罪的适当处罚。对那些既无才能又无功劳而又作威作福的贵族，采取断然措施，取消他们的俸禄，用这些俸禄来招聘人才。这样，四面八方的能人贤士就会到魏国来了。"魏文侯听了，非常高兴，叫李悝起草改革的法令，不久就在全国推行了。这项改革，剥夺了腐朽没落的奴隶主贵族的"世袭"特权，增加了新兴地主阶级参与政治的机会，为巩固魏国的封建政权创造了条件。

接着，魏文侯又采纳了李悝的建议，在经济上进行了改革。李悝算了一笔细账：一个5口之家的农民，种100亩地，每年收获的粮食，除去交租纳税和自己的口粮以外，就剩不下什么了，如果遇到生病办丧事，或者国家增加苛捐杂税，日子就更难过了。为了改善农民的生活，就必须增加粮食产量。当时魏国大约有几百万亩土地，除去山、河、城、邑，可耕地只有600万亩。如果农民精耕细作，每亩可增产3斗粮食；相反，就要减产3斗粮食。这样一增一减，全国就相差180万石粮食。所以，他建议实行"尽地力"的政策，就是积极兴建水利，改进耕作方法，以充分发挥土地的潜力。同时，李悝还创立了"平籴"法：丰收年景，市面上粮价便宜，为了不使农民吃亏，国家把粮食照平价买进；遇到荒年，市面上粮价昂贵，国家仍照平价把粮食卖出。这样，不管年成好坏，粮价一直是平稳的，人民生活比过去安定，国家的赋税收入也得到了保证。

李悝还搜集整理了春秋末期新兴地主阶级制定的法律，创制了我国历史上第一部比较系统的封建法典——《法纪》，用法律形式把封建制度固定下来，保护地主阶级的政治经济特权。魏文侯很赞成李悝的主张和措施，实行了这一套办法以后，魏国很快就富强起来了。

乐羊为国弃子

魏文侯在相国李悝等人的辅佐下，国家实力增强了，魏文侯就有了对外扩张的心思。当他发现中山国的国君昏庸无道，使百姓饱受疾苦，便将注意力集中在中山国。可是由谁出任主帅呢？魏文侯召集众臣商议。

善于推荐人才的翟璜说："派乐羊大将军比较合适，此人不但足智多谋，而且为人忠直。"

翟璜话音刚落，就遭到群臣反对："不行，乐羊的儿子乐舒在中山国任大夫之职，如果乐羊攻城，中山国必然要乐舒守城，乐羊怎能尽力呢？"此话甚是，常言道虎毒不食子，乐羊看见儿子，即使智再足、谋再多也会心慈手软。

翟璜站起身高声说："了解一个人不能太片面。据我所知，中山国的国君曾让乐舒备厚礼请乐羊助他，并许以高官厚禄。乐羊不但没有答应，反而劝儿子离开那个昏君，他的儿子不肯，还被他骂了一顿。所以乐羊将军决不会为了私情误了国事。"

魏文侯听了大家的意见，没有表态，只说将此事推后再议。第二天，魏文侯未提此事，却单独接见了乐羊。又过了两天，魏文侯颁布命令，乐羊充任大将，率 5 万兵马，即日启程征讨中山国。乐羊领命而去，闲言此起彼伏，魏文侯却不动声色。

去中山国要途经赵国，为了不惊动赵国，乐羊徒步与士兵一起披荆斩棘，开路架桥，历尽千辛万苦在赵国边境线上穿行，乐羊同士兵同甘共苦的精神深深地感动了大家，士气一直很高昂。大家齐心协力，很快进入中山国。一路上势如破竹，沿途守将纷纷溃逃，魏军不费吹灰之力就逼近了中山国都城。

中山国的国君急得像热锅上的蚂蚁，他慌忙找来乐舒，让他求乐羊退兵。

乐舒了解父亲的脾气，可又不敢违背国君的命令，只好硬着头皮去见父亲。乐羊见儿子出现在城头，心中自然有数，未等儿子开口他就高声喊道："事已至此，你快劝姬窟投降，你可将功折罪，姬窟也可免死！"

乐舒知道说别的也没用，只好求父亲容他回去商议商议。乐羊给了他一个月的期限。

一个月的期限很快就到了，中山国的国君并未来降，乐羊下令攻城。这时乐舒又出现在城头，求父亲再给点时间，乐羊又宽限了一个月，就这样，乐舒求了3次，乐羊让了3次。众将士议论纷纷，谩骂之声也间或出现。乐羊语重心长地对大家说："我们出师是来解救中山国的百姓，如果硬攻硬打，遭殃的是百姓，我们就要失掉民心。中山国离魏遥远，管理不便，我们即使攻下中山，人心不服，不久也会失去。如果我们围而不攻，百姓念及我们是仁义之师，必是人心所向，中山国也会不攻自破。"

众将士恍然大悟。

魏国众臣听说乐羊围城3个月而不攻，不禁谣言四起。有的说他顾及父子亲情故意劳民伤财，拖延时间，有的说他被中山国国君收买，给他一半的土地而不攻城。

魏文侯听了这些话，将翟璜找来说："乐羊将军走了3个月，在外一定很辛苦，我准备派人送去些慰劳品，另外我还要给乐羊盖一座将军府。这两件事由你出面安排吧。"

翟璜向魏文侯深深一揖，告辞而去。乐羊收到慰劳品，又得知魏文侯为他所做的一切，感动得泪溢眼眶，众将士也深受鼓舞。

3个月的期限到了，中山国的国君仍不投降。乐羊经过周密的部署，下令攻城。正在这时，忽听城头大喊父亲，乐羊抬头一看，见儿子被五花大绑吊在大杆上。中山国君也出现在城头，他威胁乐羊说，如果坚持攻城，就杀掉乐舒，乐羊愣了一下，众将士静静地望着老将军，等待他的命令。

乐羊回过神来，挥手喝道："攻城！"立时战鼓齐鸣，乐羊一手执盾，一手执戟首先冲杀过来，士兵群情激奋，如海浪一样涌向城墙。经过一番厮杀，中山国连连失利，中山国国君见大势已去，杀掉乐舒，然后自杀。

魏国疆土扩大，乐羊首立战功，魏文侯决定封给乐羊土地，乐羊拒绝说："有主公的信任，就是我最大的封赏。"

看着亲生儿子被杀，老将军乐羊心里自然十分难过，但在他心中，国家的利益高于一切，这种精神很令后人敬佩。

墨子破云梯

在战国初年的时候，楚国的国君楚惠王想重新恢复楚国的霸权。他扩大军队，要去攻打宋国。

楚惠王重用了一个当时最有本领的工匠。他是鲁国人，名叫公输般，也就是后来人们称为鲁班的。鲁班出身于世代工匠的家庭，从小就跟随家里人参加许多土木建筑工程方面的劳动，逐渐掌握了丰富的经验。公输般使用斧子不用说是最灵巧的了，谁要想跟他比一比使用斧子的本领，那就是不自量力。所以后来有个成语，叫做"班门弄斧"。相传鲁班发明了锯、伞、石磨等日常用具，大大方便了人们的生活。

在诸侯兼并战争的过程中，各国都在力求发展自己的军事实力，都注意武器的发明和改造。在这一方面，鲁班也是一个重要的兵器改革家和发明家。

公输般被楚惠王请了去，当了楚国的大夫。他替楚王设计了一种攻城的工具，比楼车还要高，看起来简直是高得可以碰到云端似的，所以叫做云梯。

楚惠王一面叫公输般赶紧制造云梯，一面准备向宋国进攻。楚国制造云梯的消息一传扬出去，列国诸侯都有点担心。特别是宋国，听到楚国要来进攻，更加觉得大祸临头。

楚国想进攻宋国的事，也引起了一些人的反对。反对的最厉害的是墨子。

墨子，名翟（音 dí），是墨家学派的创始人。他反对铺张浪费，主张节约；他要他的门徒穿短衣草鞋，参加劳动，以吃苦为高尚的事。如果不刻苦，就是违背他的主张。

墨子还反对那种为了争城夺地而使百姓遭到灾难的混战。这回他听说楚国要利用云梯去侵略宋国，就急急忙忙地亲自跑到楚国去，跑得脚底起了泡，出了血。他就把自己的衣服撕下一块裹着脚走。这样奔走了 10 天 10 夜，到了楚国的都城郢都。他先去见公输般，劝他不要帮助楚惠王攻打宋国。公输般说："不行呀，我已经答应楚王了。"

墨子就要求公输般带他去见楚惠王，公输般答应了。在楚惠王面前，墨子很诚恳地说："楚国土地很大，方圆 5000 里，地大物博；宋国土地不过500 里，土地并不好，物产也不丰富。大王为什么有了华贵的车马，还要去偷人家的破车呢？为什么要扔了自己的绣花绸袍，去偷人家一件旧短裼子呢？"

楚惠王虽然觉得墨子说得有道理，但是不肯放弃攻宋国的打算。公输般也认为用云梯攻城很有把握。

墨子直截了当地说："你能攻，我能守，你也占不了便宜。"他解下了身上系着的皮带，在地下围着当做城墙，再拿几块小木板当做攻城的工具，叫公输般来演习一下，比一比本领。

公输般采用一种方法攻城，墨人就用一种方法守城。一个用云梯攻城，一个就用火箭烧云梯；一个用撞车撞城门，一个就用滚石木檑砸撞车；一个用地道，一个用烟熏。公输般用了 9 套攻法，把攻城的方法都使完了，可是墨子还有好些守城的高招没有使出来。

公输般呆住了，但是心里还不服，说："我想出了办法来对付你，不过现在不说。"

墨子微微一笑说："我知道你想怎样来对付我，不过我也不说。"

楚惠王听两人说话像打哑谜一样，弄得莫名其妙，问墨子说："你们究竟在说什么？"

墨子说："公输般的意思很清楚，不过是想把我杀掉，以为杀了我，宋国就没有人帮助他们守城了。其实他打错了主意。我来到楚国之前，早已派了禽滑厘等300个徒弟守住宋城，他们每一个人都学会了我的守城办法。即使把我杀了，楚国也是占不到便宜的。"

楚惠王听了墨子一番话，又亲自看到墨子守城的本领，知道要打胜宋国没有希望，只好说："先生的话说得对，我决定不进攻宋国了。"

这样，一场战争就被墨子阻止了。

墨子生活在春秋末、战国初兵荒马乱的时期，他看到战争给人民带来深重的灾难，希望用和平方式统一中国。他良好的愿望在当时的社会条件下是不可能实现的。

西门豹治邺

西门豹是战国初期魏国的一个地主阶级政治家，也是一位无神论者。他在担任魏国邺县县令期间，进行了一场革除迷信陋习的战斗。

邺县在今河南省安阳县和河北省临漳县一带，地处魏国和赵国交界处，是个战略要地。但是邺县土地贫瘠，城镇萧条，人烟稀少，加上连年水旱灾害，是个很不好治理的地方。

魏文侯善于用人是众口皆碑的，为了加强边防，任命西门豹管理邺城，是他又一明智之举。

西门豹到任后，望着混浊汹涌的漳水和当地的凄凉景象，心情非常沉重，但他并没有失去信心，他询问当地的父老们，是什么原因造成了邺县的贫穷。父老们说："百姓最苦恼的是河伯娶妇，为了这事，弄得民穷财尽！"

原本漳河是条水产丰富、交通方便的河流，由于年久失修，管理不善，一遇大雨河水便泛滥，附近的庄稼被淹，房屋倒塌无数，后来有一个女巫说这条河的河神要娶媳妇，只要每年送给她一个新娘，就会保佑这一带风调雨顺，否则就要降灾发大水。

每到河伯娶妇的时节，巫婆们便到处巡视察看，遇到哪个穷人家的女儿长得好，就硬说她该作河伯的老婆了，于是强行聘娶。人抢来后，巫婆给她梳妆打扮一番，穿上华丽的衣服，独自住在河边一间专门布置的房子里。过了10多天，就把这位少女放在一张铺设讲究的新床上，然后把新床放到河里，自行漂浮，顺流而下，行数十里后就沉到河底，说是河伯给接走了。许多人家生怕自己的女儿被选中，纷纷背井离乡，逃亡外地。"河伯娶妇"在当地由来已久，这就使得本地人口越来越少，土地荒芜，人民生活十分贫困。

西门豹了解到这些情况后，决定要狠狠打击这股邪恶势力，铲除这种愚弄欺压人民的陋习。于是，他不动声色地对父老们说："下次给河伯娶妇时，请告诉我一声，我要去参加典礼，为新妇送行。"

河伯娶妇的时节到了，那天一大早，县吏乡官和当地豪绅，听说新上任的县令也要来为河伯的新媳妇送行，便早早地来到河边等候。远近的百姓也扶老携幼赶来观看，漳河两岸，人山人海，人们都在翘首等待着。只见10多个小女巫簇拥着一个70来岁的老巫婆来到现场。这时，西门豹带领他的随从也来到了河边，人们马上安静下来，西门豹向左右巡视了一下，见这一活动的主角都已经到场了。老巫婆正要宣布仪式开始时，西门豹突然说："把新妇带上来，让我看看她长得美不美。"老巫婆很想巴结一下这位新县令，便把"新娘"领到了西门豹的身边。

西门豹看了一眼，摇着头说："这位新娘长得一点也不美，这样的人怎么能送给河伯当老婆呢？还是麻烦你去辛苦一趟，告诉河伯等选到漂亮的，改日再送去吧！"老巫婆一听，脸色大变，刚要张口说什么，就被兵丁拦腰抓起，扔进了漳河。西门豹在河边一本正经地等了一段时间，脸上显出焦急的神色，他转身对随从说："老巫婆怎么还不回来？大概是上了年纪不中用了，还是她的徒弟去打听一下吧！"于是又把一个小巫婆投到了河里，这样一共扔进了3个小巫婆，可还是没有回音。这时，西门豹转向乡官们说："老巫婆和她的徒弟都是女流之辈，办不成大事，只好劳驾三老（乡官）亲自下河跑一趟了！"这样，"三老"也被抛进了水中。这些被扔进河里的人，很快就被滚滚的波涛吞没了，当然是不会回来的。西门豹为了使这场革除迷信陋习的斗争进行下去，便装出非常认真的样子，在河边等候了很长时间，然后说："老巫婆和三老办事不力，还是请县吏和豪绅们派一个代表去催问一下吧！"顿时，这伙平时满口敬神信天、鱼肉人民的家伙，一个个惊恐万状，生怕被西门豹抛到河里去，纷纷跪倒在西门豹的脚下，磕头求饶，乞求活命。这样，为河伯娶妇的鬼把戏，便不攻自破了。

西门豹通过这件事，打击了邪恶势力，树立了新县令的威信，也得到了当地人民的拥护。接着，他又对邺县的政治、经济进行了改革。为了根治水患，发展生产，他动员民众组织起来，依靠自己的力量根治漳河，先后开凿了12条水渠，涝可分洪，旱可引漳河水灌田，既减少了漳河泛滥的危害，又大大地肥沃了土壤，使原来两岸遍布的盐碱地一变而成为肥田。这些水渠，在以后的1000多年中，始终发挥着作用。

在治理漳河的同时，西门豹还根据邺县土地质量普遍较差的实际情况，大胆地将魏国规定每户农民由国家授田100亩的限额改为200亩，作为民众生活、生产的保障。在发展生产的同时，西门豹又推行寓财于民、寓兵于农的政策，不重敛，不征兵，而致力于使民众富裕、亦农亦兵。

经过西门豹的治理，邺县的生产发展了，军事力量也强大起来。西门豹率领这支士气旺盛的民兵，北击燕国，收复被燕国侵占的土地，使邺县成为魏国的东北屏障。人们过着富足、祥和的生活，西门豹受到百姓的欢迎和爱戴。

商鞅变法

战国初年，周王室的统治已经名存实亡了，主宰天下的是齐、楚、燕、韩、赵、魏、秦7国。这7国不断地进行兼并战争，都想统一天下。如何加强实力呢？出路只有一条，就是改革。当时各国纷纷进行改革，秦国也是其中之一。

地处西陲的秦国，因经济、文化落后，百姓蒙昧，国力衰微，常遭魏国等中原大国的歧视和欺负。这种形势逼得秦国不得不进行改革。

公元前361年，秦孝公即位，他决心改变秦国的形象。当时有卫国人公孙鞅，欲展才学，他见到孝公的求贤令后，就投秦一试。公孙鞅见到秦孝公，阐述自己的治国理论，认为秦国要想强盛，唯有变法图新。孝公闻言大悦，与公孙鞅秉烛达旦3日。秦孝公变法决心既定，封公孙鞅为左庶长，统令变法事宜。

公孙鞅的变法措施很快获得秦孝公的首肯，就要正式出台了。公孙鞅怕老百姓不信任他，不把新法当回事，就想出了一个主意，叫人在南门立了一根木桩，并告示说："谁能把这根木头扛到北门去，赏他10两金子。"此言一出，观者哗然，因为扛这根木头到北门去实在不是一件太难的事。大家议论纷纷，但就是没人上前，都怕其中有诈。

看看围观者越来越多，公孙鞅又下令将赏金加到50两。话音刚落，一个红脸汉子推开人群走到木头跟前说："我来试试，最多不过是白扛一趟呗。"说着，他一哈腰，一较劲，一下子将木头扛到肩上，大步流星地直向北门走去。

左庶长公孙鞅连声夸赞这汉子是个好百姓，并当众兑现了赏金。

这件事一下子就在全城轰动开了，大家都说左庶长言而有信，对他下的命令一定要认真执行才是。

公元前356年，公孙鞅的变法令正式公布了。主要内容有：

第一，整顿社会治安，建立什伍组织，5家为一"伍"，10家为一"什"，互相担保，互相监视。一家犯了罪，9家都要检举，否则10家一起判罪。检举坏人和杀敌人一样有赏，窝藏坏人和投降敌人一样处罚。外出必须携带凭证，没有证件各地不准留宿。

第二，奖励发展生产。老百姓努力生产，粮食布帛贡献多的，可以免除一家劳役；懒惰和弃农经商的，连同妻子、儿女一同充为官奴。一家有两个儿子以上，成人以后就要分家，各自交税，否则一人要交两份税。

第三，奖励军功。一律按军功大小授予官位和爵位；军事上没有功劳的，即使有钱也不能过豪华生活，就是贵族也只能享受平民的生活。

新法一公布，就遭到了旧贵族势力的强烈反对，因为他们的许多特权都被剥夺了。大臣甘龙、杜执公开与公孙鞅论战，其他反对派也到处攻击新法。公孙鞅面对贵族们的挑战毫不退缩，他命人把反对派统统抓起来，在渭水河边一次就砍了700多颗人头，血水把河水都染红了。这样一来，再也没人敢公开跳出来反对新法了。

经过几年的变法图新，秦国的实力大为提高。老百姓男耕女织，粮食布帛渐渐多了，社会秩序也好得多，出现了夜不闭户、路不拾遗的升平局面。秦国渐渐富强起来。

公元前350年，在秦孝公的全力支持下，公孙鞅又公布了第二次变法令。主要内容有：开阡陌，废"井田"，奖励垦荒。谁开垦的土地就归谁所有，田地可以自由买卖；建立地方行政机构，把贵族封邑之外的土地、人口统编为31个大县，由中央直接任命官吏进行管理；为了便于向东发展，将国都从原来的雍城迁到渭河北面的咸阳。

新法还规定了赏罚严明，不管普通百姓还是王公贵族，凡有违纪者，一律依法惩治。这第二次变法令的颁布，更加削弱了旧贵族的势力，引起了他们更强烈的仇视。

旧贵族们慑于公孙鞅的强硬手法，不敢公开跳出来反对，就挑唆太子出面。太子出面反对变法，使已经升任大良造、统管秦国军政大权的公孙鞅十分为难；太子是国君的继承人，自然不能治他的罪，但若不予理睬，很可能使变法遭到失败。

公孙鞅奏请秦孝公，说："朝廷的法令必须上下共同遵守，如在上的人不遵守，下面的百姓就会对朝廷失去信任，新法就不能贯彻始终。所以太子犯法，应与百姓同罪。"

在场的大臣们一听，一个个惊得目瞪口呆，支着耳朵听公孙鞅说下去。但是，公孙鞅话题一转："太子的过错，完全是他的两位老师长期以来恶意教唆的结果。太子年幼，他的言行，应该由老师负责。所以，我请求大王允许将太子的两位老师治罪。"

秦孝公看到太子脱了干系，也就很痛快地答应了公孙鞅的请求，将太子的两位老师公子虔和公孙贾，分别除以割鼻和刺字的刑法。这样一来，其余的大臣就更不敢批评新法了。

秦国地广人稀，邻近的"三晋"人多地少，公孙鞅就请秦孝公出了赏格，叫邻国的农民到秦国来种地，给他们田地和住房。秦国人自己则主要用于服兵役，增强了秦军的战斗力。公孙鞅还将秦国的度量衡作了统一规定，进一步促进了生产的发展。

公元前340年，公孙鞅乘魏军兵败马陵之机，亲率大军进攻魏国。秦军先头部队一鼓作气攻占了魏国的都城安邑，逼得魏国迁都议和。为了表彰公孙鞅的功绩，秦孝公将商邑一带的15座城池封给了他，称他为商侯。故此，以后人们也管公孙鞅叫商鞅。

秦孝公任用商鞅变法，不过20来年的时间，秦国就从一个荒蛮之邦一跃而成为战国"七雄"中最富强的国家，周天子还特意派使臣去慰劳秦孝公，封他为"方伯"，承认了秦国的霸主地位。其他国家看到了秦国翻天覆地的变化，也纷纷效仿，一时间，变法图新之风大盛。

公元前 338 年，秦孝公不慎患了重病，他将商鞅叫到跟前说："我的病怕是好不了了，最使我不放心的是太子继位的问题。太子年轻不懂事，难保不被别人利用。我思虑再三，唯有把王位传给你才能确保秦国继续强盛下去。你愿意接受吗？"

商鞅一听国君思虑秦国的前途要"让位"，怎敢答应，只是劝阻国王要安心养病，不要胡思乱想。

不久，秦孝公不治而亡，其子秦惠文王即位。先前反对变法的人立即活跃起来，他们不断向新君陈说变法的不是。秦惠文王当然也没忘记商鞅当年给他定罪的事，他下令以"谋反"罪逮捕商鞅，并以"车裂"刑法处死了他。

商鞅虽然死了，但他的新法已在秦国民众中扎下了根，再也无法改变了。他的变法为秦国的迅速崛起并最终统一中国，打下了坚实的基础。

邹忌进谏

战国初期，齐威王在位 9 年，浑浑噩噩，只知饮酒享乐、不思国事，一切政事全由卿大夫掌管。众臣十分担忧，但没人敢大胆指责威王的过失。韩、赵、鲁等国看他这样荒唐，接连起兵进犯，边防线上不断报警。威王却仗着家大业大，置之不理。

一天，齐威王正在宫中发闷，准备听歌看舞，忽然有人来报，琴师邹忌要为大王献曲。齐威王很高兴，马上召见邹忌。邹忌坐在琴前，调弦正音抚弄了好一阵子，接着就一动不动了。齐威王很着急，催他快弹，邹忌将手指放在琴弦上，还是不弹，齐威王有些不高兴，便责问他为何不继续弹下去。

邹忌说："弹琴是我的本行，我一时不弹您就如此着急。而国家这张大琴在您手中9年也未曾弹一下，难怪大家都着急呀！"齐威王明白了邹忌的意思，便将他留在身边。邹忌给齐威王提了诸如增加生产、厉行节约，任人唯贤、远离小人等许多建议。齐威王觉得他是个人才，就拜他为相国。

淳于髡是个能言善辩的人，他听说邹忌仅凭一张琴和一张嘴就平步青云，心里很不服气，决定找邹忌辩论。

邹忌很客气地迎接淳于髡。淳于髡傲然坐下来，开口便说："子不离母，妻不离夫。"邹忌谦恭地应道："我会加倍小心，侍奉国君。"淳于髡又说："木头做的车轴即使涂上猪油，放在方孔中的轴槽中也不会转动自如。"邹忌仍然谦恭地说："多谢指教，我定会按你的吩咐度时势，顺民意，不做违背常理的事。"邹忌一连同他对答了几个问题，淳于髡傲色有些缓解，但仍不死心，接着说："算不准尺寸，选不成车；定不准琴音，奏不成曲。"邹忌恭敬地欠身，说："谢谢您的指教，我一定修订法令，使人们有法可依。"

淳于髡站起身走到邹忌面前，倒身下拜。邹忌慌忙将他扶起。淳于髡感慨地说："邹忌是真正有雄才大略的人，我与他相差甚远。"

邹忌正像自己所说的一样，忠心为国，制定新法整顿军队，加强农业，使齐国很快强大起来。

一天，邹忌去见齐威王，对他说了一件事：有一个门客来看我，说我比城北的美男子徐公漂亮，我虽然听了高兴，还有些怀疑，便问妻子和小妾。她们也说我比徐公漂亮。我心里感到欢喜。可是有一天我遇见徐公，发觉自己远不如他漂亮。我开始分析身边的人为什么对我说谎。后来我明白了，门客说我漂亮是有求于我，妻子说我漂亮是偏爱于我，小妾说我漂亮是惧怕我……

您是一国之君，拥有几千里的土地，120多个城邑，有求于您、惧怕您的更是数不胜数，奉承您、对您说谎的人就更多了……

齐威王恍然大悟，立即下令：今后无论是谁能当面指出我错误的，受上等奖；写信指出我错误的受中奖；背后议论我的错误被我知道的受一般奖。

命令发出后，齐威王果然给提意见的人重奖，并虚心接受意见，将错误一一改正。到后期，提意见的几乎没有了，却收到百姓许多检举贪官污吏的信。威王决心整顿一下贪官污吏。一天，齐威王召集众臣，问大家全国120个城邑哪个治理得最好，哪个治理得最次。一个大臣说，阿城最好，即墨最次，旁边几个大臣也随声附和。

齐威王下令将二人召进宫来，进行处理。退朝后，邹忌对齐威王说："凡事眼见为实，耳听为虚，应派人去阿城、即墨实际考察一番，了解一下具体情况。"齐威王点头同意。

出去考察的人很快回来了，了解的情况与大臣所说的恰恰相反。阿城太守平日只知搜刮民财，不知为百姓办实事，使百姓深受其害。但他处事圆滑，善于逢迎，常出重金贿赂大臣，所以大臣乘机为他说好话；即墨太守为官清正，凡事为百姓着想，平日最讨厌溜须拍马，遭许多大臣的忌恨，因此也乘机奏他一本。

齐威王听说此事勃然大怒，第二天一早便召集众臣上朝。在朝廷正中放了一口装满沸水的大锅。那些忌恨即墨太守的大臣看到这个场面，都暗自窃笑，准备看水煮即墨太守的笑话。

齐威王威严地坐在王位上，扫视众臣一遍，朗声道："我已派人察明，即墨大夫功绩可嘉，加封一万户的俸禄。阿城大夫贪赃枉法，贿赂上司，把他煮了！"阿城大夫丝毫未料到自己有这结果，早已吓晕过去。

那些收贿的大臣惊得冷汗直冒，抖成一团。邹忌忙跪下替他们求情。齐威王酌情惩治了受贿的大臣，又整顿了全国各级地方官吏。从此，贪官污吏收敛多了，真正贤明而有才能的人，都愿为齐威王效力。

齐威王由于采纳了邹忌的建议，将齐国治理得民富兵强，很快成为战国七雄之一。楚、魏、赵、韩等国派使者来朝拜，盛极一时。

神医扁鹊

我国的医学有独到的诊治疾病的方法，在春秋战国时期已经有很高的医治水平了。被称为"开山祖师"的扁鹊就是春秋末期到战国初期的最有名的医生。

扁鹊，本来是传说中黄帝时代的名医。到春秋后期，有个叫秦越人的医生，因为医术高明，医德高尚，就被人们以"扁鹊"相称，他的真名却被一般人忘记了。扁鹊年轻的时候当过客店掌柜，后来得到老名医长桑君的指点，学会了看病治病，就开始行医了。

扁鹊是齐国渤海郡人，他在北方各地走过许多地方，到了一个地方就给当地人看病，对于普通百姓，尤其关心。老人、妇女、儿童的病，他都治得好。这样，他的名声渐渐传开了，人们都很尊敬他。

有一次，扁鹊到了虢（音 guó），走到国君的宫殿门口，听说太子刚刚死了，就急忙打听是得了什么病。有人告诉他："太子是气血不顺，内脏受害，突然气绝身亡的。"扁鹊又详细问起病人是什么时候死的，收殓了没有。然后，他郑重地说："请转告贵国大王，我可以把太子救活。"那人不相信，扁鹊告诉他："我看病，向来是以表知里，以里知表的。刚才听你说的这些症状，我就知道，太子没有真死，他现在下半截身子肯定还是温热的。"国君听说名医扁鹊来了，亲自出来迎接，愁眉苦脸地请他为儿子看病。扁鹊来到太子跟前，为他切脉，又检查了各个部位，然后安慰国君说："太子的病叫'尸厥'，是阴阳失调的结果。其实没有死，只是一种假死。不要紧，我能治好。"说完，扁鹊让弟子们用针刺太子的几个穴位。不一会，太子果真苏醒了。扁鹊又用灸烧燎他的两肋，太子就能坐起来了。再服汤药，又过了 10 多天，太子完全复原了。

扁鹊还擅长望诊和切脉。他给齐国国君桓公午看病的事，就证明了这一点。那一次，扁鹊见到桓公午，观察了一会儿，说："大王已经有病了，如果不治就会加重的。"桓公午却不高兴地说："我没什么不舒服的感觉，怎么会有病呢？"过了5天，扁鹊又见到桓公午，看过以后有些着急地说："您的病已经进入血脉了，要赶紧治好才行。"桓公午更有些生气了。又过了几天，扁鹊第三次见到桓公午，吃惊地说："您的病已经进入肠胃，再不治就危险啦！"桓公午听着厌烦，理也不理。两个人第四次见面的时候，扁鹊看了桓公午一眼，不说话，扭头就走。桓公午觉得奇怪，忙派人追上他问原因。扁鹊说："大王的病，一开始在皮肤上，后来发展到血脉，又进了内脏，这些都可以热敷、扎针、吃药的办法治好，可今天，我看他的病已进入骨髓，没法医治了。所以我只好离开。"

过了几天，桓公午果然发病，再派人去请扁鹊，他已经离开了齐国。桓公午不久就死了。

扁鹊行医，不但会用药物、针灸，还特别重视病人的心理状态，他认为有些病主要不是肌体的毛病，而是人的心理和生活失调。像为人骄傲任性，拼命追求财富，不锻炼身体等都对人体有害，遇到这样的病人，他是不给治的。特别是对那些相信迷

扁鹊

信巫术的人，他坚决不治。

扁鹊晚年，曾到秦国行医。秦武王想请他看病，可秦国医官李醯（音 xī）非常忌妒扁鹊，怕他给国君治好了病，影响自己的声誉和地位，竟派人把一代名医扁鹊刺杀了。

扁鹊的医术代表了春秋战国时期的医疗水平，也奠定了我国传统医学的基础。到今天，"望、闻、问、切"，针灸，汤药，仍然是中医诊断的基本手段。传说他的著作有《扁鹊内经》等书，可惜现在已经失传了。

孙庞较智

春秋时著名军事家孙武死后 100 多年，至战国中期又出现了一位卓越的军事家孙膑。他出生于齐国，是孙武的后世子孙。在年轻时，他与魏国人庞涓都求教于当时的著名学者鬼谷子，学习兵法战策，以兄弟相称。孙膑年长为兄，庞涓稍幼为弟。

其时，魏惠王正大肆张榜礼聘天下豪杰，也要学秦孝公那样，要找一个商鞅式的人才。庞涓对孙膑说："老师传授我们本领，为的是使我们报效君王。我乃魏人，正当为国效力，兄长虽齐人，如不弃，待我得意之时，当接兄长下山共事魏王。"

不久，庞涓果然得到魏王赏识，拜为将军，连破卫、宋，又摒齐于国门之外，一时名声大震。孙膑则一边认真研习其祖孙武留下的兵法，一边耐心等待庞涓的消息。终于，庞涓书信传来，邀孙膑赶赴魏国。其实，庞涓深知孙膑才能远胜于己，本不想引荐他，无奈有好事的禽滑厘（墨子的徒弟）极力向魏惠王推荐。惠王责备下来，庞涓不得已而为之。

庞涓不想让孙膑出头，故而在魏惠王面前假意曲说，只让孙膑当了有职无权的客卿。孙膑浑然不觉，还真心感激师弟庞涓的巧妙安排，不断托庞涓向魏惠王献计，却都被庞涓扣压住。庞涓知道长此下去不是办法，于是想出一条陷害孙膑的毒计。

一日，孙膑正在馆驿读书，忽有一位说齐国口音的汉子求见，带来孙膑失散多年的堂兄家信，信中尽诉离别之情，并劝孙膑一同回齐国效力。孙膑认为受庞涓照顾多日，没能报答恩情，实在过意不去，预备替庞涓为魏惠王出些好计谋后再回齐国不迟。他把这想法写信告诉了堂兄，并托送信人带回。送信人并未将信带给孙膑的堂兄，而是交给了庞涓。原来这正是庞涓想出的毒计。庞涓拿到孙膑的家信，立即命人以此笔体伪造了一封孙膑急欲弃魏归齐内容的信，由庞涓密呈给了魏惠王。

庞涓对魏惠王说："孙膑乃奇才，如被齐国重用，必对魏国不利。为了国家的利益，我忍痛请求大王您将孙膑处死吧。"

魏惠王思忖良久说："不可！孙膑本是我请来的，现在却要杀了他，天下人会耻笑我的。"庞涓一计不成又生一计，对魏惠王说："不如我先去劝劝他，他若肯留，则请大王重用他；如他坚持要走，请大王允许我来处理他的问题吧。"魏惠王允诺。

庞涓来到孙膑处，闲扯家常时谈起孙膑收到家书的事，庞涓建议他向魏王告假省亲。孙膑言道："我刚到魏国，寸功未立，就提出省亲，怕不妥吧？"庞涓答道："兄长请放心，魏王那里自有小弟担待，只需过几日呈上告假奏章即可。"

离开孙膑居所，庞涓又来见魏王，说："启奏大王，孙膑去意已定。"不几日，魏惠王果然接到孙膑的告假奏章，庞涓的话完全应验了。惠王不由大怒，下旨意拿下孙膑，刀斧手手起刀落，剜去了孙膑的两个膝盖骨，孙膑惨叫一声，昏死过去。刀斧手乘机又在孙膑的脸上刺了字。

待孙膑再醒来的时候，已是躺在庞涓家里了。庞涓两眼含泪亲自给孙膑上药，把孙膑感动得热泪涟涟。他想：师弟对我恩重如山，本想重重报答，可惜身体已坏，看来唯有将先祖传下来的兵法 13 篇默写出来赠给师弟作为报答了。

孙膑强撑起残躯，伏在书案上吃力地刻写起来。既要回忆，又要刻写，重伤在身的孙膑工作的速度自然很慢。庞涓渐渐有些不耐烦了。侍奉孙膑的小书僮看出来了，悄悄一打听，才知庞涓只因为要得到孙膑所学的兵法才留他一条命。

小书僮于心不忍，将所听到的一切都告诉了孙膑。闻听此言，孙膑如雷轰顶，想想前后的经历，猛然醒悟过来：这禽兽一样的庞涓，兵书绝不能传给他！可不刻写，庞涓是不会放过自己的，怎么办？孙膑陷入沉思中。

孙膑忽然疯了！庞涓不信，认为孙膑是装疯。他急忙来到孙膑的居室，看到孙膑衣服脏破，发髻散乱，跪在地上像牛马一样地转圈。"你要干什么！"庞涓呵斥道。孙膑抬头见是庞涓，"蹭蹭蹭"地爬过来抱住庞涓的腿，喃喃地说："鬼谷老师，你可来救我了，这下魏王不能把我怎样了。"边说边用流着口水的嘴去亲吻庞涓的鞋子。庞涓厌恶地一脚将孙膑踢开："你是个疯子。来人，把他拖到猪圈去。"

庞涓并不相信孙膑真疯了，他派人到猪圈去打探。派去的回来说，孙膑整天在猪圈里爬来爬去，饿了抓起猪粪就在嘴里塞，困了倒头便睡，庞涓这才有些相信了。

渐渐地，庞涓对孙膑的戒备松懈了，不仅允许他常爬到大街上去晒太阳，甚至有时一连两三天也忘了查问孙膑的行为举止。

一直暗中关心孙膑动向的禽滑厘终于等到了机会。趁齐国派使臣访魏的机会，他说服齐使，悄悄地将孙膑藏带出魏国。

因为接待齐国特使，庞涓忙得好几天都没工夫过问孙膑的事。送走齐使，一天早上梳妆时，庞涓问手下人孙膑的近况。手下人答道："几日没见孙膑的面了，有人说他掉到河里淹死了。""真死了吗？"庞涓轻描淡写地问了一句，再没往深里追究。

孙膑到了齐国，沐浴换装，面貌一新。齐王早知孙膑的大名，如今一见，真是相见恨晚，当时就要不顾"刑徒"终身不能为官的礼制，赐孙膑高官厚禄。孙膑言道："大王不可，我寸功未立，不能受赏。再者，如庞涓知道我还活着，一定会来攻打齐国。不如请您允许我藏而不露，待到国家有事时，我再效全力不迟。"齐王允诺。

公元前353年，庞涓领魏惠王命率大军包围了赵国都城邯郸。赵王派人向齐国求救。齐王向孙膑问计，孙膑认为应该出兵。齐王想拜孙膑为大将领兵救赵，孙膑说："我乃刑余之人，领兵带队恐辱大王脸面，不如请田忌大夫为大将，我辅佐他好了。"齐王就拜田忌为大将，孙膑为军师领兵救赵。

孙膑向田忌建议道："我料赵军非庞涓对手，如按原计划救赵，恐怕我们还未到时，邯郸就已被魏军攻破了。不如我们声东击西，直接攻打魏国的都城大梁，这样，庞涓必定回兵救援，我们再在半路上埋伏好，打庞涓一个措手不及。既解了赵国之围，又可打击魏国的气焰，减少它对齐国的威胁。不知将军意下如何？"田忌说："就依先生。"

庞涓包围了邯郸，正得意之时，忽有探马来报说齐国攻打大梁。庞涓一愣，心想齐国必藏有高人，才能想出如此妙策。他顾不得休整部队，急忙回师救援。听说国都危难，魏军人人心乱，加上连日征战，人马未歇，此时回援的魏军，丢盔卸甲，士气低落，犹如失败之师。

好容易回到魏国，看看离国都已不太远，庞涓刚想喘口气，却不料在桂陵地方中了齐军的埋伏。由于事出意外，魏军毫无防备，被齐军杀得大败。败走间，庞涓远远看见齐军阵中大旗上斗大的"孙"字，心中大惊，暗道：莫非是那瘸子不成？遂急令撤兵。庞涓败回，多方打探，知孙膑确在齐国效力，大呼上当，一时不敢轻易犯齐境。

公元前341年，魏惠王令太子申与庞涓领兵伐韩国。庞涓接受从前攻赵的教训，劝说魏王留下足够的兵力守国，免得像上次那样被孙膑钻了空子。

魏国的大军去攻韩国，齐国的军队果然如庞涓所料故伎重演又出兵去围攻魏国的都城了。庞涓闻报，急令大军回师合围齐军。庞涓的打算，早在孙膑预料之中，他对齐军主帅田忌说："庞涓此来，必有防备，我们只有使他骄傲轻敌，才能出其不意战胜他。"田忌素知孙膑才能，便依计而行。

刚入魏境，庞涓即探知围魏都的齐军已向东撤退，心中大喜，认为孙膑内心已怯，此时正是歼灭齐军的好机会，便指挥大队人马加快步伐向东追赶。走了一天，来到一个丘陵地带，发现地上密密麻麻全是烧火做饭的土灶。庞涓派人数了数，约有 10 万眼之多。追到第二天，发现齐军埋锅造饭的土灶减少了近一半；再追下去，灶眼越来越少，到第三天下午，快追到边境的时候，齐军的灶眼竟只剩了 3 万眼。庞涓大喜，对太子中说："齐军胆怯，望风而逃，10 万大军逃得只剩 3 万人了。请太子允许我带精兵轻装先行，争取一举追上并消灭齐军。"

庞涓哪里想得到，这减灶正是孙膑为引他上钩所设的巧计。马陵道上，孙膑对田忌说："我算准今夜庞涓必至，可令一万弓箭手埋伏在山道两侧，一见火光，即行放箭，定使庞涓死无葬身之地。"遂命令士兵将林木尽数砍去，只在道中留一高大粗壮之树刮去树皮一段，上写大字：庞涓死此树下。

不出孙膑所料，庞涓率精兵天擦黑时追至马陵道。庞涓本欲止军扎营，但杀孙膑心切，又看到山道上树木横放堵塞道路，料想齐军已无心恋战，故放下心来挥兵追击。入谷已深，魏军发现孤树，忙报之庞涓。庞涓命举火来照，发现树干上的大字，还未等怒气发作，却闻听四处一阵梆声，箭矢如雨点般射来。庞涓突然明白过来，大叫："孙膑，又中尔诡计！"急令撤退，却为时已晚，自己已身中数箭。庞涓看看大势已去，长叹一声："今番倒成就了孙膑这瘸子的名声！"说罢，拔剑自刎。

庞涓死后，孙膑也没了豪情逸志，他婉言谢绝了齐王的封赏，隐居民间，专心写作其兵法心得《孙膑兵法》。《孙膑兵法》一直流传到现在。

苏秦合纵张仪拆盟

秦国自商鞅变法以来，国势渐盛，成为七雄中最强大的国家。是联合抗秦，还是与秦修好，已成为其他 6 国面临的迫切问题。于是出现了"合纵""连横"两种主张。专门游说"合纵""连横"主张的"说客"史称"纵横家"，苏秦就是其中代表人物之一。

苏秦，字季子，战国时洛阳轩里人（今河南省洛阳），他和魏国人张仪是同学，也是好朋友，二人皆出身寒微，学习刻苦，且善口才。

学习结束后苏秦外出闯荡，决心谋取一官半职。但是走了许多国家都未被任用。两年后，衣衫褴褛、狼狈不堪的苏秦只好回到家中。家里人见他如此落魄，都不理他，认为他不务实，是个游手好闲的人。他的嫂子明知他腹中饥饿，也不肯给他做饭。

苏秦并未灰心，而是暗暗发誓，将来一定要出人头地。从此苏秦日夜苦读，不思食宿。有时读到半夜实在太困了，就用绳子把头发拴起来系在梁上，这样打瞌睡时一低头，会被绳子拽醒；有时人虽然醒着，精神却振作不起来，他就用锥子刺自己的大腿，强迫自己振作精神。"头悬梁，锥刺股"就是从此而来的。经过一番苦学，苏秦掌握了丰富的知识，天文、地理、医药、军事、古今法令、各国概况均熟记于胸。于是他再次离开家乡，谋求仕途。

公元前 334 年，苏秦来到燕国，受到燕文公礼遇。他与燕文公分析当前的形势：当今秦国最强，时有吞并各国的野心。燕国之所以未受侵扰，因为赵国抵挡在前，燕国要想永保太平，只有与赵国交好，联合中原各国共同抗秦。燕文公深有同感，便派苏秦合纵燕、赵、韩、魏、齐、楚 6 国。

苏秦首先到了赵国，向赵肃侯说明合纵之计的好处。赵肃侯完全同意，当下拜他为相国，给他大量财物，请他联合其他4国。苏秦凭借自己出色的口才与智慧很圆满地完成了任务。国君歃血为盟。封苏秦为"纵约长"，挂6国相印，掌管联盟之事。

苏秦挂6国相印荣归故里，所到之处均盛情接待，乡亲及家人更是诚惶诚恐，他的嫂子跪地磕头不起，苏秦心中感慨万千。

公元前333年，燕文公去世，燕易王继位，齐国乘燕国办丧事之机，夺走了燕国十几座城池，从此齐燕两国结下深仇。

秦王听说六国合纵之事，决心拆散联盟，首先将魏国夺来的土地又退还回去，然后又将女儿许配给燕太子。魏国和燕国同秦国好起来。苏秦得到消息来到燕国。燕易王对他说了齐国有违盟约的举动。苏秦决定替燕国要回城池，又到了齐国。见到齐威王，苏秦说："一个人无论有多饥饿，也不会吃乌头籽，因为乌头籽会加速人的死亡。如今齐国就吃了乌头籽。燕国与秦国已联姻，您若占了燕国城池，秦国必然出兵，到那时齐国岂不危险！"齐威王觉得很有道理，燕国不费一兵一卒收复了城池。燕易王并没有消除心头之恨，便派苏秦到齐国去，想办法削弱齐国的力量。苏秦佯装得罪燕王，逃到齐国。

公元前320年，齐威王去世，齐宣王即位，齐宣王是喜财好色之徒。为了投其所好，苏秦大建宫殿，广罗美女献给齐宣王，齐国的国库渐渐虚空，百姓的赋税大大增加，全国上下怨声载道。许多大臣进谏，劝齐宣王远离苏秦。

齐宣王根本听不进去。不久，苏秦遇刺身亡。

此时张仪已到了秦国，得到秦惠文王的重用，被拜为相国。在苏秦任纵约长时，张仪曾前去投奔，苏秦激励他应该有所作为，不要心存依赖思想。张仪茅塞顿开，只身去了魏国，在那里并未得到重视，于是又到了楚国，做了昭阳公门客。由于张仪出身卑微很受歧视，一次昭阳的"和氏璧"被偷，大家怀疑是张仪所为，将他打得半死。伤好后，张仪在苏秦的帮助下，来到秦国。

苏秦死后，六国合纵渐渐解散，各国相互征战抢夺地盘。楚怀王见张仪作了秦国相国，担心他会寻机报"和氏璧"之仇，便重新联合6国攻打秦国，几次交锋，6国均惨败而归。

为了拆散联盟，张仪对秦王说，目前齐、楚两国是强国，若拆散这两国的联盟，剩下的一切就迎刃而解了。秦王将此事交由张仪办理。

张仪到了楚国，首先买通了楚怀王的庞臣靳尚，然后见楚怀王，并对他说，如果楚国跟齐国断交，秦国将跟楚国交好，同时把商於一带600里的土地归还楚国。有靳尚在旁怂恿，楚怀王欣然同意。大臣陈轸看出这是骗局，劝楚怀王不要上当，遭到楚怀王斥责。

楚国跟齐国断交后，派使者去咸阳接收商於。张仪拿着地图对使者说："你们大概听错了吧。秦国的土地怎好轻易送人呢？我说的是将我自己的封地拿出6里给楚国，而不是秦国的600里。"使者忍气吞声回到楚国。楚怀王气得浑身发抖，立即发兵10万攻打秦国。秦国早有准备，和齐国联手抗楚。楚国腹背受敌，10万人马葬送了七八万。不但商於600里土地没有得到，本国汉中一带的600里土地又被抢走。万般无奈，楚怀王只好委曲求全向秦国求和。至此楚国一蹶不振。

张仪用欺骗手段征服楚国之后，又到其他各国游说，使他们同意"连横"亲秦。苏秦费尽口舌建立的合纵联盟，被张仪的巧嘴尖舌拆散了。

苏秦和张仪作为战国时著名的纵横家，不辞劳苦游说各国，充分显示了他们卓越的才华。

狡兔三窟

在战国时期，一些国家的重臣喜欢结交和收养各种各样有一定本领的人，做他的"门客"，给他出谋划策，并借此提高自己的声望，维持和巩固自己的地位。这种做法一时成为风气。如齐国的孟尝君、魏国的信陵君、楚国的春申君、赵国的平原君，收养的门客都很多，人们称他们为"四公子"，这里我们给大家说说齐国的孟尝君的故事。

孟尝君名叫田文，是田婴的儿子。田婴在孙膑指挥的马陵战役中担任过副将，因作战有功，齐国把他封于薛地（今山东滕州市东南），称为薛公。田婴死了以后，田文继承了父亲的官位和封地，号称孟尝君。

孟尝君是齐国很有威望的大臣，当年刺杀苏秦的人就是他派去的。孟尝君懂得，收养大量门客，获得很多人的拥护和支持，这对于取得名望、巩固自己的地位是很必要的。于是他到处搜罗人才，不论贵贱，只要有一技之长，都以礼相待。这样，他爱慕贤人的名声就慢慢传开了。别的国家的一些豪杰之士，甚至一些逃跑的犯人也来投奔他，把他当作知己朋友，为他办事。

有一次，一个叫冯谖的人来投奔孟尝君。孟尝君看他那副打扮，一身破衣裳，脚穿草鞋，腰里系着一把剑，连剑鞘也没有，知道是个穷苦人，就问他："你有什么本事呢？""我什么本领也没有。"孟尝君笑了起来，说："那你就先住下吧。"孟尝君手下的人看冯谖这么穷，又没本领，都看不起他，把他安排在下等房间里住，天天给他粗饭吃。没过几天，冯谖拿着那把剑边弹还边唱："剑啊，咱们回去吧，这儿吃饭没鱼虾。"

孟尝君觉得这话传出去，自己没脸面，就让人把冯谖搬到中等房间里住，给他鱼虾吃。没过多少日子，冯谖又唱了："剑啊，咱们回去吧，这里出门没车马。"有人把这话报给了孟尝君,孟尝君吩咐再给他一套车马。谁知没过多久,有人又来反映说:冯谖仍旧天天唱哩,什么"剑啊,咱们回去吧,没钱不能养活家"。孟尝君挺生气,心想,这个穷鬼怎么这样不知足呢。不过,为了笼络更多的人,他还是派人经常给冯谖的老母亲送钱用。冯谖这才不弹不唱了。

过了一年光景,孟尝君名气越来越大,当上了齐国的相国。这时候,他的门客已经有3000人了。养活这么一大帮人,耗资非常大。尽管他收入不少,可也感到力不从心。他想来想去,想到在薛城还放了一大笔高利贷,已经多年没收上利息来了,决定派人去收一下。这收债可是个费力不讨好的差事,还得懂一套会计业务,门客没人愿意去,倒叫孟尝君作了难。有人推荐冯谖。孟尝君就把冯谖找来,冯谖很爽快地答应了。带着债券,就出发了。

冯谖到了薛城,那些比较宽裕的人跑来还了利钱,那些还不起债的穷人家早躲得无影无踪了。冯谖很同情他们,便将债户召集在一起,核对债券,然后又以孟尝君的名义将债券烧掉,告诉他们所有债务全免。债户们感激涕零。

孟尝君听到冯谖焚烧债券的消息,不由得火冒三丈,立刻派人把冯谖叫回来。冯谖却不慌不忙地回答说:"公子您别急!请您想一想,不办酒席怎么能把债户全都找来呢?债户不来,怎么知道谁付得起利钱,谁又付不起呢?现在,付得起的,已经定好期限,到期准能交上。付不起的,就是再过十年八年,他还是付不起。逼急了,他索性跑到别的地方去了,那些债券还有什么用处呢?您要是硬逼着他们,得钱不多,倒落个不好的名声,这划得来吗?我把这些没用的债券烧了,使薛城百姓对您感恩戴德,到处颂扬您的美名,这不是大好的事情吗?我看您这儿金银财宝,山珍海味,什么都不缺,唯独缺少对穷苦人的情义。所以我就把情义给您买回来了。"孟尝君听了真是哑巴吃黄连——有苦说不出,只好说:"算了,算了,先生休息吧。"从此,对冯谖又冷淡了。

后来齐王听信了秦楚两国制造的谣言,怕孟尝君功高欺主,构成对自己的威胁,就免去了他的相国职务。那些门客一看主人失了势,纷纷离去,只有冯谖还一心一意地跟着他。孟尝君只得垂头丧气地回到自己的封地薛城去闲居。他还没进城，老远就看见人们扶老携幼，夹道欢迎他，不由得掉下泪来，对冯谖说："先生给我买的，今天我感受到了。"冯谖说："狡猾的兔子有3个洞，才能保证它的安全呢；现在您只有薛城一个安身地方，哪儿够啊？我再给您找两个安身之处吧：一个在秦国的咸阳，一个就在咱们齐国的都城临淄。"于是，孟尝君给他好多车马和金子做费用，冯谖就到秦国去了。

这时候，秦国的相国死了，位子空着。秦昭襄王一向很佩服孟尝君，当初就想要拜他为相国，后来散布谣言中伤孟尝君，也为的是把他逼到自己这里来。冯谖就利用这一点来游说秦昭襄王。他一见到秦王就问："大王听说齐王把孟尝君革职的事吗？"秦王说："听说了。"冯谖说："齐国能够治理得这么强大，全是孟尝君的功劳。今天齐王这么对待他，他怎么能不怨恨呢？齐国的人事、机密等种种情况，孟尝君都一清二楚，如果让他来投奔秦国，大王就可以拿下齐国，称雄天下了。这可是千载难逢的好机会呀！希望大王赶快下手，不然，齐王觉悟过来，重新任用了孟尝君，齐国可又要跟大王较量高低了。"秦王听了很高兴，立刻派遣使者带了黄金千斤、彩车百辆的厚礼，前往聘请孟尝君。

这时候，冯谖又抢先赶到齐国都城临淄，求见齐王，气喘吁吁地说："大王听说秦国要把孟尝君接去当相国的消息吗？"齐王说："还没听说，是真的吗？"冯谖说："我亲眼看见他们派彩车百辆，带着黄金千斤往咱们这里来了。孟尝君不去还好，真要当上秦国的相国，咱们齐国不就完了吗？大王应该马上重新任用他为相国，再多给他点封地。他是齐国的老臣，不会不答应的。到那个时候，秦国虽然强大，也不能拉走人家的相国呀？"齐王一听，半信半疑，派人去察看秦国的使臣是不是真的来了，等到听说已经入境，这才慌了手脚，连忙派人把孟尝君接来，重新拜他为相国，又另外给他1000户的俸禄。秦国的使者赶到薛城，扑了个空，知道孟尝君重新当了齐国的相国，也无可奈何，只好空手回国去了。

那些走掉的门客听说孟尝君重新当上了相国，又来投奔他。孟尝君很恼火，对冯谖说："我失势的时候，他们不帮助我，都溜了。多亏先生竭力奔走，我才得以重新担任相国。他们有什么脸再来见我呢？"冯谖说："公子大可不必这样做。您现在做相国正需要大家扶持，可不能赌气，把宾客赶走了，那样谁还给您办事呐？不如还像当初一样热情地招待他们，也显得您的度量大。"孟尝君说："先生的话，我敢不听吗？"由于得到许多门客的支持，孟尝君又稳稳当当做了好几年相国。

冯谖烧债券的故事，说明战国时期已经出现了高利贷。当时，商业有了很大发展，在购买商品的时候已经广泛使用货币。

赵武灵王胡服骑射

赵国东北与东胡、燕国接壤；东与中山国、齐国接壤；北、西北与胡林、楼烦、匈奴接壤；西南、南与秦和中原国家接壤。战国以来，赵国经常遭受强国以及北方少数民族的侵凌。特别是赵武灵王继位后，秦国经过商鞅变法，国力日益强大，并且不断蚕食邻近各国的土地，把矛盾也指向了赵国。面对这种不利的战略态势，赵武灵王决心实行军事改革，实现富国强兵，以维护国家的安全，扩大赵国的势力。

赵武灵王十九年（公元前307年）正月，群臣朝拜信宫后，赵武灵王召大臣肥义共同商讨天下大事，五日而毕。接着，赵武灵王在北方边界巡视了中山国的一些地方，还亲自登上了黄华山。赵武灵王感慨万千：既想到先辈们为了国家的生存和发展所做出的不懈斗争，也想到了目前在军事上的困境。

他召大臣楼缓共同谋划国家的未来，并对他说："中山国处于我国腹心之边，北有燕，东有胡，西有林胡、楼烦、秦、韩，但我国没有卫疆之兵，这是要亡国的呀！虽然有高世之名，也不免要受流俗的束缚。我想推行胡服。"楼缓说："这样好极了。"然而，群臣都反对这一做法。

春秋以来，骑兵虽已出现，但数量很少，在军队中不占什么地位。然而骑兵是一个很有发展前途的兵种，特别是北方少数民族擅长骑射，他们对赵国的威胁也很大。因此，赵武灵王希望发展骑兵，但是赵国传统服装是宽袍大袖，不适于骑射，而胡人服饰短装紧身，整装皮带，穿皮靴，很适合马上训练、作战。他于是大力提倡改穿胡服。

一天，赵武灵王又与大臣肥义共同谋划推行胡服骑射，以教化百姓。他对肥义说："凡为人臣，有孝悌长幼顺明之节者，得贵宠；有补民益主之功业者，为达理。如今，我欲继承先王赵简子、赵襄子的事业，拓疆辟地，但世间并没有见到有补民益主的忠臣。如果我们推行胡服骑射，敌人必困弱，这样耗力少而功大，也可以少让百姓受累。有独到见解的人，必然会遭到傲慢之民的责备怨恨。我现在准备实行胡服骑射，以教化百姓，天下人必然会议论我，怎么办？"肥义回答说："大王既然决心不顾衣冠礼义的习俗，就不要担心天下人的议论。常言道，有高尚道德的人是不会随波逐流的，成就

大业者绝不会人云亦云。愚顽之辈是预见不到成功的大事，而智者则可以预见，大王有什么担心的呢？"于是，在肥义等忠臣的鼓励下，赵武灵王带头穿上了胡服。

尽管如此，赵国上下都不愿改穿胡服，认为这样有伤风化，赵武灵王的叔父公子成则干脆称病不来上朝。赵王

便派人去传达自己的旨意说："在家里听从父亲，在朝中听从国君，这是古今之公理。现在我决定变易服饰而叔父大人却不肯更换，我担心天下人会因此而议论我。治国有常规，就是要以利民为本；参政也有原则，就是要积极执行上面下达的政令。现在我要推行胡服，并不是为了养欲乐志，而是要干一番大事业。况且我听说，'事利国者行无邪，因贵戚者名不累'，因此我想仰仗叔父的威望，来成就胡服骑射的大业。"赵武灵王的慷慨陈词，使公子成心悦诚服，第二天便身着胡服上朝。

公子成是赵国很有影响的人物，他对胡服骑射改革的支持，使赵武灵王有信心和能力将这一改革坚定不移地贯彻下去。于是，他向全国发布改穿胡服的命令。

赵武灵王通过胡服骑射的军事改革，建立了一支强大的骑兵部队，为赵国的扩张打下了坚实的基础。赵武灵王二十年（公元前306年），赵军攻略林胡、楼烦，辟地千里，建立云中郡、雁门郡。次年，赵国大举进攻中山，攻取许多土地。赵武灵王二十三年（公元前303年），赵国再度进攻中山国。战国后期，赵国之所以发展成为唯一能够与秦国抗衡的强国，是与赵武灵王实行胡服骑射的军事改革密不可分的。战国后期各国逐步以骑兵代替车兵成为军队主力，也是深受赵武灵王胡服骑射的影响。到了实行胡服骑射的第七年，中山、林胡、楼烦都被收服了，还扩大了好多土地。赵武灵王就打算同秦国比个高低啦。

赵武灵王经常带兵在外打仗，把国内的事交给儿子管。公元前299年，他正式传位给儿子，就是赵惠文王。武灵王自己改称主父（意思是国君的父亲）。

赵主父为了要打败秦国，把国内的事安排好以后，决心亲自到秦国去考察一番地形，并且观察一下秦昭襄王的为人。他打扮成赵国的一名使臣，带着几个手下人，上秦国去。

到了咸阳，赵主父以使臣的身份拜见秦昭襄王，还向他报告了赵武灵王传位的事情。

秦昭襄王接见了那个假"使臣"后，觉得那个"使臣"的态度举止，既大方，又威严，不像个普通人，心里有点犯疑。过了几天，秦照襄王又派人去请他，发现那个"使臣"已经不告而别了。客馆里留着一个赵国来的手下人。秦昭襄王把他找来一问，才知道他接见的原来就是有名的赵主父。秦昭襄王大吃一惊，立刻叫大将白起带领精兵，连夜追赶。追兵到函谷关，赵主父已经出关3天了。

赵武灵王这一趟秦国行，彻底摸清了秦昭襄王的底细，为赵国今后的发展制定了切合实际的部署。过了几年，赵国就成功地崛起了，成为原来"三晋"中最有实力的大国。

将相和

秦昭王听说赵惠文王得了无价之宝"和氏璧"，又从一位玉工的口中了解到，和氏璧不但隐藏了一段卞和哭玉的故事，而且此玉颜色光润，纯洁无瑕，夜间生光，冬季温暖，近旁可以不生火炉，夏季凉爽，百步之内不近蚊蝇。他就很想将和氏璧占为己有，其中自然含有他的政治目的。

公元前283年，秦王派使者带国书去赵国。国书大意是秦国以15个城池换取和氏璧，希望赵王答应。

赵王召众臣商议。大家普遍认为：送去和氏璧，恐怕不会得到15座城池；不送和氏璧怕秦王怪罪，惹他不起。只能派一个智勇双全的人，带上和氏璧去秦国，等得到城池后再交出玉璧。一个叫缪贤的大臣向赵王推荐他的门客蔺相如。

赵王召见蔺相如。蔺相如说："秦国以15座城池换一块玉璧，出价够高了。如果赵国不答应，赵国理亏。大王若把玉璧送去，秦国不交城池，秦国理亏。我们宁可让秦国占理亏的一面。"赵王点点头说："如果秦王不讲信用，我们怎么办？"蔺相如坚定地说："秦国交出城池，我就留下和氏璧；如果秦国失信，我会将和氏璧完好无损地护送回国。"

蔺相如带着和氏璧来到咸阳。他呈上和氏璧。秦王接过璧玉，爱不释手，自己看了半天又交给近侍传看。蔺相如站在朝堂上等了很久，见秦王只字不提交出城池之事，知道秦王并无诚意。可是璧已在对方手中，又不能硬抢，怎么办呢？蔺相如急中生智，对秦王说，"此璧有个微小的斑点，让我指给大王看。"

秦王并未发现斑点，很想知道在哪儿，便将璧玉交给蔺相如。蔺相如将和氏璧拿在手中，往后退了几步，靠在一根柱子上，怒气冲冲地说："赵王诚意派我将璧送来，大王却没有交换的诚意。如今璧在我手中，大王若再相逼，我的头和璧玉将一起撞碎在石柱上！"说着，便将和氏璧举起来。

秦王慌忙解释说："先生误会了，我怎么没有诚意呢？"接着命人拿过地图，将准备给赵国的城池指给蔺相如看。

蔺相如说："赵王送玉之前，斋戒5天，举行了隆重的仪式。大王若诚意换玉，也应斋戒5天，再举行接玉仪式。"秦王满口答应。

蔺相如回到馆舍，将和氏璧包好交给随从，化妆后偷偷跑回赵国。5天后，秦王在咸阳召集有关大臣举行接璧仪式。蔺相如上前施礼道："秦国自穆公以来，先后20多个君主没有一个讲信义的，就在前不久，张仪又骗了楚国。我也怕受到欺骗，所以把璧玉送回赵国了。"

秦王一听勃然大怒："你让我斋戒5天，举行接璧仪式，我一切听你的，你却把璧送回赵国，这分明是戏弄于我！"

蔺相如从容地回答："众所周知，秦强赵弱。只有秦国欺负赵国，而赵国绝不敢欺负秦国。倘若秦国真的诚意以城换玉，那么请先交出15座城池。我立即回国取回和氏璧，绝不敢背信弃义！"

秦王见蔺相如义正辞严，悻悻地说："无非是一块璧，不要伤了两家的和气。"

秦王放回蔺相如。他并不真心想以城换璧，只不过想借此试探一下赵国的态度和力量。蔺相如完璧归赵，赵惠文王很高兴，拜他为上卿，处理国事。

秦昭王一心要使赵国屈服，接连侵入赵国边境，占了一些地方。公元前279年，秦昭襄王派人送信给赵惠文王，约请他到渑池（今河南省渑池县境）会面，签署修好条约。

赵王有些犹豫，就召集众臣商议，有人说秦国向来不讲信用，此行恐有诈，不去为好。

蔺相如、廉颇主张去，不然会叫秦国看不起，还给他找到进攻的理由。赵王只好硬着头皮去冒险。为防万一，廉颇辅助太子留守本国，大将李牧率5000人马与赵王同行，平原君带5000精兵在渑池30里外接应，蔺相如随驾前往赴会。

会上，秦王一副盛气凌人的样子，他命人取来一张瑟递到赵王面前，说："听说赵王通晓音律，请弹奏一曲为大会助兴。"赵王感到很难堪，但慑于秦王的威严，只得勉强弹奏一曲。曲罢，秦王命御史记录："秦昭襄王二十八年，赵王为秦王鼓瑟。"赵王面红耳赤，大臣们面面相觑。

蔺相如不慌不忙站起来，将一个瓦盆递给秦王说："秦王擅长秦国的乐器，请大王击缶与大家同乐。"秦王面露愠色，不去理他。蔺相如很气愤，他大义凛然地说："秦国未免太欺负人了，你们国家虽然强大，但在5步之内，我可以把自己的血溅到大王身上。"秦王见蔺相如怒发冲冠，咄咄逼人，只好随便地敲了一下瓦盆。蔺相如命赵国御史记录："赵惠文王二十年，秦王为赵王击缶。"

秦国的大臣见没有占到什么便宜，高声说："请赵国割15座城池为秦王祝寿！"蔺相如不甘示弱，朗声道："请秦国把咸阳献给赵王祝寿！"

秦王早就领教过蔺相如的厉害，知道再下去也不会有什么结果，想翻脸，赵国又有强大的军事力量做后盾。百般无奈，只好与赵国签订了友好协定。

赵王见蔺相如为他挣足了面子，认为他是难得的人才，便拜他为相国。

廉颇见蔺相如仅凭一张嘴，眨眼间职位就爬到他的头上，而自己戎马一生，战功赫赫却位居他下，心里很不服气，决定找机会羞辱他一番。蔺相如知道后，处处躲着廉颇，有时还称病不肯上朝。

有一天，蔺相如带门客出去，看见廉颇的车迎面而来，忙将自己的车退进小巷里，让廉颇的车过去。蔺相如的门客觉得憋气，埋怨蔺相如不该胆小怕事。

蔺相如笑笑说："你们说廉将军跟秦王比，谁的势力大？"门客答："当然秦王势力大。"

蔺相如接着说："天下诸侯都惧怕秦王，而我却敢当面责备他，秦国之所以不敢侵犯赵国，就是因为有廉将军和我在，倘若我与廉将军不和，秦国定会趁机来犯，所以我情愿忍让廉将军。"

后来，蔺相如的话传到廉颇的耳朵里，廉颇感到无地自容。

一天，蔺相如正在书房读书，一门客急匆匆地跑来说："廉将军找上门来了。"蔺相如愣住了，不知廉将军此来何意，忙出门迎接。

廉颇裸着上身，背上绑了一根荆条，见到蔺相如便双膝跪倒，说道："我心胸狭窄，请相国责罚我吧。"蔺相如慌忙扶起他，二人的手紧紧地握在一起。蔺相如说："咱们两个人都是赵国的大臣，将军能体谅我，我已经万分感激了，怎么还来给我赔礼呢？"

两人都激动地流下了眼泪。

从此，二人齐心协力，共同保卫国家，使秦国十几年不敢侵犯赵国。

范雎的远交近攻策略

蔺相如和廉颇同心协力保卫赵国，秦国不敢轻易去侵犯。可是秦国从楚国和魏国却得到了不少土地。那时候，秦国的实权操在秦国的太后和她的兄弟穰（音 ráng）侯魏冉手里。公元前 270 年，穰侯要派兵去打齐国。

正在这时候，秦昭王接到一封信，落名叫张禄，说有重要的事求见。

张禄原是魏国人，原名叫范雎。本来是魏国大夫须贾的门客。有一回，须贾带着范雎出使齐国。齐襄王听说范雎挺有才干，背地里派人去见范雎，送给他一份厚礼，范雎坚决推辞了。这件事让须贾知道了，须贾怀疑他私通齐国。回到魏国以后，向相国魏齐告发。魏齐将范雎严刑拷问，打得他几乎断了气，肋骨被打折，门牙也打掉了两颗。最后，魏齐叫人用破席把他裹起来，扔在厕所里。天黑下来，范雎才从昏迷中醒过来，只见一个兵士守着他，范雎恳求他帮助。那个守兵偷偷地放走了他，却向魏齐回报，说范雎已经死了。

为了怕魏齐追捕，范雎更名换姓，自称张禄。那时候，正好秦国有个使者到魏国去，范雎偷偷地去见使者。使者就把他带到秦国。

范雎到了秦国，给秦昭王上了道奏章，秦昭王约定日子，在离宫接见了他。到那天，范雎上离宫去，在宫内的半道上，碰见秦昭王坐着车子来了。范雎故意装作不知道是秦王，也不躲避。

秦王的侍从大声吆喝："大王来了。"

范雎冷淡地说："什么，秦国还有大王吗？"

正在争吵的时候，秦昭王到了，只听见范雎还在那儿嘟囔："只听说秦国有太后、穰侯，哪儿有什么大王？"

这句话正说到秦王的心坎上。他急忙把范雎请到离宫，命令左右退出，单独接见范雎。秦昭王说："我诚恳地请先生指教。不管牵涉到谁，上到太后，下至朝廷百官，先生只管直说。"

范雎就议论开了。他说："秦国土地广大，士卒勇猛，要统治诸侯，本来是很容易办到的事，可是15年来没有什么成就。这不能不说相国（指穰侯）对秦国没有忠心办事，大王也有失策的地方。"

秦昭王说："你说我失策在什么地方？"

范雎说："齐国离秦国很远，中间还隔着韩国和魏国。大王要出兵打齐国，就算一帆风顺把齐国打败了，大王也没法把齐国和秦国连接起来。我替大王着想，最好的办法就是远交近攻。对离我们远的齐国要暂时稳住，先把一些临近的国家攻下来。这样就能够扩大秦国的地盘。打下一寸就是一寸，打下一尺就是一尺。把韩、魏两国先兼并了，齐国也就保不住了。"

秦昭王点头称是，说："秦国要真能打下六国，统一中原，全靠先生远交近攻的计策了。"

秦昭王就拜范雎为客卿，并且按照他的计策，把韩国、魏国作为主要的进攻目标。过了几年，秦昭王把相国穰侯撤了职，又不让太后参与朝政，正式拜范雎为丞相。

魏王受到秦国的威胁，十分惊慌。相国魏齐听说秦国的丞相是魏国人，就派须贾到秦国去求和。

范雎听到须贾到了秦国，换了一身破旧衣服，到客馆里去见他。须贾一见范雎还活着，惊讶地问："你现在在干什么？"范雎说："我就在这儿给人家当个使唤人。"

须贾见他身上穿得单薄，冻得打哆嗦，就拿出一件茧绸大褂来，送给范雎，并且留他一起吃饭。

须贾说："听说秦王非常重用丞相张禄。我很想见见他，不知有没有人能够给我引见？"

范雎说："我的主人倒跟丞相相识。大夫要见丞相，我就伺候你去见他吧。"

范雎陪须贾到了相府门口，对须贾说："大夫等一会儿，我去通报一下。"范雎进去不久，里面传出命令：丞相升堂，叫须贾进去。须贾问守门的侍者说："刚才同我一块儿来的范叔，怎么还不出来？"守门的说："哪儿来的范叔，刚才进去的不就是咱们的丞相吗？"

须贾这才知道丞相张禄就是范雎，吓得一身冷汗。他进去后，跪在地上爬到范雎面前，连连磕头，说："我须贾瞎了眼睛，得罪了丞相，请丞相把我治罪吧。"

范雎把须贾狠狠地数落了一顿，接着说："你今天见了我，给我这件绸袍子，总算还有点人味儿。看在这个份上，我饶了你的命。"接着，他又叫须贾捎信给魏王，要魏王杀了魏齐，才允许魏国割地求和。

须贾回到魏国，把范雎的话回报了魏王，魏王情愿割地求和。魏齐走投无路，只好自杀。魏国求和，秦国就按照范雎远交近攻的计策，先向韩国进攻。

燕昭王求贤

孟尝君被撤了相位以后，齐湣王又和楚、魏两国灭了宋国，更加骄横起来。列国诸侯对他都不满意，特别是齐国北面的燕国，受到齐国的欺负，更想找机会报仇。

燕国本来也是个大国。后来传到燕王哙手里，竟学起传说中尧舜让位的办法来，把王位让给了相国子之。燕国将军和太子平进攻子之，燕国发生大乱。齐国借机打进燕国，燕国险些亡国。后来燕国军民奋起反抗，才把齐国军队赶了出去。

太子平即位，就是燕昭王。他立志使燕国强大起来，下决心物色治国的人才，可是没找到合适的人。有人提醒他，老臣郭隗挺有见识，不如去找他商量一下。

燕昭王亲自登门拜访郭隗，对郭隗说："齐国趁我们国家内乱侵略我们，这个耻辱我是忘不了的。但是现在燕国国力弱小，还不能报这个仇。你能不能推荐贤人来助我雪耻呢？"

郭隗沉思了一下说："要推荐现在的人才，我也说不上，请允许我先说个故事吧。"接着，他就说了个故事：古时候，有个国君，最爱千里马。他派人到处寻找，找了3年都没找到。有个侍臣打听到远处某个地方有一匹名贵的千里马，就跟国君说，只要给他1000两金子，准能把千里马买回来。那个国君挺高兴，就派侍臣带了1000两金子去买。没料到侍臣到了那里，千里马已经害病死了。侍臣想，空着双手回去不好交代，就把带的金子拿出一半，把马骨买了回来。

侍臣把马骨献给国君，国君大发雷霆，说："我要你买的是活马，谁叫你花了钱把没用的马骨买回来？"侍臣不慌不忙地说："人家听说你肯花钱买死马，还怕没有人把活马送上来？"国君将信将疑，也不再责备侍臣。这个消息一传开，大家都认为那位国君真爱惜千里马。不出一年，果然从四面八方送来了好几匹千里马。郭隗说完这个故事，说："大王一定要征求贤才，就不妨把我当马骨来试一试吧。"

燕昭王听了大受启发，便拜郭隗做老师。各国有才干的人听到燕昭王这样真心实意招请人才，纷纷赶到燕国来求见。其中最出名的是赵国人乐毅。燕昭王拜乐毅为亚卿，请他整顿国政，训练兵马，燕国果然一天天强大起来。

这时候，燕昭王看到齐湣王骄横自大，不得人心，就对乐毅说准备伐齐。乐毅劝道："齐国地广人多，靠我们一个国家去打，恐怕不行。大王要攻打齐国，一定要跟别的国家联合起来。"

燕昭王就派乐毅到赵国跟赵惠文王接上了头，另派人跟韩、魏两国取得联络，还叫赵国去联络秦国。这些国家看不惯齐国的霸道，都愿意跟燕国一起发兵。

公元前284年，燕昭王拜乐毅为上将军，统率五国兵马，浩浩荡荡杀奔齐国。齐湣王听说5国联军打过来，也着了慌，把全国兵马集中起来抵抗联军，在济水的西面打了一仗。由于乐毅善于指挥，5国人马士气旺盛，把齐国军队打得一败涂地，齐湣王逃回临淄去了。

赵、韩、秦、魏的将士打了胜仗，各自占领了齐国的几座城，不想再打下去了。只有乐毅不肯罢休，他亲自率领燕国军队，长驱直入，一直打下了齐国都城临淄。齐湣王不得不出走，最后在莒城被人杀死。

燕昭王认为乐毅立了大功，亲自到济水边犒劳大军，论功行赏，封乐毅为昌国君。

田单临危救国

自公元前 386 年形成了七雄相互对峙的局面，各国间的兼并战争剧烈、频繁，直到战国中期齐国仍然是势力最强大的国家之一。但在齐湣王时期，齐国因连年征伐，国力衰退，百姓怨声载道。齐湣王骄傲自大，不理国政，戒备松懈。燕昭王利用这一有利时机，拜乐毅为上将军，联合赵、魏、韩、秦等国，大举伐齐。以燕军为首的联军长驱直入，大破齐军，连克 70 余城，只剩下莒和即墨没有攻破。

在齐都临淄被攻破时，齐湣王出奔安平，在拥挤、混乱不堪的途中，田单发现车轴外过长，行动不灵活，而且易被折断，于是他让家人把车轴两端突出部分锯掉，并用铁皮包住轴头。不久，燕军攻破平安，百姓争相逃命，路上车辆夺道而行，以至于车轴撞断，无法行走，只好束手就擒。唯有田单家族的车辆经过改造，顺利地逃到即墨。从此，田单的名字便在即墨传开了。足智多谋、谙熟兵法的田单很快被推举为守城将领。

田单走马上任后便采取了新对策。他认为敌强我弱，只能采取守势以劳敌其师，不能轻易与燕军交锋。在田单的有力指挥下，危在旦夕的即墨一变而为坚强的堡垒。乐毅围攻两年不克，只好撤围，后退 9 里扎营对峙。不久燕王病故，燕惠王即位。燕昭王在世之时，对乐毅绝对信任，言听计从，相处甚好。而燕惠王在做太子的时候就与乐毅不和，现在继位了，对乐毅更不放心。因此，当田单得知惠王继位后欣喜若狂，认为机不可失，决定利用反间计造成燕惠王与乐毅彻底决裂。

田单派齐国间谍到燕国，到处散布谣言。有人说："当初乐毅力主攻齐国，就心怀叵测，想占领齐国的土地，而自己称王，齐国 70 余座城既然都被他轻而易举地攻下，而今只剩下莒和即墨迟迟没有攻下，这并不是齐军有什么抵抗力，而是由于乐毅故意拖延时间，以待局势变化。现在新王即位，乐毅知道自己曾得罪过他，不敢回国，所以有意不克两城，以拥兵自重，统治齐国，南面称王。"也有人说："齐国不畏乐毅，而是怕其他将领；如能另派将领，即墨会被夷为平地。"

惠王听了这些谣言后勃然大怒，决计要撤换"这种不忠于国家的妄人"，派一位亲信充当燕军主帅。惠王选择了骑劫。乐毅得知被革职，自知惠王对自己嫉恨在心，便从齐国逃到赵国。燕军自从大将乐毅被撤换后，士气低落，军心涣散。这就为田单全面反攻燕军创造了条件。

虽然田单认为时机已到，可以发挥自己的作用了，但他不急于与骑劫交手，而是积蓄力量，制造假象，麻痹敌人。田单先告诉即墨百姓说："为了纪念祖先，我们每天吃饭时，必须在院子里当空奠祭一番，以求祖先默佑。"城中百姓自然遵照他的话去做。每当他们在庭院中当空祭奠之时，四处飞鸟见有食可吃，都按时纷纷飞来。城外燕军见状，以为一定是城中百姓因饥饿而大批死亡，飞鸟便群至啄食死尸，因而断定城破在即，不胜欢喜。田单又向外放风说："齐国人最怕燕军割掉降卒的鼻子，如果把俘虏的齐兵的鼻子割掉，交战时放在最前列，齐军必将惊恐而降，即墨便不攻自破。""齐国人最怕燕军挖他们的祖坟，毁坏他们祖先的尸骨，

那样，即墨人会寒心的，也无心守城。"骑劫听后十分高兴。为了镇住齐军，解心头之恨，他如法炮制，割掉被俘齐兵的鼻子，掘坟烧尸。齐守军见燕军如此残暴，愤慨不已，决心死守，决不投降。

这时，田单乃召集全体军民宣布："报仇雪耻是我们大家的事，只要你们听从指挥，不但先祖之仇可报，已失去的国土亦可全部收复，成败就在此一举了。"于是，田单把全城男女老幼全部组织起来，他的妻子儿女也都编入军队，准备出击。同时，他又让人在城墙上竖起白旗，派几位富豪携带 10 万两金子到燕营去，佯称"即墨的壮士都死光了，粮食也早完了，我们实在不愿被活活饿死，决心投降，谨献上全城所剩的财物，请将军大发慈悲，饶我们一命。"骑劫向来轻视齐军，便信以为真，约定 3 天之后进城受降。全体燕军无不为此而欢欣雀跃，痛饮狂欢，毫无戒备。

而在即墨城里，田单正在巧设火牛阵。他在城内收集了千余头牛，牛身上披着五彩龙纹的红绸，牛角上绑着两把尖刀，牛尾巴上扎着浸油脂的芦苇，并在城墙根挖了几十个洞口，把牛伏在里面。田单又挑选了 5000 名壮士，手持锋利的兵器，身着五彩花衣，脸上涂上奇怪花纹。到半夜时，田单下令全面出击，把牛尾上的芦苇点燃，牛尾被烧，发怒地直奔燕军，5000 多凶神似的壮士跟在牛后，一齐向燕军军营杀去。燕军在睡梦中惊醒，被这一群群凶猛的怪兽吓得魂不附体，四处乱窜。这时，城中百姓也击盆敲鼓助威。一时间，刀光火影，金鼓齐鸣，惊天动地，燕军来不及抵抗，溃不成军，主将骑劫也死于齐军乱刀之下。田单乘胜追击，一举收复被燕军夺去的 70 余座城，把燕军赶出了国境。

田单收复田土，报仇雪耻之后，又亲自到莒城去迎接在那里避难的齐襄王，请他还都临淄，主持国政。为表彰他的卓越战功，齐襄王封他为安平君。

齐国从几乎亡国的境地中恢复过来，从此转危为安，但国力已衰，再也无法与秦国争霸天下了。

赵括兵败长平

廉颇、蔺相如将相和，为赵国带来了 10 多年的和平生活。公元前 266 年，赵惠文王去世，太子丹即位为赵孝成王。孝成王 4 年，秦军进攻韩国，包围了上党。上党守将冯亭无力抵抗，心想，若被秦破城，不如投降赵国，与赵国联合攻秦，于是遣人献上上党地图给赵王。

赵孝成王见不费吹灰之力就得到了上党地区的 17 座城池，欣喜异常，连大臣们警惕的忠告也听不进去，忙着命人登记造册，准备接收上党地区，仍命冯亭为太守。

秦王听说冯亭已将上党地区献与赵国，气得要死，命令秦军加紧进攻。这样一来，秦对韩国的进攻，变成了秦国对赵国的进攻了，赵国不得不派兵守卫上党。冯亭借献城以逼赵抗秦救韩的计策得以实现。

赵孝成王派去上党的守军，是由廉颇老将军率领的 20 万人马。秦赵两军刚一交战，赵军即告失利。廉颇深知秦军目前士气正旺，不可正面决战，遂引军退守长平，深沟筑垒，坚守不出。

秦军围长平两年不克，加之粮草给养要靠国内派人跋山涉水远道送来，十分不便，将士倦怠情绪日重。

秦昭王知道廉颇会用兵，要想拿下上党，必须施"反间计"，使赵国将廉颇撤换掉才行。于是，他派心腹之人偷偷潜入赵国的国都邯郸，以重金收买了赵王身边的亲信，通过他们传言给赵孝成王说："廉颇将军太老了，已没有歼敌的士气。还是让年轻有为的赵括将军去替换他来击败秦军吧。"

赵孝成王本来就对廉颇守城不战不满，现在听宠臣一说，便立刻将赵括召来问道："寡人欲使你替换廉颇老将军，不知你能否有把握打败秦军？"

赵括微微一笑说："秦国名将白起前来，还能跟我能打两下，现在既然是他告老称病，其他秦将没什么。待我率军出击，定能将秦军打跑！"赵孝成王一听，非常高兴，当即决定再派 20 万大军到长平，交由赵括统一指挥，一举击退秦军。

赵括的父亲赵奢，本是与廉颇齐名的同辈将领，赵括从小就跟父亲读兵书，学兵法。由于他聪明、记性好，居然背会了不少兵法战策，跟他父亲议论起用兵打仗来，头头是道。到后来，连赵奢也难不倒他了，赵括的名声，也因此渐渐大起来。

听说赵王任用赵括为大将替换廉颇，赵括年迈的母亲求见赵孝成王，对他说："赵括的父亲赵奢临死前再三嘱咐，说：'打仗用兵是最危险的事，它关系到生死存亡。我打了这么多年的仗，每回出征，还如履薄冰，丝毫不敢大意。赵括目空一切，只会夸夸其谈，要是真让他去领兵打仗，非葬送赵国的军队不可。'亡夫遗训，不敢忘记，我请大王慎重考虑，不要派赵括去领兵打仗吧。"赵孝成王说："此事已定，勿再多言。"赵括母亲叹息而退。

病重卧床在家的蔺相如也派家人向赵孝成王递上奏折，称赵括并无实战经验，此战替换廉颇，恐怕赵国凶多吉少。但赵孝成王决心已定，命赵括带20 万大军进驻长平。

赵括与廉颇办完交接手续，赵括下了一道命令："秦国来挑战，必须迎头打回去；敌人打败了，就得追下去，一定要把他们杀得片甲不留。"他将所带的 20 万人马与原来驻守长平的 20 万人马合兵一处，日日操练进攻战法。看到"反间计"成功，秦王即刻派武安君白起到前线担任总指挥。为了麻痹赵括，还特别下令："有敢泄露武安君为帅者，斩！"

白起秘密到达长平，立即布置人马到赵营前试探。他命令领兵将领想方设法激怒赵军出战，且只许败不许胜。

赵括在城上看见几千秦军在长平关前又叫又骂，非常气恼，立即亲率一万军队出城迎战。秦军且走且败，让赵括兴奋得不行。这样几次，赵括急躁起来，派人去秦营下战书，要求同不中用的秦军决战一场，让自己早些成就功名。

白起以前只是耳闻赵括谈兵侃侃而无实战经验，此番几回试探，方知此言不差。又见赵括遣人来下战书，不由心中大喜，顺水推舟答应下来。白起为赵军布置了一个"口袋"，只等赵军来钻。口袋底是秦军主力，口袋两边，埋伏着精兵2万多人，口袋前面，1万人马作引子，用来诱惑赵括，另有5000骑兵，埋伏在道路两旁，预备冲入赵军中间，将他们前后割断。赵括也作了战前总动员，号召赵国士兵奋勇杀敌，乘胜追击，将秦军全部消灭。

两军一交战，秦军没几个回合就开始败退，赵括遣军追赶。正追赶间，斜刺里又冲出一队秦军拦住交战，没几个回合又退，如此这般，赵军已追出数十里。上党太守冯亭等疑秦军有诈，劝说赵括不要再追。赵括哈哈大笑着说："秦军怯阵，我正当扬名，焉有穷寇不追之理？诸位请放宽心，击杀秦军就在此役。"言毕，指挥大军继续追杀过去。到了一座大山前，猛听得四周鼓号齐鸣，无数的秦军从四面八方向赵军杀来，旗帜上斗大的"白"字使赵军胆丧。赵括这才知上了秦军的大当，急令撤军，却如何走得脱？一直杀到天黑，人困马乏，却依然在秦军的包围之中。

秦昭王得知白起已将赵军40万围在长平，便发大军赶往长平助战，切断了被围赵军与赵国间的联系。赵括现在是叫天天不应，叫地地不灵，部队内无粮草，外无救兵，完全陷入绝境。

这样被围了46天，赵括看看援兵没有指望，兵士们又饿到了互相残杀吃肉的地步，便决定突围。他将军队分成四部分，向四方突围。怎奈面黄肌瘦的赵军根本不是兵精粮足的秦军的对手，连着几次突围都没成功。赵括绝望了，他挑出一队还能跑路的兵士作为敢死队，杀了几匹马，让他们充饥，随后，率领他们拼死冲锋，作最后一搏。

这最后的突围很快就失败了，赵括自己也战死了。听说主将已死，早已饿得打晃的赵军士兵，纷纷扔下武器投降了。如何处置这40万之众的降军，成了白起的一大难题。他思忖良久，终于下定决心：全部杀掉！

当天晚间，赵军将士人人分到了一份红烧牛肉，一大碗白酒。一个多月来从未吃饱饭的赵军将士一见如此美食，个个笑逐颜开，拼命吃喝起来，有许多人未能尽兴，还又去讨要了一些酒肉。夜深了，赵军将士酒足饭饱都已酣然入睡。三更时分，他们突然被一阵疼痛惊醒，睁眼一看，自己已被秦军捆绑起来。原来，秦军趁赵军将士狂饮之际，已悄悄挖好了一些大坑，将要把他们活埋掉。

公元前260年，战国史上最大的一次战役——长平之战，也是战国史上最残酷的一次屠杀，秦将白起，将投降他的赵军将士40万人，全部坑杀了！长平之战结束后，白起率兵继续向赵国腹地攻击，大军直指赵国的国都邯郸。

白起的卓著战功，给自己引来了灾祸。因听信谗言，秦昭王将白起撤回，使秦国失去了消灭赵国的好机会。秦昭王虽不久即悔悟，但为时已晚，白起也不愿再领兵出战，加之不断有人进谗言陷害，公元258年，秦昭王终于赐剑让白起自尽。死前，白起望着天空，喃喃地说："这是报应，是我坑杀40万赵军的报应！"说完，刎颈而亡。长平之战的胜利者和失败者，都没落得好结果。

毛遂自荐

长平之战，由于赵括纸上谈兵致使40万大军被活埋，从此，赵国一蹶不振。过了两年，秦军又向赵国发起进攻，占领了很多地方，连赵国国都邯郸也给包围了。形势十分危急，赵国的国君孝成王见国都被围，又急又怕，就急忙把平原君找来想对策。

平原君是"战国四公子"之一。他叫赵胜，是赵惠文王的弟弟，赵孝成王的叔叔。和齐国的孟尝君一样，他也喜欢收养门客，靠着门客给他出谋划策，在当时有很大名声。平原君见了赵王说："现在国都被围，形势危急，光靠咱们赵国自己的力量恐怕难以保住国都，只好向楚、魏求救。魏国和我们关系还可以，而且我和魏公子信陵君交情很深，我写封信去，估计他会派救兵来。只是楚国离我们较远，楚王又害怕秦国，不一定会答应出兵。但楚国是大国，举足轻重，必须争取它的帮助，我打算亲自到楚国去一趟，说服楚王派兵，您看如何？"赵王一听非常高兴，就点头同意了。

平原君回来把这件事同门客说了，决定在门客中挑选 20 个文武双全的人跟他一起到楚国去说服楚王出兵救赵。平原君挑来挑去，只选出了 19 个人，别的人不是没有口才，就是武艺太差，平原君感慨万分，说："唉，花了几十年，养了这么多门客，如今连 20 个管用的人也挑不出来，全才实在太少了。"

这时从后面角落里传来一个声音："公子，您看我能不能凑个数啊？"平原君并不认识说话的人，就问："先生尊姓大名？"回答说："姓毛名遂。"平原君想了想，好像不记得有这么一个门客。毛遂接着说他已经给平原君当了 3 年门客了。平原君不由得冷笑着说："我听说有才能的人，不管到什么地方，他的才能就像锥子放在口袋里一样，锥尖马上就会扎破口袋露出头来。如今先生在我这待了 3 年，我不知道您，看来是没什么本事，跟我去又有什么用？"众门客都嘲讽地笑起来。毛遂并不介意，从容地说："问题是公子您一直没有把我放在口袋里，要不然我的才能早已像锥子一样全部显示出来了。岂止是只露个尖呢？"平原君见他机敏过人，就同意他加入了去楚国的队伍。到了晚上，平原君和门客们化装悄悄溜出了城外直奔楚都去了。

平原君一行来到楚都，第二天一早就去拜见楚王。平原君让毛遂等人在殿外等候，他自己进去先和楚王谈判，可谈来谈去，一直到中午，楚王仍然不答应派兵援赵，在殿外等候的毛遂按捺不住，大步流星地冲进殿去。

楚王一见闯进来个外人，很是恼火，就喝问他是何人，平原君说："这是我的门客毛遂。"楚王一听，更为恼火，斥责道："我跟你主人议事，你来干什么，赶快给我退下去！"毛遂不但不后退，反而手按长剑，走到楚王跟前，说："合纵抗秦是天下大事，大家都可以议论，大王凭什么不许我说话，还赶我出去？告诉您，如果我想的话，随时都能见到您的血！"楚王一听，吓得胆战心惊，连忙赔着笑脸请毛遂说话。毛遂于是说道："贵国拥有土地500里，兵士上百万，具有成就霸业的优越条件。可是，秦国却多次欺负你们，这种奇耻大辱，连我们赵国都替您感到羞耻，你们却装着看不见，今天我的主人屈驾前来跟大王商议合纵抗秦之事，不只是为我们自己，也是为了贵国，试想如果我们赵国被秦国灭了，你们楚国难道能逃脱同样的命运吗？"一席话说得楚王连连点头称是，答应立即派楚军去赵国解邯郸之围。

回国后，平原君歉意地对毛遂说："先生这次去楚国，凭三寸之舌搬来了救兵。先生的才能远不是锥子的锋芒所能比的，过去是我有眼无珠，没有看出来。"从此平原君把毛遂奉为上等门客。

信陵君救赵

楚国派兵救赵的同时，魏国也接受了赵国求援的要求。魏安釐王派大将晋鄙率兵救赵国。

秦昭王一听到魏、楚两国发兵，亲自到邯郸去督战。魏安釐王深怕秦军进攻魏国被吓唬住了，连忙派人去追晋鄙，叫他就地安营，别再进兵。晋鄙就把10万兵马驻扎在邺城（今河北临漳县西南），按兵不动。

赵国派使者向魏国催促进兵。魏安釐王想要进兵，怕得罪秦国；不进兵吧，又怕得罪赵国，只好不进不退地停着。赵孝成王十分着急，叫平原君给魏国公子信陵君魏无忌写信求救。因为平原君的夫人是信陵君的姐姐，两家是亲戚。信陵君接到信，三番五次地央告魏安釐王命令晋鄙进兵。魏王说什么也不答应。信陵君没有办法，对门客说："大王不愿意进兵，我决定自己上赵国去。"当时，不少门客愿意跟信陵君一起去。

信陵君有个他最尊敬的朋友，叫做侯嬴。信陵君跟侯嬴去告别。侯嬴说："你们这样上赵国去打秦兵，不是白白去送死吗？"信陵君叹息着说："我也知道没有什么用处。可是又有什么办法呢？"

侯嬴支开了旁人，对信陵君说："咱们大王宫里有个最宠爱的如姬，对不对？"信陵君点头说："对！"侯嬴接着说："听说兵符藏在大王的卧室里，只有如姬能把它拿到手。当初如姬的父亲被人害死，她要求大王给她寻找那个仇人，找了 3 年都没有找到。后来还是公子叫门客找到那仇人，替如姬报了仇。如姬为了这件事非常感激公子。如果公子请如姬把兵符盗出来，如姬一定会答应。公子拿到了兵符，去接管晋鄙的兵权，就能带兵和秦国作战。这比空手去送死不是强多吗？"

信陵君听了，如梦初醒。他马上派人去跟如姬商量，如姬一口答应。当天午夜，乘着魏王熟睡的时候，如姬果然把兵符盗出来，交给一个心腹，送到信陵君那儿。信陵君拿到兵符，再一次向侯嬴告别。侯嬴说："将在外，君命有所不受。我已经给公子考虑好了。我的朋友朱亥是魏国的大力士。公子可以带他去。到那时候，要是晋鄙能把兵权交出来最好；要是他推三阻四，就让朱亥来对付他。"

信陵君带着朱亥和门客到了邺城，见了晋鄙。他假传魏王的命令，要晋鄙交出兵权。晋鄙验过兵符，仍旧有点怀疑，说："这是军机大事，我还要再奏明大王，才能够照办。"

晋鄙的话音刚落，站在信陵君身后的朱亥大喝："你不听大王命令，想反叛吗？"还没等晋鄙说话，朱亥拿出一个 40 斤重的大铁锥，向晋鄙劈头盖脑砸过去，结果了晋鄙的性命。

信陵君拿着兵符，对将士宣布一道命令："兄弟都在军中的，哥哥可以回去；独子没兄弟的，回去照顾父母；其余的人都跟我一起救赵国。"很快，信陵君就选了 8 万精兵，出发去救邯郸。他亲自指挥将士向秦国的兵营冲杀。秦将王龁没防备魏国的军队会突然进攻，手忙脚乱地抵抗了一阵，渐渐支持不住了。

邯郸城里的平原君见魏国救兵来到，也带着赵国的军队杀出来。两下一夹攻，秦军纷纷败退。

秦军撤退了，信陵君救了邯郸，保全了赵国。赵孝成王和平原君十分感激，亲自到城外迎接他。

楚国春申君带领的救赵的军队，还在武关观望，听到秦国打了败仗，邯郸解了围，就带兵回楚国去了。

屈子行吟

屈原，名平，字原，约生于公元前 340 年，卒于公元前 278 年，战国中期楚国人，是我国历史上最早的伟大爱国诗人，杰出的思想家和爱国者。

屈原出生在巫峡边依山傍水的小县秭归，他天资聪颖，文章出众，抱负远大，弱冠之年即开始受人瞩目。楚怀王即位后，年轻的屈原即被召入宫中，任左徒（相当于后来的副宰相），兼管楚国的内政外交。每逢怀王问政，屈原总能侃侃而谈，见解独到，因此深得怀王信任。

那时候，楚、齐、韩、燕、赵、魏 6 国，正在苏秦的奔走游说下"合纵"抗秦，一时使强秦不敢轻举妄动。趁着列国间战事较少之机，屈原向楚怀王提出整顿吏治，改革律令，限制旧贵族权力，奖励军功、农耕，学习商鞅变法图强。屈原的主张得到楚怀王的支持，他命屈原起草新法令——宪令。

屈原的改革主张遭到以上官大夫靳尚、公子子壮为首的旧贵族势力的极力反对，靳尚通过怀王宠妃郑袖不断向怀王进谗言，贬损屈原。渐渐地，楚怀王不再信任屈原，罢免了他的左徒之职，贬为专管宗庙祭祀事务的三闾大夫，宪令也因此流产。

屈原并未因此灰心沮丧，他满怀报国激情，依然不断上书陈述自己的政治主张。怎奈楚怀王已完全宠信靳尚、郑袖等人，对屈原的奏折理也不理，到最后，竟连他面也不想见了。屈原万般无奈，悲愤地目睹了楚怀王在靳尚等人的极力怂恿下，被秦相张仪巧言欺骗，破坏与其他五国"合纵"之事，痛苦无助地眼睁睁看着虎狼般的秦国军队打进了楚国。

屈原的心在流血，悲愤的怒火在他的胸膛熊熊燃烧，他把自己的感受都倾注于笔端，写下了《离骚》等许多万世不朽的伟大诗篇。特别是《离骚》，长达370多行，共计3400多字，是我古典文学作品中最长的一首抒情诗，也是一篇光耀千古的浪漫主义杰作。在此诗里，诗人感情最激烈、最气愤的是对楚怀王听信谗言、疏远和流放自己的不满，以及对小人嫉贤害能的揭露。诗中表现了诗人始终不渝地坚持理想，为了追求真理，"九死未悔"的求索精神。

屈原的诗歌，在写作方法上，吸取了楚国民歌的精华，运用了楚国方言声韵，叙写了楚国风土物产，具有浓厚的地方色彩，被后人称作"楚辞"。

它对我国文学优秀传统的形成和发展，有着重大的影响。

公元前 296 年，糊涂昏庸、屡屡上当受骗、最后竟被强秦囚禁起来的楚怀王，终于羞愧地死在了秦国。当他的尸体运回楚国的时候，早已有名无实的屈原再也无法按捺心中的激愤，他激烈地连上几道奏章给正式继位为顷襄王的太子熊横，痛斥令尹子兰、上官大夫靳尚等卖国求荣的罪行，要求将他们法办，并苦劝顷襄王以其父为鉴，立即改弦易辙，任用贤人，革新内政，抓紧练兵，以图报仇雪耻。

这些奏章却全落到把持朝政的令尹子兰手里，他立即与上官大夫靳尚密谋，到顷襄王面前去诬告屈原。顷襄王跟他的父亲楚怀王一样是个昏庸无道的君王，他听信了子兰、靳尚一伙的谗言，将屈原罢官流放到江南楚国的边疆去了。楚国的南疆，就是现在湖北省南部和湖南省北部一带，当时这片地方多是无边无际的草原林莽，尚未开发，人迹稀少。屈原从郢都出发，沿着长江东下，在洞庭湖和湖南、沅水流域的广大地区，过着颠沛流离的生活。

屈原在政治上失势，就用诗歌来抒发情感。在长期的流放生涯中，屈原走遍了鄂南湘北，亲身体验了劳动人民的甘苦，目睹了祖国大好河山被践踏，更激起了他强烈的爱国心和政治上的失意感，他怀着悲愤交集的心情，接连写出了《天问》《九章》《九歌》等伟大诗作，奠定了他在中国文学史乃至世界文学史上的不朽地位。

一年一年地过去了，屈原衣服破烂，身体消瘦，面色灰黑，可他还在等着楚顷襄王回心转意让他回宫。他对自己的姐姐屈须说："楚国弄成这个样子，我心里真像刀割一样！只要能救楚国，就是叫我死一万次我也愿意。如今把我放逐在这荒山野地，国家大事我没法管，我的主张没处去说，我大声呼喊君王，君王也听不到，我痛苦得真要疯了。"姐姐哭泣着离去。

十几年的流放过去了，屈原已从一个精力正旺的中年汉子变成了一个伤病缠身的花甲老人。

公元前 278 年春天，屈原被楚顷襄王流放的第十九个年头，秦国的大将白起，率大军一举攻下了楚国的都城郢都。都城一片火海，楚王的祖坟被秦兵挖掘、焚毁，顷襄王仓皇出逃，迁都陈城（今河南淮阳县）。

屈原的心破碎了，屈原的梦破灭了。62 岁的他跟跟跄跄地挪到汨罗江边，望着滚滚东去的江水，老泪纵横。他撕扯着自己的头发，双手高高举向天空，大声地责问："天啊，你怎么这样的不公？难道你真的要灭亡楚国，灭亡我屈原了吗？！"他决定以身殉国，希望以自己的一死来促使楚王及人民猛醒，进而奋起挽救国家的危亡。他最后写了一首抒情诗《惜往日》，这是诗人在临死前对往日的遭遇，国家的政治所做的一次痛苦的回忆。全诗陈词恳切，简直是一篇向顷襄王发出的呼吁书。

屈原写完这篇绝笔作品后，在救国无门、走投无路情况下，在农历五月初五这一天，忧愤地投入湖南东北部的汨罗江，与楚国人民永别了。

人民一直怀念着屈原，每当旧历五月初五，屈原殉国的日子，人们就用赛龙舟、吃粽子的方式来纪念他。这就是端午节，屈原当年投江殉国的日子。

李斯谏逐客

秦国虽然在邯郸打了一次败仗，但是它的实力还很强，稳居七雄之首。在强秦的不断打击下，关东六国疲于奔命，朝不保夕。公元前 256 年秦国又进攻韩、赵两国，打了胜仗，后来，索性把挂名的东周王朝也灭掉了。秦昭王死后，他的孙子秦庄襄王即位不到 3 年也死去，年仅 13 岁的太子嬴政即位。当时，秦国的朝政大权掌握在相国吕不韦手里。

吕不韦原是阳翟（今河南禹县）地方的一个富商，因为帮助秦庄襄王取得王位，当上了相国。吕不韦当相国以后，也学孟尝君的样子，收留了大批门客，其中有不少是从别国来的。

战国时期有许多学派，纷纷著书立说，历史上把这种情况称作"百家争鸣"。吕不韦自己不会写书，他组织他的门客一起编写一部书，叫《吕氏春秋》。书写成后，吕不韦还派人把它挂在咸阳城门上，还发布告示，说谁能对这部书提出意见，不论添个字或者删掉个字，就赏金千两。这一来，他的名气就更响了。在吕不韦代秦执政期间，秦国不仅没有停止攻伐六国的战争，反而越战越强。

秦王政年纪渐渐大起来，他22岁那年，宫里发生一起叛乱，牵连到吕不韦。秦王政把吕不韦免了职。后来又逼他自杀。吕不韦一倒台，秦国一些贵族、大臣就议论起来，说别国的人跑到秦国来，有的说不定是来当间谍的。他们请秦王政把客卿统统撵出秦国。秦王政接受这个意见就下了一道逐客令。大小官员，凡不是秦国人，都得离开秦国。

楚国来的客卿李斯，原是著名儒家学派代表荀况的学生。他来到秦国，被吕不韦留下来当了客卿。这一回，李斯也在被驱逐之列，心里挺不服气。离开咸阳的时候，他上了一道奏章给秦王。李斯在奏章上说："从前秦穆公用了百里奚、蹇叔，当了霸主；秦孝公用了商鞅，变法图强；惠文王用了张仪，拆散了六国联盟；昭王有了范雎，提高了朝廷的威望，这4位君主，都是依靠客卿建立了功业。现在到大王手里，却把外来的人才都撵走，这不是帮助敌国增加实力吗？"

秦王政觉得李斯说得有道理，连忙派人把李斯找回来，恢复他的官职，还取消了逐客令。之后，秦王政一面加强对各国的攻势，一面派人到列国游说诸侯，还用反间、收买等手段，配合武力进攻。韩王安看到这种形势，害怕起来，派公子韩非到秦国来求和，表示愿意做秦国的属国。

韩非也是荀况的学生，跟李斯同学。他在韩国看到国家一天天削弱，几次三番向韩王进谏，韩王就是不理他。韩非没被重用，就关起门来写了一部书，叫《韩非子》。他在书中主张君主要集中权力，加强法治。这部书传到秦国，秦王政看到了十分赞赏，说："如果我能和这个人见见面，该多好啊。"

不久，韩非受韩王委派来到秦国，看到秦国的强大，上书给秦王，表示愿为秦国统一天下出力。秦王还没考虑重用韩非，李斯倒先着急起来，怕韩非夺了他的地位。他在秦王面前说："韩非是韩国的公子，大王兼并诸侯，韩非肯定要为韩国打算；如果让他回国，也是个后患，不如找个罪名把他杀了。"秦王听了这话，有点犹豫，下令先把韩非扣押起来，准备审问。韩非进了监狱，想辩白也没机会。李斯给他送来了毒药，韩非只好服药自杀了。

秦王政扣押了韩非，也有点后悔，想命人把韩非放出来，可是已经晚了。秦王政十分懊恼。正在这时候，有个魏国人缭到秦国来，秦王政同他一谈，觉得他是个难得的人才，就任用缭为秦国尉，后来人们称他尉缭。

荆轲刺秦王

公元前238年，21岁的秦王嬴政亲政。他首先清洗了政治上的反对势力，诛杀了嫪毐，逼死了吕不韦；接着，集中精力进行对六国的征服战争。公元前230年，嬴政首先派内史腾率大军攻陷了韩国，活捉了韩王安，把韩国改为秦国的颍川郡；接着，又派王翦领兵伐赵，于公元前227年攻占赵都邯郸，将赵国改为秦巨鹿郡。至此，关东6国还剩了4国。

秦国灭了赵国后，原本与秦不接壤的燕国一下子成了秦的邻居。燕国的太子丹，早年曾做人质客居秦国，了解秦王嬴政的雄才大略，认为若想阻止秦国吞并6国的步伐，非得将秦王嬴政杀掉不可。当他找了个机会化妆潜逃回燕国后，就四处寻找猛士，为实施他刺杀秦王的计划做准备。

他听说有个死囚犯叫秦舞阳，13岁的小小年纪就怒杀侮辱自己的无赖。

于是，燕太子丹就从监狱中赎出秦舞阳，并给他优厚的待遇。这一下，他求贤若渴的消息就传开了，连躲藏在深山里的秦国叛将樊於期也来投奔他。勇士来了不少，但却没有特别令燕太子丹中意的。

一日，太子丹正在街上散走，忽听一家酒肆中传出高亢激昂的歌声。他走近一瞧，见一位8尺大汉立在桌前引吭高歌，另一汉子正在桌旁击筑伴奏，那歌声时高时低，动人肺腑。太子丹见二人神情威武豪迈，又是一副武士打扮，心中一动，便留下侍卫打听二人的去处，自己回到宫中。过了半日，侍卫来报，说二人喝完酒后，到田光家中去了。太子听说，暗暗高兴。

田光早年本是燕国的著名勇士，为人豪爽坦诚，专好结交天下侠义之士。太子丹设宴请田光，向他问起酒肆中唱歌击筑之人。田光道："我正想向太子推荐。那击筑的叫高渐离，武功不错，那唱歌的叫荆轲，本是卫国人，乃文武全才，勇敢机智过人，武功之强，更胜过我当年。"

燕太子丹沉吟片刻，果决地对田光说："我看刺杀秦王，非荆轲不可！"又叮嘱说："此事机密，除荆轲外，先生万不可泄露给别人。"田光点头应允。

田光找到荆轲，说明来意，荆轲慨然道："事关国家兴亡，义不容辞。太子既然选中了我，我愿前往。"田光紧握荆轲的手，含笑道："如此，我死也瞑目了。"言毕，拔剑自刎。荆轲望着田光的遗体，心中立誓，一定不负田光重托，拼死也要刺杀秦王。

燕太子丹为了进一步打动荆轲，还在易水河边为他造了豪华的住宅；美女佳肴供他享受；用纯金做成弹子满足他爱打弹弓的嗜好；杀了千里马以应对他的一句笑谈："不知千里马肝是何味道？"荆轲大为感动，他对燕太子丹说："您的心情我完全了解，但我迟迟没动身到秦国去，是等待合适的机会去见秦王，以使他不疑心我的动机。"

不久，秦王派大将王翦来攻打燕国，燕太子丹对荆轲说："现在燕国危在旦夕，时机可算是成熟了吧？"荆轲说道："时机确已成熟，不过还需向秦王送晋见礼。"什么晋见礼？"太子丹问。荆轲答道："此事我想了很久，非得樊於期的人头和督亢地方的地图不可。"督亢地方在今河北省涿州、定兴、新城、固安一带，是燕国最富饶且临近都城的地方。燕太子丹说："督亢的地图我可以给你，但樊於期将军避难来到我处，我实在不能做出卖友之事，将他杀害。"

荆轲知道再说无益，便径直找到樊於期，把燕太子丹的计划详细地告诉樊於期，最后说："我打算将督亢地方的地图和樊将军您的人头作为晋见礼送给秦王，以便接近他并趁机刺杀他。"樊於期听完，仰天长啸道："罢了，罢了！我樊於期策动成蛟叛乱不成，侥幸逃到燕国，本就是死人一个，若能以我之头助壮士刺杀了秦王，岂不快哉！"说完，拔剑自尽。

荆轲悲伤地割下樊於期的头颅，将尸体掩埋好，来见太子。太子丹忍不住又哭了一阵，拿出地图对荆轲说："地图准备好了，里面卷着一把沾满毒的匕首，是欧冶子留下的名世三剑中的'鱼肠剑'，锋利无比，沾的毒也是毒性无比，只要能划破秦王的一点皮肤，定叫他死无葬身之地。"说完，亲自用锦盒盛葠了樊於期的人头，捧与荆轲说："燕国的命运与田光、樊於期的重托，全仰仗先生了。"说毕，一躬到地。

易水河边，秋风飒飒，燕太子丹和高渐离为荆轲和秦舞阳送别。他们身着孝衣，把酒而泣。荆轲连饮数杯，猛然将酒杯一扔，叫道："高渐离，再来击筑一曲为咱送行！"说着，他站起身，回身眺望着燕国的原野，和着筑声高声唱起来："风萧萧兮易水寒，壮士一去兮不复还！"

秦王听说燕国派使臣来求和，并献上樊於期的人头，惊喜不已，立刻身穿朝服，以最隆重的礼节来接见燕国使节。

荆轲走在前面，捧着装有樊於期人头的锦盒；秦舞阳在后，手捧盛有地图的匣子，二人依次来到大殿上。秦舞阳忽然脸色发白，浑身打战。两旁站立官员心生疑惑。荆轲不待别人发问，回头笑着看了秦舞阳一眼，对秦王说："禀大王，这孩子生在北方荒蛮之地，没见过天子威严，故此害怕，请大王原谅。"秦王说："既如此，孤不怪，请使节一人近前来。"

荆轲让秦舞阳在殿外等候，他手捧樊於期的人头献于秦王说："樊於期逃至燕国大漠之中，燕王屡次派人搜捕，方抓到此贼献上，万望大王谅解。"秦王见荆轲言语从容，脸色坦然，便打消了刚才因秦舞阳失态而引起的一丝疑虑。对荆轲道："把地图呈上来，让寡人看看。"荆轲下殿来，从秦舞阳手中接过藏有匕首的地图匣子，重又上殿捧给秦王说："大王请看，这就是燕国督亢地区的地图。"

秦王接过地图，边展边看，边听着荆轲的指点。眼看图毕，秦王忽见图中裹着的匕首，不禁脸色大变。就在秦王这一愣神的功夫，荆轲快步上前，右手抓起匕首，左手一抓秦王衣袖，挥手便刺。秦王嬴政大吃一惊，匆忙躲闪，一下子将衣袖扯断。秦王脱身，急欲取剑。却因剑身太长一时难以拔出，只得绕柱子躲避荆轲，荆轲却因匕首太短刺不到秦王，便随后追赶。于是，两人围殿中铜柱绕起圈来。

满朝文武没料到会发生这种事，一个个不知所措，秦国法律规定，群臣上殿不得携带任何武器，手持兵器的侍卫们都得站在大殿之下，没有王命不得上殿。这项本来是为了防备有人行刺的法规，此刻却偏偏帮了刺客的忙，因为秦王只顾逃命忘了下令，侍卫们谁也不敢上前相救，除了将秦舞阳剁成肉酱外，就只能眼巴巴地看着荆轲追杀秦王。亏得一个御医反应敏捷，举起手中的药囊向荆轲砸去，阻挡了一下荆轲追击的速度，才使得秦王嬴政有机会拔出剑来回身刺了一剑。

秦王这一剑，正刺在荆轲的左腿上，荆轲顿时踉跄着倒地。倒下去之前，荆轲奋力将匕首向秦王掷过去，秦王急闪身躲过，回过头来又连刺荆轲几剑。荆轲浑身血流如注。秦王又上前连刺几剑，荆轲气绝身亡。

荆轲行刺秦王不成，反而加快了秦国消灭燕国的步伐。公元前226年夏历十月，秦王嬴政派大军攻占燕都蓟城，燕王和太子丹出逃辽东。秦军在后紧追不舍，燕王无奈，只得杀太子丹向秦国谢罪，秦军才暂时收兵。

秦王政灭六国

秦王政消灭了嫪毐和吕不韦两大势力，掌握了秦国的全部政权的时候，秦国已成为 7 国中最强大的国家了。他所统治的地方，不仅囊括了西半部的大半个中国，还深入到中原地区。像韩、魏两国，实际上已经处于秦国的三面包围之中，秦国兼并六国的客观条件已经成熟了。

公元前 230 年，秦王政觉得一切都准备好了，便开始向东方 6 国展开了大规模的进攻。很快，弱小的韩国被灭。

第二年，他又派出老将王翦率领几十万大军去进攻赵国。赵王命令大将李牧率军抵抗，李牧是一个富有经验的老将，曾多次打败秦军的进攻。他团结将士，森严壁垒，严加防守，拒不出战，使王翦很难下手。在两军相持不下的时候，赵王迁却听信了早已被秦收买了的内奸郭开的"李牧蓄谋造反"的诬告，杀了李牧，改派赵葱做大将。不久王翦大败赵军，一举攻战了邯郸。

赵王迁只好向秦国投降。他的儿子嘉带领几百人马逃到代郡（今河北省蔚县），自立为代王。紧接着，王翦又率大军北上去攻打燕国。燕国的太子丹为了挽救国家的危亡，派荆轲去刺杀秦王，荆轲刺杀未成，反被肢解而死。公元前 226 年，王翦大败燕军，攻破了燕的都城蓟。燕王喜只好将都城迁到辽东去。

攻打楚国，秦王政开始不听老将王翦之言，错用了年轻而又轻敌的将领李信。李信深入楚境后还没来得及和副将蒙恬会师，就遭到楚军的伏击。秦军被拦腰斩断，首尾不能相顾，一败涂地。李信大败的消息传来，秦王从盛怒中逐渐冷静下来。当即决定，亲自去频阳，请老将王翦出马。秦王政到了频阳，见到王翦，行咎自责，恳请王翦率兵出征。王翦见秦王态度诚恳，便

带领 60 万大军出征。秦王政亲自在水边设宴为王翦饯行。

王翦进军到楚国边境，楚国调动了全国的军队来抵御。但是秦军只和楚军遥遥对峙，深沟高垒，并不出战。楚军屡次挑战，王翦却令全军好好休息，坚守不出，养精蓄锐，以待战机。楚军因为秦军多日不肯出战，锐气渐消，楚军大将项燕领军全线东撤。王翦抓住这个战机，在一个晚上，突然发布命令向楚军出击。早就憋足了劲的秦国大军，打得楚军措手不及，四处逃散。王翦乘胜追击，杀死了楚将项燕。公元前 223 年，王翦率军攻占了楚国都城寿春（今安徽省寿县西南），灭了楚国。

与此同时，秦王政陆续派兵去平定魏地和燕地。公元前 225 年，王翦的儿子王贲领兵攻破魏都大梁，灭了魏国。公元前 222 年，王贲又率军远征辽东，俘虏了燕王喜。接着，又回师攻代，俘虏了代王嘉。至此，燕、赵两国也彻底灭亡了。

最后，只剩下一个齐国了。齐国本来比较强大，可惜齐王听信了已被秦国收买了的内奸后胜的话，不但不援助其他国家抗秦，而且本国也没做防备。秦兼并了 5 国之后，齐王才急忙派兵去防守西部边界，可是已经来不及了，公元前221年，王贲率军进入齐的都城临淄，齐国没有任何抵抗，就向秦军投降了。

这样，秦王政从公元前230年到公元前221年，用了10年时间，先后兼并了韩、魏、燕、赵、楚、齐6国，建立了中国历史上第一个统一的多民族的封建中央集权国家。

百家争鸣

战国时期是中国历史上的大变动时期，其社会经济基础和人的关系发生了很大的变动，这种变动在思想文化方面反映出来，就是不同派别的代表人物，对于剧烈的社会动荡都在进行着各自的分析，努力做出自己的解释，提出治世的药方，批驳别人的思想和主张。一时间，各种学派纷纷兴起，各抒己见。这时期的思想文化领域各家学派争奇斗艳的现象，就被称作"百家争鸣"。

在争鸣中形成的主要学派有儒家、墨家、道家、法家，此外还有阴阳家、名家、纵横家、杂家、兵家、农家，等等。

儒家的创始人是春秋末期的孔子，他的主要学说是"礼""仁"和"天命论"。战国时期儒家的代表人物是孟子和荀子。

孟子继承了孔子的思想，又进一步发展了孔子的思想，其中最有特色的是"仁政"思想，他主张对劳动者不要过分剥削，要给他们一定的产业，在丰年可以吃饱穿暖，遇到灾荒也不至于饿死。就是要实行宽严有度的怀柔政策。孟子反对用暴力手段进行统治，而主张采取道德教化去争取人心。孟子把人心向背看作是统治者成败的关键，提出了"民贵君轻"的著名思想。认为只要有了老百姓的拥护，就能"无敌于天下。"

孟子还提出了性善论。他举例说，有一个小孩爬到井边，眼看要掉下去，在一旁看见的人，不管是谁，都会下意识地一把将小孩抓住，在他这样做的时候，并没有什么明确的动机，既不是为了结交孩子的父母，也不是为了在乡里朋友中取得名誉，更不是因为厌恶小孩的哭声，而是出于一种每个人都有的恻隐之心。正是在性善论的基础上，孟子提出了"仁政"思想。

战国后期的另一位儒家大师是荀子，他把孔子的"礼"赋于"法"的内容，提出礼法并重。这种礼与法不是对立的，而是相辅相成的，在他看来，把礼和法，教化和刑罚结合起来，就能维护社会秩序，使百姓安宁。他指出天体运行有自身的规律，不能违抗，但也不能消极地顺应，而应该充分发挥人的主观能动性，去积极地配合、利用，直至加以控制改造，并且提出了人定胜天的光辉思想。与孟子不同，荀子是主张性恶说的。

儒家思想在我国古代史上，几经演变，构成了一整套相当完整的思想体系。为汉武帝以来历代统治者所重视，成为我国封建制度的思想支柱。

墨家的创始人是春秋末、战国初的墨子，他主张"兼爱"，反动儒家的"仁"；主张"非攻"，反对兼并战争，因为战争给人民带来灾难，他希望用和平方式统一中国。墨子还主张"尚贤"，反对世卿世禄制度。主张"尚同"，希望有一个贤德的国君，另外还主张"节葬""节用"，反对儒家的"厚葬"。

道家的创始人是春秋末年的老子。老子提出了"无为而治""小国寡民"的政治思想，主张顺其自然。战国时期的庄子继承和发展了老子的思想。庄子在政治上主张避世，既不赞成追求仁义，也不赞成追求财物，不要任何名利欲望，他希望人们能够按照自己的本性自然而然地去生活。他认为，仁义礼智破坏了人类的自然状态，是万恶之源。这种与历史潮流不合拍的主张，不可能在战国的政治舞台上找到出场的机会。但是他们比其他学派更加深刻地揭露了当时的社会关系对人的天然生活权利的剥夺和对人的自由的限制，他们更大胆更强烈地追求不要任何政治束缚的绝对精神自由。

法家思想在战国时期处于非常显赫的地位，被各国统治者所重视。法家前期的代表人物有李悝、商鞅和申不害。他们都主张社会是发展变化的，并且亲自领导了所在国的变法改革。他们批判地继承了前人的思想，为社会变革提供了法制理论，他们主张赏罚分明，能够注意发展生产。战国时期法家的代表人物是韩非，他是法家的集大成者。他尖锐地批判了儒家效法先王的观点，主张厚今薄古，他把法、术、势结合在一起，为统治者加强统治提供了有效的武器。但也为以后历代统治者争权夺利，玩弄阴谋诡计，制造了评论根据。他提出的"严刑重罚"是要加强对劳动人民的统治和剥削，在秦王朝建立的过程中，韩非的思想起到了积极的作用。但由于它过分地强调镇压，容易激起人民反抗，所以秦灭亡后，历代君主就不敢再单独打起法家的旗号。

阴阳家的代表人物是战国中期的邹衍。他们对天文、历法、地理有一定的科学认识，邹衍把五行说推衍到历史发展方面来，认为历史发展是受"五德终始"规律支配的。这是一种循环论的历史观。

纵横家的代表人物是张仪、苏秦，反映他们思想的书有《战国策》。纵横家从事外交活动，倡导"合纵""连横"。

春秋战国时期社会激烈动荡，名实不符的现象在当时社会上是一个突出的问题。各派思想家都企图从各自的立场出发来解决"名""实"问题。这就形成了战国时期的名辩思潮，名家就是这一思潮的产物，它是专门研究"名""实"问题的一个学派。名家的代表人物是战国中期的惠施和战国后期的公孙龙。他们对逻辑学的发展有重大贡献，在自然科学上也提出了许多有价值的问题。另外，还有以孙武、吴起、孙膑为代表的兵家，总结战争经验和规律。以吕不韦为代表的杂家，"兼儒、墨，合名、法"，使诸子百家逐渐融合。以许往为代表的农家，主张君民并耕，反对不劳而获的剥削制度。

春秋战国时期的百家争鸣，色彩纷呈，灿烂夺目，各个学派都在顽强地表现自己，对当时和后代都有很大的影响。

吕不韦与《吕氏春秋》

吕不韦是战国末期的大政治家、思想家。他曾担任过秦国的宰相，为秦统一中国的事业做出了积极的努力和贡献。他还主编了《吕氏春秋》一书。全书分八览、六论、二十纪，览、论、纪的下面又分许多小题目，共 26 卷，20 余万言，是一部自成系统的杂家代表作。

《吕氏春秋》一书，适应了战国末年思想界百家交融的趋势，容纳百家之长，加以综合贯通，是一部经过精心规划，在一定思想指导下写成的著作。其内容涉及了哲学、政治、经济、历史、自然科学等各个方面，比较突出地反映了吕不韦统一天下的思想。显然，这是为秦统一全国、建立中央集权制寻找理论根据和做舆论准备的。

《吕氏春秋》把儒家思想作为骨干，它在很多篇章里，都对儒家思想进行了正面的阐述。但是《吕氏春秋》所阐述的儒家思想，并非完全是孔子创立儒家学派时的儒家思想，而是经过吸收后，加进了新内容的儒家思想，以此来适应时代的变化。比如，它把儒家维护"君权"的思想，赋予了新的内容，主张拥立新"天子"，即建立统一的中央集权国家。

对法家、墨家、道家和阴阳家的思想，《吕氏春秋》也给予充分的重视。它比较集中地吸收了法家的"法""术""势"三派学说，但也不是全盘接受，而是有所选择。由于墨子的"非攻"思想不利于统一战争的需要，《吕氏春秋》便进行了一定程度的批驳。《吕氏春秋》对道家的"修身养性"之道感兴趣，对道家的"虚无""寡欲"思想，也根据当时需要作了解释。

《吕氏春秋》在文化史上有相当高的价值，它保存了许多有价值的史实，特别是不少古代农业技术史料，至今仍然值得我们珍视。

在先秦时期，专门记载农业生产方面的文献比较少，而《吕氏春秋》中却有《上农》《任地》《辩土》《审时》4篇专门讲农业的文章，在其他篇中也有关于农业的论述。最值得一提的是：《吕氏春秋》总结了一套农业生产的经验和技术，对土壤的性能、施肥、农作物的耕作技术、播种时节等问题，作了比较系统的理论总结。这些经验，是我国劳动人民在长期的生产劳动实践中得来的，当时农家学派的著作，对这些经验有一些记载，但已经失传。《吕氏春秋》不仅吸收了农家的一些看法，而且把这些经验进一步系统化，加以提高。在今天看来，它就尤其宝贵。

《吕氏春秋》不仅保存了先秦时期政治、经济、科技、文化等各方面的史料。而且为了阐述书中所提出的论点，还搜集了先秦时期很多佚文佚事。这些故事大都篇幅简短，语言精炼，情节叙述得也很生动，而且又富有启发性。

还有些故事则揭露了贵族统治者的凶残、昏庸和愚蠢。像《齐王烹文挚》写高明的医生文挚，大胆而奇特地医治好齐王的病，救了他的命，结果齐王以怨报德，反而活活煮死了文挚。

另外，还有像我们在前面讲到过的孔子周游列国时受困于陈、蔡的故事；在商鞅变法中提到了的公叔座向魏惠王推荐卫鞅的故事，成语"唇亡齿寒""刻舟求剑"，这些在《吕氏春秋》中都有记载。可以说《吕氏春秋》这部书是先秦时期的一部百科全书。

李冰修都江堰

都江堰位于四川省中部，岷江中游，在今天的四川省灌县附近，是一个把灌溉与防洪结合起来的综合性大型水利工程。它坐落在美丽富饶的成都平原上，已经有两千多年的历史了。这一古老工程的设计者和兴建的组织者，是我国战国时期杰出的水利工程专家李冰。

岷江发源于成都平原北部的岷山，沿江两岸山高谷深，水流湍急，到灌县附近，岷江进入一马平川，水势浩大，往往冲决堤岸，泛滥成灾。从上游带来的大量泥沙也容易淤积在这里，抬高河床，加剧水患。特别是在灌县城西南面，有一座玉垒山阻碍江水东流，每年夏秋洪水季节，西边往往江水泛滥，东边却常常发生旱灾。因此，征服岷江，变水害为水利，便成为当时人们的迫切愿望。

李冰大约在秦昭王五十一年（公元前 256 年）被任命为蜀守，他亲眼看到水旱灾害给人民带来的痛苦，听到人民的强烈呼声，感到要使国家富强，就必须解决人民的苦难，发展生产。为此，李冰决定治理岷江。到任不久，就开始着手进行大规模的治水工作。

李冰带着他的儿子二郎，还请了几位有经验的老农，沿岷江两岸考察，摸清了水情、地质等情况，听取了群众意见，制定了治理岷江的规划方案，吸收了前人治理岷江的经验，决定在玉垒山开个大口子，引一股江水，到东边去，这样可以西边分洪、东边浇地。然后采取中流作堰的办法，在宝瓶口上游的岷江中心筑一道分水堰，使江水流到这里便分成两股，达到分洪的目的。

工程开始后，李冰带领上万民工开山凿石，但是，由于山石坚硬，工程进度缓慢。大家都很着急，这时有人出了个高招：先在岸石上凿些沟槽，放上柴草，再架满树枝、木柴，点火燃烧，使岩石暴烈。这一招果然很灵，进度一下子加快了许多，很快就劈开了宽 20 米、高 40 米、长 80 米的引水渠道。这是控制江水流量的咽喉，因为其形状像个瓶口，所以就取名为"宝瓶口"。

接着，李冰又带领成千上万的民工，来到灌县西边的岷江上游，建造分水堰。开始采用在江心抛石筑堰的办法，但是筑起的石堰接连几次都被洪水冲垮了，没有成功。怎么办呢？大家都在动脑筋想办法，李冰看到岷江盛产竹子，并且受到当地人用竹子盖房，编竹笼盛东西的启示。于是就让大家用竹子编成大竹笼，里面装满鹅卵石，再把它们连起来，每段大约有二三丈长，然后一层层放到河中堆积起来。同时，还在洲滩两侧用大型鹅卵石垒起两道护堤。这样，一道牢固的分水堰终于筑成了。由于大堤前端形如鱼头，所以取名叫"鱼嘴"。它迎向岷江上游，把汹涌而来的江水分成东西两股。西股叫外江，是岷江的正流，东股叫内江，是灌溉渠系的总干渠，渠首就是宝瓶口，流经宝瓶口再分成许多大小沟渠河道，组成了一个纵横交错的扇形水网，灌溉成都平原的千里农田。分水堰两侧垒砌了鹅卵石护堤，靠内江一侧的叫内金刚堤，外江一侧的叫外金刚堤，也称"金堤"。分水堰是都江堰的主体工程，它建成后，内江灌溉的成都平原，就很少有水旱灾害了。

为了使内江的防洪作用更有保证，李冰又带领大家用竹笼装石筑堤的办法，在内金刚堤的南端筑了一道堤坎，叫"飞沙堰"。它的堰顶比内金刚堤低一些，如果洪水太大，内江水过多就可以溢出"飞沙堰"，流到外江，再沿着岷江流出去。这个办法使内江灌溉区，既能经常保持有水，又不会因水量太大泛滥成灾。

为了彻底解决岷江水患，必须解决泥沙沉积、淤塞河床的问题。为此，

李冰决定：每年霜降时节（十月下旬），要进行一次淘江整修，叫岁修。为了使江水断干，方便淘挖，李冰集中群众的智慧，采用杩槎（音 mǔ chā）挡水法断水。杩槎是用 3 根 6~8 米长的大木条扎成的三脚架，每个三脚架下面都用装有石头的竹笼卡住，把很多三脚架连在一起，在迎水面上绑上竹席再糊上黏土，就筑成了一道临时的挡水坝，阻断水流。淘江时，先用杩槎将外江截流，使江水全部流入内江，然后淘挖外江及其各灌溉渠道淤积的泥沙。到第二年立春前后，外江淘沙完毕，把杩槎移到内江，让江水流入外江，然后再淘挖内江河槽，进行平水槽和飞沙堰的淘沙工程。清明节前后，内江淘沙完毕，撤除杩槎，开始放水灌溉。每到这时候，都要举行盛大的传统放水仪式，成千上万的劳动人民聚集在江边观看放水的盛况，欢庆征服自然的胜利，同时也表达了对李冰父子修堰治水巨大贡献的纪念。

都江堰虽然修建在两千多年前，但是它的规划、设计和施工方法，都具有高度的科学性和创造性。它能按照灌溉和防洪的需要，合理控制内、外江的水量。当天旱的时候，能够放水灌溉，到雨季就堵塞闸门，洪水季节大部分水量可以从外江泄走，使内江灌区免遭水灾。到了枯水季节，大部分水量又可流入内江，保证灌溉用水。一年四季，无论旱涝，农田用水都可以进行调节。都江堰的建成，彻底改变了成都平原 10 多个县的农业生产面貌，把原来水旱灾害频繁的地区变成了"沃野千里"的富饶粮仓。从此，成都平原就获有"天府"的美称。

李冰在四川除了兴建都江堰工程外，还治理了其他一些河流，使四川人民得到了不少好处，因此人民一直怀念他。四川人民尊李冰为"川祖"，并在都江堰建造了一座"二王庙"，里面有李冰父子的塑像。人们常到那里参观，赞扬李冰的功绩。

秦　朝

公元前 221 年，秦王嬴政先后翦灭六国，统一了东至大海，西并羌戎、南逾五岭、北越阴山、东北抵达辽东的辽阔地域，建立起一个以咸阳为首都，以华夏族为主体，包括有羌、戎、夷、狄、蛮、越等许多民族在内的专制主义中央集权的封建国家。

秦始皇统一中国后，在全国范围内废除分封制，立郡县，建立了皇帝直接控制下的官僚行政机构。这种专制主义的中央集权制度对后世封建政治制度产生了极其深远的影响。

秦始皇在经济和文化方面采取了一系列措施，由丞相李斯主持文字的统一工作；统一全国的度量衡标准，修筑直道、栈道以便交通，从而有利于统一国家的巩固。

秦朝对人民的租赋剥削十分严重。秦始皇及其继承者秦二世胡亥对农民的压迫极其残暴，无休无止地役使民力修建阿房宫、骊山陵墓，筑长城，使人民不堪重负。公元前 209 年爆发了以陈胜、吴广为首的农民起义。公元前 206 年，赵高杀死秦二世胡亥，立子婴为王。不久秦国即被刘邦领导的农民起义军所灭。

秦统一为期短暂，共历二世，统治 15 年。当时的秦朝是世界上最大的一个国家。

秦始皇统一中国

秦王政灭 6 国后把全国定名为秦，国都定于咸阳（今陕西省咸阳市）。他自以为德兼三皇，功过五帝，如再沿用过去"王"的称号就不能显示其武功，传之后世，便与群臣商议，更换名号。

李斯等人说："过去五帝管理的地方，也不过 1000 里大。如今海内为郡县，法令由一统，大王比五帝强多了！古时有天皇、地皇、人皇，人皇最高贵。大王就称作人皇吧！"

秦王政对人皇还不满足，就将三皇中的"皇"字和五帝中的"帝"字加起来，称为皇帝。他认为秦朝从自己开始称帝，会二世、三世，至于万世永远传下去，于是便自称"始皇帝"，后来人们就称他为秦始皇了。

统一以后，天下应当如何治理？丞相王绾对秦始皇说："六国诸侯刚刚被灭不久，原先的燕国、齐国、楚国离咱们的京城都很远，如果不在那里分封王侯，恐怕那些地方很难控制得住，您不如把几个皇子分封到那些地方去做王，协助陛下统治天下。"

廷尉李斯反对王绾分封的建议，他说："当年周武王得到天下以后，曾经大封子弟功臣为诸侯，后来诸侯之间关系越来越疏远。如今陛下统一了天下，可以在全国设置郡县。子弟功臣多多赏赐些赋税钱财，不要分封诸侯，这样就容易控制啦！"

秦始皇决定采纳李斯的意见，他说："以往天下苦战不休，都是因为分封诸侯王的缘故。现在天下安定了，再分封诸侯王，又将会种下战争的祸根。我认为廷尉的建议是对的。"于是秦始皇把天下划分为 36 郡，郡以下设县。每郡都由中央政府直接任命 3 个官长去治理，即郡守、郡尉和郡监。郡守是一郡最高的行政长官，统管一郡的重大事务。郡尉是管理治安的，全郡的军队由他统领。郡监执行监察方面的事情。

地方上的治理办法确定了，中央政府的组织机构也逐渐定型。秦始皇规定中央朝廷里设置丞相、御史大夫、太尉、廷尉、治粟内史等几个重要的官职，协助皇帝治理国家。丞相设两个：左丞相和右丞相，都是皇帝的助手，帮助皇帝处理全国的政务；御史大夫负责掌管重要的文书监察；太尉主要掌管军队；廷尉掌管司法；治粟内史掌管租税收入和国家的财政开支。所有这些官员都归皇帝任免和调动，从国库里领取薪俸，一概不得世袭。

秦始皇建立的这一套封建专制的政治体制，对后世的影响极大。后来各个封建王朝所实行的政治体制，大体上是在秦制的基础上逐步演变的。

战国时期，商业已经相当发达，货币的使用已经很普遍。但是各国货币的形状、大小、轻重都不相同，齐国的货币样子像刀，赵国的货币样子像铲；货币计算的单位也不一致。秦始皇规定：以后一律使用圆形方孔、每个重半两的铜钱，各国的旧货币全都作废，不许再在市面上流通。

原先6国的度量衡也是不统一的，尺寸、升斗、斤两等，也不大一样。在一个国家买一尺布，到另一个国家也许只能算八寸。在这个国家买一斗米，到那个国家就成了九升。度量衡这样乱，和一个统一国家的政权当然不相适应，对人们的生活也太不方便了。秦始皇下令规定了统一的度量衡，全国的尺寸、升斗斤两都得统一，这就克服了过去那种换算混乱的局面。

原先6国的车辆和道路也各不相同，车辆有大有小，道路有宽有窄。在统一的局面下，这样也显得太不方便了。于是秦始皇又下令，一要"车同轨"，二要修驰道。"车同轨"就是规定车轴上两个轮子间的距离，一律都定为6尺。修驰道就是修筑从京城咸阳到全国各个重要地方的大路。大路路面一律宽50步，路的两旁每隔3丈种上一棵青松。修了这样的驰道，全国的交通就方便得多了，也便利了各地之间的文化往来与经济联系。

战国时期的文字也是不统一的。同一个字的写法不尽相同，形状各异，笔画有多有少。统一以后，这种情况对政策法令的推行和文化的传播，都是一大障碍。所以秦始皇又下了"书同文"的命令。"书同文"就是统一文字的意思，政府规定了一种叫做小篆的字体，作为全国统一使用的标准文字。后来又根据民间流行的字体，整理成一种比小篆更便于书写的字体，叫做隶书。隶书跟现在的楷书已经很接近了。

自从秦国兼并6国以后，中原地区比较平定。可是，匈奴人的骑兵却经常侵扰北部边境地区，严重地威胁着秦王朝的安全。秦始皇委派大将蒙恬，率领30万大军打败了匈奴，收复了河套地区。秦始皇决定采用修筑长城的办法，把匈奴骑兵永远隔离在边界的北面。秦始皇下令从各地征调了几十万民夫，让蒙恬担任总指挥，这一次修筑长城，除了要把原来燕、赵、秦3国北方的城墙连接起来，还要新造不少城墙。这样从西面的临洮到东面的辽东，连成一条万里长城。修筑万里长城，虽然耗费了大量财物，加重了劳动人民的负担，但在当时的历史条件下，确实起到了阻止匈奴南侵的积极作用。这座举世闻名的长城，成为我们中华民族古老悠久历史的象征。

秦始皇统一中国以后所实行的废分封设郡县，统一货币、度量衡、文字等等，都是有利于加强全国统一、有利于社会经济文化进一步发展的。这是秦始皇的巨大功绩。

徐福入海求仙

秦始皇统一中国后，他的一大嗜好就是求神访仙，寻求长生不死之药。于是秦朝的方士们，便迎合秦始皇的这种心理，向他索要钱财，或向海上，或向陆地去寻找仙药。

徐福，又叫徐市，是琅琊人，秦的方士。一年，秦始皇东巡到了琅琊，方士徐福向秦始皇上书说，海上有 3 座神山，是仙人居住的地方，希望能斋戒沐浴，带领童男童女前往求仙。秦始皇一听这个建议，正合自己的心思，所以欣然接受，于是下令徐福挑选童男童女几千人，到海中去寻找仙人。

徐福入海求仙，一去就是几年没有音讯，花了很多钱财，也没有找到仙药。就这么回去吧，肯定要受到秦始皇的惩罚；不回去吧，带去的财物已经用得差不多了。怎么办呢？徐福想出了一个主意，他回来对秦始皇说："蓬莱的仙药是可以找到的，但是我们常常被大鲨鱼困扰，所以无法靠近仙药，希望皇上派出善于骑射的人一同前往，遇到大鲨鱼时就可以用弓箭射它。"

差不多就在这同时，秦始皇做了个梦，梦见与海神交战，海神的样子很像人。他请来占卜的博士，来给他圆梦。博士说："海神本来是看不到的，它用大鱼蛟龙做侦探，现在皇上祭祀周到恭敬，却出现这种恶神，应当除掉它，然后真正的善神就可以找到了。"秦始皇一听跟徐福说的一样，便信以为真。于是命令徐福入海时携带捕大鱼的工具，亲自带着有机关的方弩去等候大鱼出来，以便射它。

徐福一行人从琅琊出发向北一直到荣成山，都始终没有遇到大鱼，到达芝罘的时候，遇见了大鱼，用弓弩射死了一条，接着他们又沿海继续向西进发。徐福这次入海，不是几年，而是一去不复返了。

徐福求仙求到哪里去了呢？有种种传说。有人说徐福覆舟而亡了，也有人说徐福去了美洲，而更多的人说徐福东渡去了日本。在我国古代史籍上，对徐福东渡也有一些记载，有不少日本人也是这样认为的。

当时东渡去日本有没有可能呢？回答是肯定的。徐福等人入海求三神山时，正是滨海一带商人企图打通与日本诸岛的商业通路的时候。山东沿海一带的商人，在战国时代就开始了海洋商业活动，在徐福等人入海之前，也许曾经有人到达过三岛，所以徐福等人才知道海外有三神山，因而引起他们寻求圣地的热望。到了秦代，这幻想中的海外世界却引起了一些人寻求东方天国的渴望，但要靠个人的力量渡海是很困难的，几乎不可想象，非常凑巧的是，秦始皇迷信鬼神，到处求神访仙，这正是一个机会，于是徐福等人以求仙问药的名义，在秦始皇的支持下，率领船队东航了。

徐福是怎样漂洋过海的呢？徐福本人是一个博学多才、善于文学辩才、通晓神仙方术的人，同时他还精通医药学、炼丹、观相、天文、气象、航海等。他率领一行几千人和足够的财货、五谷，以其熟练的航海技术和地理知识，带领庞大的船队，巧妙地利用海流的作用，比较顺利地到达了日本，在那里定居下来。

徐福渡海来到了日本，也把中国的文化传播到了日本，在 10 余年的时间里，徐福曾经 3 次带领大量人员东渡日本，最后留在了那里，他们把中国先进的农、工、科技与神道思想传播到了日本。对日本文明的发展产生了巨大的影响。

在日本也有不少关于徐福的传说，还有不少历史遗迹，如徐福登陆地、徐福祠、徐福墓、徐福从事农耕渔猎等。日本人还组织了徐福会，每年搞祭祀活动，可以说，徐福在日本几乎家喻户晓。